Daniel Rechtschaffen

Die achtsame Schule - Praxisbuch

Daniel Rechtschaffen

Die achtsame Schule - Praxisbuch

Leicht anwendbare Anleitungen für die Vermittlung von Achtsamkeit

Aus dem amerikanischen Englisch übertragen von Maria Harpner

arbor

Arbor Verlag
Freiburg im Breisgau

Abbildungen im Innenteil: © Micah Cohen, micahcreek@gmail.com

Die Originalausgabe erschien unter dem Titel:
The Mindful Education Workbook. Lessons for Teaching Mindfulness to Students

2. Auflage 2022

Titelfoto: © 2016 aloha_17/istockphoto.com
Foto Rückseite: © 2017 IGraDesign/istockphoto.com
Lektorat: Georg Grässlin
Druck und Bindung: Memminger MedienCentrum AG, Memmingen
Hergestellt von mediengenossen.de

Dieses Buch wurde auf 100% Altpapier gedruckt und ist alterungsbeständig.
Weitere Informationen über unser Umweltengagement finden Sie unter
www.arbor-verlag.de/umwelt

www.arbor-verlag.de

ISBN 978-3-86781-184-2

Für Taylor.

Meine Frau, meine Freundin,

meine Lehrerin, meine Gefährtin

Inhalt

Die ersten Schritte

Achtsamkeit ist wie ein Ausflug in das Innere deines Körpers, der uns hilft, uns zu beruhigen.

Achtsamkeit bedeutet wirklich aufmerksam zu sein. Du hörst sogar die Ameisen auf dem Boden und spürst, wie das Blut in deinem Körper fließt!

Achtsamkeit ist ein Werkzeug, das du einsetzen kannst, wenn du mit jemandem streitest. Dann machst du einfach einige Staubsauger-Atemzüge und danach kannst dich wieder mit dem beschäftigen, was du eigentlich tun wolltest.

Grundschüler, San Francisco

Die Bewegung für Achtsamkeit in der Schule

Schulen in aller Welt hoffen in der Achtsamkeit ein Gegenmittel zu ständig wachsendem Stress, emotionaler Dysregulation und Aufmerksamkeitsdefiziten gefunden zu haben. In Schulsystemen, die bereits mit Achtsamkeit arbeiten, stellte sich heraus, dass Lernende und Lehrende glücklicher, konzentrierter, mitfühlender, emotional ausgeglichener und weniger stressempfindlich waren (Zenner et al, 2014). Welche Schule würde schon eine Chance auf bessere Noten, weniger Streitereien und ein ganz allgemein friedlicheres Umfeld ausschlagen?

In South Burlington, Vermont, beginnen und beenden die Schülerinnen* jeden Tag mit einigen achtsamen Minuten. Sie konzentrieren sich auf ihren Atem und kräftigen ihre Achtsamkeitsmuskeln. In Baltimore, Maryland, begeben sich die Schüler in den Chill-Raum, um nach einer Stresssituation wieder zur Ruhe zu kommen und ihre Impulskontrolle und Kommunikation in Konfliktsituationen zu verbessern. In Sun Valley, Idaho, praktizieren die Kinder in der Schule Mitgefühl und widmen sich gemeinnützigen Projekten in ihrer Stadt, um sie in die Praxis umzusetzen, manche bringen sich mit emphatischem Engagement sogar an verschiedensten Orten auf der ganzen Welt ein. Schüler und Schülerinnen von Mexiko bis Israel und Ruanda lernen auf kreative und inspirierende Weise achtsam zu sein.

Apps und Online-Programme wurden entwickelt, um diese Konzepte zugänglich und interessant zu machen. Es gibt jetzt Programme für Achtsamkeit in der Schule, die mit Audio-und Videoaufnahmen

* Im Bemühen um achtsame Gendergerechtigkeit verwenden wir wo immer möglich neutrale Formen oder wechseln zwischen männlichen und weiblichen Sprachformen ab. Wurde ein bestimmtes Gender verwendet, sind i.d.R. alle anderen Gender jeweils mit gemeint (Anm. d. Lekt.).

arbeiten, bei denen der oder die Lehrende in der Stunde nichts machen muss, außer auf „Play“ zu drücken. Hip-Hop-Künstler bringen Alben für Kinder heraus, auf denen sie zeigen, wie man zu funkigen Rhythmen atmen und sich entspannen kann. Der Künstler und Achtsamkeitslehrer JustMe singt einen Song, mit dem Refrain: „I'm showing up every school day, being present without judgment is the new thing.“ (Jeden Schultag bin ich da, präsent und ohne zu urteilen, das ist das neue Ding.)

Achtsamkeit ist natürlich nicht nur etwas für Kinder. Manchmal kann man mit Schülern, die mit Achtsamkeit bereits vertraut sind, erstaunliche Erfahrungen machen. Sie sehen einen an und sagen: „Sie sehen gestresst aus. Brauchen Sie vielleicht einen achtsamen Augenblick, um sich zu entspannen?“ Es gibt jetzt viele Programme und Schulinitiativen, die die persönliche Entwicklung als Teil der beruflichen Entwicklung sehen und fördern. Wir, die Erwachsenen, müssen damit beginnen, gut für uns selbst zu sorgen, uns die Kunst der Aufmerksamkeit zu eigen zu machen und zu einem Gefühl der Zufriedenheit zu finden. Einige Achtsamkeitsprogramme für die Schule richten sich ausschließlich an die Lehrenden in der Annahme, dass wir durch unsere Vorbildfunktion am meisten bewirken können, wenn wir mit Burnout, sekundärer Traumatisierung und Aufmerksamkeitsdefizit umgehen lernen und die Schülerinnen so am meisten von uns lernen.

Wie funktioniert Achtsamkeit?

Das Gebiet der Achtsamkeit in der Schule ist jung, doch die Forschungsergebnisse bekräftigen schon jetzt, was Tausende von Lehrenden und Lernenden aus erster Hand erfahren. Für Lehrende wirkt Achtsamkeit stressreduzierend, fokussierend und macht sie zufriedener (Roeser et al., 2013). Lernende sind emotional ausgeglichener und aufmerksamer, auch ihre Noten werden besser. Die Klassenzimmer sind friedlicher, es gibt weniger Konflikte und die Kinder mögen einander mehr (Zoogman et al., 2014). Das sind die ersten Ergebnisse der Achtsamkeitsarbeit mit Kindern und Jugendlichen, ihre Auswirkungen bei Erwachsenen sind bestens bekannt: Eine Achtsamkeitspraxis hat erwiesenermaßen positive

Auswirkungen auf die Struktur des Gehirns, das Immunsystem, die Emotionen, ja selbst auf die Gesundheit unserer Gene. (Tang et al., 2015).

Eine eindrucksvolle Beschreibung von Achtsamkeit liefert uns die weise, alte Schildkröte Oogway im Film „Kung Fu Panda“, als sie sagt: „Das Gestern ist Geschichte, das Morgen nur Gerüchte, doch das Heute ist die Gegenwart. Und die zu erleben ist ein Geschenk.“ Wir waren alle schon tausende Male achtsam und einige Leute, die noch nie von Achtsamkeit gehört haben, sind wirklich gut darin. Achtsam zu sein, bedeutet voll und ganz da zu sein, aufmerksam und mit offenem Herzen. Wir alle haben achtsame Momente mit unseren Schülern und Schülerinnen. wenn wir merken, dass wir etwas bewirken. Achtsamkeit ist nicht etwas, was wir künstlich erzeugen müssen, sie ist ein natürlicher Zustand des Geistes, zu dem wir zurückkehren, wenn wir uns wirklich in unserem Körper niederlassen und auf die Welt um uns herum einstimmen. Vertieft in das Wunder des Augenblicks sind Kinder oft wesentlich achtsamer als wir, selbst wenn sie ihre Aufmerksamkeit nicht unbedingt dem entgegenbringen, was wir für richtig halten.

Es gibt das einfache Achtsam-Sein und dann gibt es die Achtsamkeitsübungen. Achtsamkeitsübungen setzen wir ein, um unsere Aufmerksamkeit und unser Mitgefühl zu stärken. Wir nutzen unseren Atem als Heimathafen für unsere Aufmerksamkeit, zu dem wir immer wieder zurückkehren und dadurch nur mehr beschränkt ablenkbar sind. Wir denken an jemanden, der uns auf die Nerven geht, damit wir an Versöhnlichkeit und Mitgefühl arbeiten können. Freundlichkeit, Aufmerksamkeit und emotionale Ausgeglichenheit, die Eigenschaften also, die wir bei Kindern entwickeln möchten, können wie ein Muskel trainiert werden. Wir können eine bestimmte Eigenschaft herausgreifen, wie zum Beispiel Aufmerksamkeit, und eine Fokussierungsübung regelmäßig wiederholen, um diese achtsame Aufmerksamkeit zur Gewohnheit werden zu lassen. Das beständige Üben von Achtsamkeit hilft uns, den Anteil der Augenblicke zu vergrößern, in denen wir präsent sind, statt uns in Gedanken zu verlieren.

Die Beobachtung unseres eigenen Geistes macht uns zu Forschenden in unserer Arbeit mit unseren Schülerinnen. Wir wissen um unser Stresslevel, lernen, wann wir eine Pause brauchen oder unser Herz bestimmten

Kindern gegenüber mehr öffnen sollten. Schüler werden befähigt, ihr eigenes Verhalten, ihre Gedankenmuster und Beziehungen zu untersuchen. Statt sich abzureagieren, lernen sie die subtilen emotionalen Trigger in ihrem Körper zu erkennen und sind in der Lage, innezuhalten, einen tiefen Atemzug zu nehmen oder um Hilfe zu bitten, bevor sie reagieren.

Klingt Achtsamkeit nicht nach einer Wunderpille? Nun, das einzige Problem ist, dass man sie nicht einfach mit einem Glas Wasser einnehmen kann. Die vielen Vorzüge der Achtsamkeit kann man nur durch eine konsequente Praxis und die Erforschung unseres Geistes, unseres Herzens und unseres Körpers ernten. Um uns zu entspannen, müssen wir Stress und Anspannung bewusst wahrnehmen. Um innere Ruhe zu finden, müssen wir den chaotischen Wirrungen unseres Gehirns und der Traurigkeit in unserem Herzen ins Auge blicken.

Wenn wir Achtsamkeit bloß als Beruhigungsmittel für emotional dysregulierte und hyperaktive Kinder sehen, laufen wir Gefahr, sie wie ein Medikament oder eine Technik zur Verhaltensregulation einzusetzen. Achtsamkeit aber ist kein Spiel, bei dem wir den Kindern sagen, wer am längsten still sitzen kann, hat gewonnen. Es geht nicht darum, sie zum Schweigen zu bringen, damit wir sie leichter in den Griff kriegen. Achtsamkeit eignet sich auch nicht als ein weiterer Punkt auf dem Lehrplan, der dann im nächsten Jahr vielleicht wieder entsorgt wird. Sie ist kein Fach, das man den Lernenden und Lehrenden aufzwingen oder gemäß gewisser Standards abprüfen kann.

Weltweit fördert Achtsamkeit Konzentration und Selbstregulation, so dass die Kinder ihre Mathematik-Arbeit leichter schaffen und ihre Impulse kontrollieren können. Da es jedoch sinnlos ist, unseren Schülern und Schülerinnen Achtsamkeit aufzudrängen, ist es sinnvoller uns tausenden von Lehrenden auf ihrer inneren Reise anzuschließen und durch unsere eigene Präsenz und unser Mitgefühl zu einem Vorbild für Achtsamkeit zu werden. Oft stellen Lehrende erstaunliche Veränderungen in ihren Klassenzimmern fest, nachdem sie selbst an einem Achtsamkeitstraining teilgenommen haben, und zwar nicht weil sie ihren Schülern irgendetwas beigebracht haben, sondern einfach weil sie selbst achtsamer sind. Das ist wie, wenn man einen Eiswürfel in eine Tasse mit heißem Wasser wirft und spürt, wie er ein wenig abkühlt. Dann beginnen andere Lehrende und Schuldirektorinnen sich dafür zu interessieren. „Was machen Sie da eigentlich? Ihre Klasse macht so einen entspannten Eindruck." Und schon ist die leise Revolution geboren. Keine von oben angeordnete Lehrplanreform, sondern eine organische, engagierte Gruppe bewusster Individuen, die Mitgefühl und Präsenz entwickeln und damit langsam aber unaufhaltsam die Welt verändern.

Die fünf Bereiche der achtsamen Kompetenz

Achtsamkeit ist eine Lebensart. Sie ist eine Anschauung, bei der wir Geist und Herz offen halten. Das können wir tun, während wir uns mit Freunden unterhalten, in unsere Klasse gehen oder Arbeiten beurteilen. Hier wollen wir erforschen, wie wir in allen unseren Lebensbereichen achtsam sein können, unserm Körper, unserem Geist, unserem Herzen, unseren Beziehungen und der Welt gegenüber. Zuerst lernen wir diese Fähigkeiten in uns selbst zu entwickeln und erst dann, wie wir diese fünf Bereiche der achtsamen Kompetenz an Kinder und Jugendliche vermitteln können.

Körperkompetenz

Erfolgreiche Sportlerinnen und Sportler, ja ganze Mannschaften praktizieren Achtsamkeit, weil sie herausgefunden haben, dass es ihnen hilft, sich zu entspannen und ihre Gedanken zu beruhigen, um in einen Zustand des „Flow" zu kommen, in dem sie in ihrem Körper präsent und auf ihre Umgebung eingestimmt sind. Wenn wir Achtsamkeit erlernen, beginnen wir damit, unseren geschäftigen Geist zu entspannen und zu beruhigen. Damit unsere Schüler und Schülerinnen mit wachem und kreativem Geist agieren können, müssen wir dafür sorgen, dass ihre körperlichen Grundbedürfnisse gedeckt werden und sie sich in der Klasse sicher und geborgen fühlen. Auch Erwachsene beginnen ihre Achtsamkeitspraxis auf diese Weise. Wir reduzieren unser gewohntes Lebenstempo und begeben uns in einen Zustand der Entspannung und Introspektion. Körperkompetenzübungen wecken unsere Sinne und fördern ein Gefühl der Verbundenheit mit unserem Körper und der physischen Welt.

Geistige Kompetenz

Sobald wir ganz bewusst in unserem Körper anwesend sind, können wir unsere Aufmerksamkeit entwickeln. Wir kräftigen unseren Aufmerksamkeitsmuskeln, indem wir uns einen Fokus suchen, wie unseren Atem oder den Geschmack einer Orange. Dann beobachten wir die Widerspenstigkeit unseres Geistes, der sich ablenken lässt und vom einen zum anderen springt. Die Praxis der Achtsamkeit bedeutet, unsere Aufmerksamkeit immer wieder liebevoll zu unserem Fokus zurückzulenken. Auf diese Weise lernen wir die Funktionsweise unseres Geistes kennen und verbessern unsere geistige Leistungsfähigkeit. Kleinere Kinder lernen, ihre Gedanken wie vorbeiziehende Wolken zu beobachten, was besonders dann hilfreich ist, wenn die Umsetzung dieses Gedankens sie in Schwierigkeiten bringen könnte. Uns Erwachsene lehrt diese Praxis das Beobachten der Gedanken, dadurch weniger impulsiv zu sein und nicht in endlose Grübeleien zu verfallen.

Emotionale Kompetenz

Sobald wir mit der Sprache der Körperempfindungen und der Funktionsweise unseres Geistes vertraut sind, können wir uns der Sprache des Herzens zuwenden. Wir lernen ungesunde Gedankenmuster und die darunterliegenden Gefühle zu erkennen. Wenn wir unser Stresslevel und unseren emotionalen Zustand bewusst wahrnehmen, verbessert das unsere Impulskontrolle und die Emotionsregulation. Außerdem lernen wir, gesunde Emotionen wie Dankbarkeit, Empathie und Liebe zu entwickeln. Wut und Angst werden dabei nicht unterdrückt; wir öffnen vielmehr unsere mitfühlende Aufmerksamkeit für das gesamte Spektrum der Emotionen. Wenn wir mit all unseren Emotionen präsent sind, dann werden wir Zufriedenheit, Mitgefühl und Dankbarkeit verspüren, während Gefühle wie Wut, Angst und Depression an Gewicht verlieren. Das ist eine der erstaunlichen

Folgen von Achtsamkeit. Einige Emotionen sind sehr schmerzhaft, doch wenn wir sie bewusst wahrnehmen, öffnet sich unser Herz und wir werden mitfühlender uns selbst und unserer Umgebung gegenüber.

Soziale Kompetenz

Nachdem wir Mitgefühl und Emotionsregulation geübt haben, können wir diese Fähigkeiten als Botschafterinnen der Achtsamkeit in die Welt tragen. Wir entwickeln Empathie für unsere Freunde, unsere Familie und irgendwann auch für die Menschen, die uns auf die Nerven gehen. Wir können Achtsamkeit dazu nutzen, um unsere Annahmen zu hinterfragen und andere Perspektiven zu verstehen. So sehen wir die Welt mit frischen, emphatischen und verständnisvollen Augen. Ob im Lehrerzimmer, in unseren Liebesbeziehungen oder der sozialen Dynamik auf dem Spielplatz, es gibt so viel zu lernen über emphatische Kommunikation und soziale Kompetenz. Wir lernen Achtsamkeit nicht nur, um in einer kriegerischen Welt zu innerem Frieden zu finden. Wir entwickeln unseren inneren Frieden, um vorzuzeigen, was alles möglich ist, und uns für Gleichberechtigung und Integration unserer Schüler und Mitmenschen einzusetzen.

Globale Kompetenz

Unser Mitgefühl muss nicht auf unsere unmittelbare Umgebung beschränkt bleiben. Mit der Zeit kann man Verständnis und Umsicht für alle auf diesem Planeten entwickeln – selbst für Vögel, Hirsche und Ozeane. Wenn wir unsere achtsamen Augen öffnen, beginnen wir die Vernetzung aller Dinge zu erkennen und verstehen langsam, wie unser Handeln die Welt beeinflusst. Wir begreifen auch, dass unsere Umgebung, unsere Stimmung und unsere psychische Verfassung zusammenhängen. Oft ist uns gar nicht bewusst, wie negativ das grelle, fluoreszierende Licht im Klassenzimmer auf unsere Schüler, Schülerinnen und uns wirkt. Durch ein besseres Verständnis, wie wir die Welt beeinflussen und von ihr beeinflusst werden, können wir mehr Verantwortung für unser Leben übernehmen. Wenn wir uns für eine globale Sicht der Welt öffnen, erweitern wir unser Mitgefühl und unser Verständnis auf all die Milliarden Wesen da draußen, die nach Geborgenheit, Gesundheit und Zufriedenheit streben, wie wir eben auch.

Wie nutzt man dieses Buch

Ziel dieses Praxisbuches ist es, Pädagoginnen zu befähigen, Achtsamkeit und emotionale Intelligenz in ihre Arbeit miteinzubeziehen und so positive Veränderungen im Leben einzelner und der Gemeinschaften zu bewirken. Um Achtsamkeit authentisch und effektiv unterrichten zu können, bedarf es einiger wichtiger Schritte, die wir hier zusammen durchgehen.

Der erste Abschnitt – *Wir beginnen mit uns selbst* – ist ein Mini-Achtsamkeitstraining, eine Möglichkeit für Erwachsene, ihre eigene Selbstwahrnehmung und inneren Ressourcen zu stärken. Bevor wir in der Lage sind, unsere Schüler anzuleiten, müssen wir selbst mit dem Gelände vertraut sein. In persönlichen Achtsamkeitsübungen erkunden wir das Gelände des Körpers, des Geistes, des Herzens, der Gesellschaft und der Ökologie. Übungen und Empfehlungen helfen uns eine Achtsamkeitspraxis aufzubauen, die dann als Grundlage für unseren Unterricht dient. In diesem Abschnitt lernen wir, dann achtsam zu sein, wenn es darauf ankommt: im alltäglichen Chaos unserer Klassenzimmer, bei drohendem Burnout und sekundärer Traumatisierung. Wir nehmen uns auch Zeit, um unsere emotionale Reife zu erkunden. Bevor wir Achtsamkeit vermitteln können, müssen wir uns selbst der Kunst der Introspektion und emotionalen Intelligenz widmen, damit wir in der Lage sind, Achtsamkeit vorzuleben, und nicht die eigenen Themen auf die Schülerinnen projizieren.

Im zweiten Abschnitt *Schüler mit Achtsamkeit bekannt machen: Ressourcen und Anregungen* lernen wir die Praxis, die wir selbst entwickelt haben, bei unseren Schülerinnen und Schülern anzuwenden. Wir erkunden Tools, um auf achtsame Weise zu unterrichten und den Schülern achtsamkeitsbezogene Themen nahezubringen. Wir überlegen auch, wie unsere Umgebung aussehen sollte, damit sich die Schülerinnen darin so zufrieden, entspannt und konzentriert wie möglich fühlen können. Dann überlegen wir, wie wir unsere achtsame Präsenz bei verschiedenen

Altersgruppen und ethnischer Zugehörigkeiten, traumatisierten Kindern und Kindern mit speziellen Bedürfnissen einsetzen können. Wir lernen alle Kinder miteinzubeziehen und Achtsamkeit auf eine Art und Weise zu präsentieren, die den Kindern Spaß macht.

Der Abschnitt *Achtsamkeitsübungen für Schüler: Aktivitäten, Übungen und Techniken für den Unterricht* ist eine Sammlung von achtsamkeitsbasierten Unterrichtsstunden. Bevor wir mit dem Programm beginnen, beleuchten wir zehn forschungsbasierte Achtsamkeitsaufgaben. Wir sehen uns auch an, wie man Achtsamkeit präsentiert, damit sie für die Schülerinnen zugänglich und interessant ist, und wie die folgenden 25 Übungen des Programmes strukturiert sind. Jede Übung enthält Lernziele, Vorschläge für unterschiedliche Altersgruppen und andere Hinweise zur praktischen Umsetzung. Die Abfolge der Übungen orientiert sich an den fünf Kompetenzen, körperliche, geistige, emotionale, soziale und schließlich globale Kompetenz. Dabei wird klar, warum diese Reihenfolge wichtig ist, denn die Übungen bauen auf die in den vorhergehenden Übungen erlernten Fähigkeiten auf. Schließlich gibt es fünf Integrationsübungen, die hilfreich sind, um die Übungen in den Schulalltag einfließen zu lassen.

Der letzte Abschnitt – *Empfehlungen zur Integration* – zielt darauf ab, die Inhalte in unserem Leben und unserer Arbeit umzusetzen. Arbeitsblätter und Empfehlungen in diesem Kapitel liefern praktische Unterstützung. Sie finden dort Empfehlungen von anderen Lehrenden und führenden Persönlichkeiten der Bewegung für Achtsamkeit in der Schule, sowie Arbeitsblätter für die Gestaltung ihrer eigenen achtsamkeitsbasierten Stunden und die Präsentation von Achtsamkeit für ein größeres Publikum. Im letzten Abschnitt erkunden wir, wie man Achtsamkeit effektiv und fließend in den Schulalltag integriert.

Zeit für Achtsamkeit finden

Oft wissen Lehrende nicht, wie sie die Zeit für eine Achtsamkeitsübung finden sollen, bei denen die Kinder einfach nur dasitzen und nichts tun. Doch sobald die Lehrenden sich diese Zeit einmal genommen haben –

und sei es auch nur ein paar Minuten am Anfang jeder Stunde – merken sie, dass die Schülerinnen viel aufnahmefähiger sind und sie deswegen auch schneller mit dem Stoff vorankommen. Das ist, wie wenn wir sagen, wir wollen unser Essen nicht kauen, bevor wir es schlucken, weil das zu viel Zeit kostet. Selbst wenn es uns gelingt, das Essen schneller in unsere Mägen zu befördern, wäre es weder gesund noch genussreich. Wenn wir uns die Zeit nehmen, achtsam zu sein, finden wir mehr Leichtigkeit im Sein, statt gestresst von einer Sache zur Nächsten zu hetzen.

Wenn Wissenschaftler das Gehirn von Menschen scannen, die intensiv und seit vielen Jahren Achtsamkeit praktizieren, dann sehen sie eine weitgehende Integration von Gehirnregionen (Vestergaard-Poulsen et al., 2009). Nun zeigen Forschungen, dass in nur acht Wochen regelmäßiger Achtsamkeitspraxis positive Veränderungen in den für Lernen, Emotionsregulation und Selbstgewahrsein zuständigen Gehirnregionen nachweisbar sind (Hölzel et al., 2011). Statt stundenlang zu sitzen, können wir zu Beginn einfach öfters kurze Achtsamkeitspausen einlegen. Keinesfalls sollten wir Achtsamkeit zum Anlass für ein schlechtes Gewissen nehmen, wie wir das tun, wenn wir zu wenig Bewegung machen oder ungesund essen. Das ist keine innere Gefängnisstrafe. Irgendwann werden Sie vielleicht bei 40 Minuten Sitzen und Atmen angelangt sein, doch beginnen Sie mit bekömmlichen und angenehmen Zeitspannen. Achtsamkeit kann Spaß machen!

Ich versuche Wege zu finden, um Achtsamkeit in der Schule zu einem ansprechenden Spiel zu machen. In einer Klasse präsentierte ich einmal ein neues „Achtsamkeitsspiel“, bei dem es darum ging, wie viele Geräusche wir hören konnten. Ein Schüler dieser dritten Klasse sagte plötzlich: „Das ist doch kein Spiel.“ Es ist sinnlos, eine langweilige Übung als Spiel zu betiteln. Wir wollen, dass die Schüler es wirklich spannend finden. Wir müssen Wege finden, um Achtsamkeit zu einer wundersamen Lernerfahrung zu machen.

Achtsamkeit sollte Spaß machen und interessant sein, doch es bedarf auch einer gewisse Entschlossenheit, damit unser achtsames Bewusstsein wachsen kann. Um in unserer schnelllebigen Zeit Aufmerksamkeit und Mitgefühl zu entwickeln, ist es nötig, gegen den Strom zu schwimmen.

Es gibt eine Unzahl an Möglichkeit zur digitalen Zerstreuung und die Nachrichten strotzen nur so vor tragischen Ereignissen. Ohne eine entschlossene, regelmäßige Achtsamkeitspraxis ist es leicht, unser Herz zu verschließen und Ziele und Visionen aus den Augen zu verlieren.

Wir müssen die richtige Balance finden, so dass Achtsamkeit Spaß macht aber doch ihre transformative Wirkung tut. Vielleicht beginnen Sie damit, jeden Morgen fünf Minuten zu sitzen und gönnen sich diese wenigen Augenblicke als „Zeit für mich". Sie können sich auch hinlegen, wenn Ihnen das lieber ist, in der Morgensonne sitzen, oder auf einem für Sie perfekten Kissen. Wir nehmen uns fest vor, diese Zeit in Stille zu verbringen und bauen dann nach und nach weitere achtsame Momente in den Tagesablauf ein – einen Moment vor dem Essen, um zur Ruhe zu kommen und zu reflektieren, einen Moment im Auto, bevor wir den Motor anlassen, einen Moment vor dem Abendessen, einen Moment mit einem unserer Lieben. Wenn wir diese Zeit nicht fix reservieren und uns dann auch daran halten, dann nehmen die Dinge ihren Lauf nach dem Motto: *horror vacui* – „Die Natur verabscheut das Vakuum". Nur zu leicht werden diese wenigen Augenblicke von einigen Textnachrichten oder dem inneren Wiederkäuen irgendeines Gesprächs verschlungen. Wir müssen uns wirklich entscheiden, uns selbst dieses Geschenk der Präsenz zu machen, und uns den inneren Raum geben, um bei unserem Atem und in unserem Herzen einzukehren.

Je mehr solcher achtsamer Augenblicke wir fix in unseren Tagesablauf einbauen, desto besser. Das bedeutet, dass wir regelmäßig innehalten und die innere Wetterlage unseres Geistes, unseres Körpers und unserer Gefühle wahrnehmen. Wir können diese achtsamen Momente mit bestimmten Tätigkeiten verbinden, damit wir uns leichter daran erinnern, beim Duschen zum Beispiel das Wasser auf unserer Haut bewusst zu spüren, auf die Stufen beim Eingang der Schule zu achten oder mit jedem Schüler, der oder die die Klasse betritt, Augenkontakt aufzunehmen und sie oder ihn wirklich zu sehen. Finden Sie Achtsamkeitsübungen, die für Sie funktionieren, Wege, um den kreisenden Gedanken eine Pause zu gönnen und im Jetzt anzukommen. Vielleicht besteht Ihre Achtsamkeitspraxis aus einem Spaziergang am See, dem Bestaunen von

Marienkäfern oder aus achtsamem Stricken. Unser vorrangiges Ziel ist ein Unternehmen „Jetzt“ zu finden, das wir genießen.

Wenn wir die Auswirkungen einer Achtsamkeitspraxis dann einmal am eigenen Leib erfahren haben, können wir sie langsam ausweiten. In diesem Buch erkunden wir viele Achtsamkeitspraktiken für Körper, Geist, Herz, unsere Beziehungen und die Welt. Sobald wir Gefallen an der Praxis gefunden haben, können wir uns der Entwicklung unserer Achtsamkeit intensiver widmen, unsere Grenzen ausloten, länger sitzen und tiefer blicken.

Im Abschnitt „Wir beginnen bei uns selbst“ haben wir die Möglichkeit, eine kontinuierliche Achtsamkeitspraxis aufzubauen, die machbar und angenehm ist.

Intentionen setzen

Intentionen sind äußerst wichtig, sowohl bei unserer eigenen Praxis, als auch im Unterricht. Wir wählen die Richtung bereits, wenn wir die Segel setzen und halten uns dann beständig an das, was der Kompass vorgibt. Selbst wenn wir vom Kurs abkommen, was regelmäßig passieren wird, erinnern wir uns daran, was unser Ziel ist. Unsere Intention bei Achtsamkeit ist es, uns selbst und dem jeweiligen Augenblick gegenüber präsent und mitfühlend zu sein und unsere Schülerinnen beim Entwickeln von Präsenz und Mitgefühl zu unterstützen. Wir wollen alle entspannter, konzentrierter und glücklicher sein. Auch unseren Schülern wünschen wir diese grundlegende Lebenskompetenz. Diesen Wunsch können wir auch ausdehnen auf die Hoffnung, dass Lehrende und Lernende auf der ganzen Welt lernen achtsamer zu sein, und uns vorstellen, wie die Welt wohl aussähe, wenn die nächste Generation achtsamer aufwachsen würde. Wählen wir also unsere Intention bereits, wenn wir die Segel setzen.

Wie wollen wir uns persönlich entwickeln, wenn wir die Kunst der Achtsamkeit erlernen? Vielleicht möchten wir weniger impulsiv reagieren, zufriedener sein oder einfach besser schlafen können.

Und was sind unsere Hoffnungen und Intentionen, wenn wir unseren Schülern und Schülerinnen Achtsamkeit vermitteln? Vielleicht wünschen wir ihnen, dass sie innere Ruhe finden, ihre Aufmerksamkeit halten können oder liebevoller mit sich selbst und anderen umgehen lernen. Hier können wir aufschreiben, welche Auswirkungen wir uns vom Achtsamkeitsunterricht erhoffen.

Schließlich lenken wir unsere Intentionen auf die Welt. Wie hoffen wir unserem Planeten inmitten all der sozialen, ökologischen und politischen Turbulenzen zu helfen, wenn wir Achtsamkeit an unsere Schülerinnen weitergeben? Wir könnten sagen, wir hoffen, dass Schüler, die inneren Frieden finden, auch zum Weltfrieden beitragen. Schreiben Sie auf, welche Auswirkungen auf die Welt sie sich vom Lesen dieses Buches und Teil dieser Bewegung zu sein, erhoffen.

I

Beginnen wir mit uns selbst

Leute, die mich seit Jahren nicht gesehen haben, sagen, dass ich Ruhe. ausstrahle. Stell dir vor! Meine Achtsamkeitspraxis ist zur Gewohnheit geworden, wie Zahnseide verwenden, doch mit wesentlich offensichtlicheren Ergebnissen. Ich liebe die Praxis und ich liebe, wie ich mich dadurch fühle.

Gregory David, Grundschullehrer, New York City

Sich Achtsamkeit zu eigen machen

Nach fünfzehn Jahren im Klassenzimmer, graute Teresa vor jedem Schultag. Noch nie hatte sie eine Klasse mit so vielen dysregulierten und gestressten Kindern unterrichtet. In manchen Augenblicken eines Schultages, hin- und hergerissen von den mannigfaltigen Bedürfnissen und Ansprüchen ihrer 25 Zweitklässler, merkte sie, wie ihr Herz raste, ihre Gefühle rotierten und sie sich am Rande eines Nervenzusammenbruchs bewegte. Bei dem Kurs zur achtsamkeitsbasierten Stressreduktion, an dem sie teilnahm, lernte sie zu entschleunigen, ein wenig Abstand von ihren angsterfüllten Gedanken zu gewinnen und mit den aufgewühlten Gefühlen, die in ihrem Körper aufstiegen, Freundschaft zu schließen. Langsam erkannte sie, dass sie sich in ihrem Inneren selbst wie eine aufgeregte Zweitklässlerin fühlte, und lernte, das verschreckte innere Kind in die Arme zu schließen, wenn die Panik in ihr hochstieg.

Erstaunlicherweise fühlte sie sich durch ihre Praxis nicht nur selbst wesentlich ruhiger und friedlicher, sondern mit ihr schienen sich auch ihre Schüler und Schülerinnen zu entspannen. Wenn sich nach dem Turnunterricht das übliche Chaos breit machte und Teresas Anspannung wuchs, hielt sie inne, ließ sich in das Gefühl fallen und versuchte es anzunehmen. Und irgendwie entspannten sich die Kinder mit ihr. Als hätte sie einen Eiswürfel in ein Glas heißes Wasser fallen lassen. Die erhitzten Gemüter beruhigten sich.

Und Teresas Achtsamkeitspraxis zeigte nicht nur bei ihren eigenen Schülerinnen Wirkung, nach einiger Zeit bemerkten es auch die Nebenklassen. Ihre Kollegen sagten etwas wie: „Hast du ihnen eine Happy-Droge verpasst? Kannst du mir zeigen, wie ich das mit meinen Kindern machen kann?“ Die Zauberkunst, die Teresa erlernt hatte, lautete: wenn wir Verantwortung für unsere eigene, innere Transformation übernehmen, können wir auch bei der Welt um uns Großes bewirken. Wenn wir zu dem Frieden werden, den wir in unserem Klassenzimmer sehen wollen, fühlen sich die Schüler und Schülerinnen friedlich, wenn sie in unserer Nähe sind.

Geschichten wie die von Teresa höre ich immer wieder von Pädagoginnen, die an ihrer persönlichen Entwicklung arbeiten und schon allein dadurch anderen den Weg weisen. Ich höre jedoch auch Folgendes ständig: „Ich versuche meinen Schülern und Kollegen Achtsamkeit zu vermitteln, damit sie entspannter und zufriedener sein können, doch sie hören mir einfach nicht zu.“ Manchmal fühlt man sich wirklich alleine, wenn man ein Lehrer ist, der sich in Achtsamkeit verliebt hat und alle mühsam kämpfenden Schüler und Kolleginnen an den positiven Auswirkungen teilhaben lassen möchte. Und doch kann man niemandem Achtsamkeit aufdrängen. Achtsamkeit ist nicht der nächste Trend in der Lehrplanentwicklung, den wir den Schulen aufzwingen. Sie ist ein organischer Prozess, der mit unserer persönlichen Entwicklung beginnt und sich durch echtes Interesse und Offenheit weiterverbreitet.

Vielleicht kommt die Schulinspektorin in unsere Klasse und ist so begeistert, dass sie uns bittet allen Lehrenden in ihrem Bezirk Achtsamkeitsunterricht zu erteilen. Oder wir verbringen unser gesamtes Berufsleben in einem einzigen Klassenzimmer, in das alle Kinder gerne kommen, weil sie es als sicheren Hafen für ruhiges und kreatives Lernen empfinden und keine einzige andere Lehrerin oder Administrator merkt etwas davon. Wir können nichts erzwingen. Die Verantwortung für sein eigenes Leben zu übernehmen birgt jedoch eine unglaublich transformative Kraft.

In einem späteren Abschnitt dieses Buches widmen wir uns dem Achtsamkeitsunterricht. Bevor wir jedoch zu unserer beruflichen Weiterentwicklung kommen, beginnen wir mit unserer persönlichen Entwicklung. Dazu sollten wir uns zunächst bewusst machen, dass alles, was wir mit Achtsamkeit erreichen wollen, bereits hier ist. Wir müssen nirgends hingehen und nichts kaufen – Achtsamkeit ist eine innere Angelegenheit. Ruhe, Zufriedenheit, Ausgeglichenheit und Präsenz sind Seinszustände, die wir in uns tragen und stärken, wenn wir innehalten und uns unserer inneren Welt zuwenden. Selbst ohne jegliches Achtsamkeitstraining können wir unsere alltäglichen Gedanken, Gefühle und Empfindungen hier und jetzt fließen lassen und einen Augenblick innehalten, gerade lang genug, um unserem Bewusstsein eine kleine Pause zu gönnen und wahrzunehmen, was um uns herum passiert. Nehmen wir alles einige Minuten lang in uns auf und betrachten die Wetterlage des gegenwärtigen Augenblicks.

In den folgenden Übungen befassen wir uns mit den Bereichen des Körpers, des Geistes, des Herzens, der Gesellschaft und der Ökologie. Bei jedem Innehalten und bei jeder Reflexion spielen alle diese fünf Bereiche eine Rolle, doch ohne achtsame Präsenz zieht oft viel von dem, was in unserer Welt passiert, an uns vorüber. Auch wenn wir diese fünf Dimensionen hier zunächst getrennt betrachten, ist unser eigentliches Ziel, sie zu einem integrierten Ganzen zusammenzuführen.

Die Achtsamkeitskompetenzen

Körperkompetenz

Viele von uns haben so viele Aufgaben und Verpflichtungen, dass wir unser Gehirn ständig mit durchgetretenem Gaspedal auf höchster Drehzahl fahren. Wenn wir zu einer der seltenen Pausen in unserem Leben gelangen, vor einer roten Ampel oder in der Badewanne, dann wissen wir nicht mehr, wie man in den Leerlauf zurückschaltet. Schließlich hantieren wir verzweifelt an der Gangschaltung herum und unser Gehirn rotiert, obwohl wir endlich ein wenig Zeit hätten, um einen wertvollen Moment des Friedens zu genießen.

Bei einem Leben im dritten, vierten oder fünften Gang, wissen wir manchmal gar nicht mehr, wie sich der Leerlauf anfühlt. Wenn wir uns ins Bett legen, um zu schlafen, läuft unser Geist immer noch auf 100. Um zur Ruhe zu kommen, stellen wir zuerst einmal fest, auf welchem Stress-Level wir uns gerade befinden. Dazu erforschen wir die wichtigsten Stresszonen im Körper, wie die Schultern, das Kiefergelenk, den Magen und die Brust. Die Empfindungen, die wir wahrnehmen, müssen wir auch nicht loswerden, wir bemerken einfach Enge und Anspannung in diesem Bereich, begegnen ihr mit liebevolle Zuwendung und bringen ein Gefühl der Entspannung dorthin. „Versuch dich zu entspannen“ hilft nicht – Entspannung passiert, wenn wir aufhören, es zu versuchen.

Übung: Entspannung für Anfänger

Legen Sie sich bequem hin, schließen Sie die Augen und verschaffen Sie sich einen ersten Überblick darüber, was gerade in Ihrem Körper vorgeht, vergleichbar mit einer inneren Wetterkarte. Spüren Sie die Aufregung, die Ruhe, das Glücksgefühl, die Traurigkeit, den Schmerz. Was immer Sie bemerken, nehmen Sie wahr, ohne es verändern zu wollen.

Wandern Sie nun mit Ihrer Aufmerksamkeit durch den Körper, nehmen Sie Anspannung und Entspannung in Ihrem Atem wahr. Beginnend bei Kopf und Gesicht, gibt es da irgendeine Anspannung der Muskeln? Wenn Sie Anspannung bemerken, spannen Sie den Muskel beim Einatmen ein wenig mehr an und lassen ihn dann beim Ausatmen mit einem großen Seufzer los.

Dann gehen Sie zur Nacken- und Schultermuskulatur weiter. Schauen Sie beim Einatmen, ob Sie in diesem Bereich Spannung wahrnehmen und spannen Sie ein wenig mehr an. Beim Ausatmen lassen Sie den Muskel los, lassen ihn lang und weich werden und in das Bett oder die Couch, auf der Sie liegen, schmelzen.

Gehen Sie mit diesem achtsamen Ein -und entspannenden Ausatmen durch den Körper und nehmen Sie sich für jeden Bereich etwa eine Minute Zeit. Gehen Sie mit Ihrer Aufmerksamkeit zu den Armen und Händen, dann zum Herzen, dem Bauch, dem oberen und unteren Rücken und schließlich zu den Beinen und Füßen. Wandern Sie durch den Körper und stellen Sie fest, wo Sie Spannung bemerken, verstärken Sie die Spannung beim Einatmen und lassen Sie sie mit einem langen entspannendem Ausatmen los.

Sobald Sie den Körper von Kopf bis Fuß durchgegangen sind, atmen Sie einige Minuten lang einfach in den ganzen Körper wie in einen großen Luftballon, bemerken beim Einatmen, wenn Spannung da ist und lassen allen Stress beim Ausatmen in den Boden abfließen.

Und im Alltag

Wenn Sie bereit sind aufzustehen, nehmen Sie sich vor, die Spannung und Entspannung im Körper auch weiterhin wahrzunehmen. Wie reagiert ihr Körper, wenn Sie Ihr Handy aufdrehen oder in Ihr Auto steigen? Spannen Sie vielleicht die Schultern und den Brustbereich an? Erinnern wir uns daran, dass unser Atem immer bei uns ist und dass wir unser Stressniveau einfach wahrnehmen und unseren Körper dann mit dem Atem entspannen können.

Geistige Kompetenz

Als ich ein Achtsamkeitstraining für Lehrende an der pazifischen Küste Kaliforniens leitete, stellte mir die Direktorin einer Grundschule eine vorausschauende Frage. „Meinen Atem einfach nur zu spüren ist wirklich langweilig, kann ich mir nicht einfach vorstellen, ich bin am Strand und beobachte Delfine und Wale, die sich in den Wellen tummeln?" Auch ich liebe es, Wale und Delfine zu beobachten, also konnte ich ihre Frage gut nachvollziehen. Ich antwortete: „Es klingt, als ob sie wirklich gerne am Meer sind." Sie sah mich an, als ob ich sie ertappt hätte. „Eigentlich ist es wirklich frustrierend. Alle sind dabei Wale auszumachen, aber ich bin so beschäftigt damit, mir über meine Familie zu Hause Sorgen zu machen, dass ich sie ständig verpasse!"

Wenn wir uns leicht ablenken lassen, ist es schwierig für uns im gegenwärtigen Augenblick zu bleiben, selbst wenn es sich um die kostbaren Dinge unseres Lebens handelt, wie unsere Familie, ein wunderschöner Sonnenuntergang oder ein köstliches Essen. Unsere Fähigkeit, uns zu konzentrieren, ist wie ein Muskel, den man trainieren kann. Das einfache Sitzen in Stille mit dem Fokus auf den Atem und so wenig Ablenkung wie irgend möglich ist eine großartige Möglichkeit diesen Fokus-Muskel zu trainieren. Wenn wir unsere Konzentrationsfähigkeit stärken, lernen wir scheinbar langweilige Erfahrungen, wie das Ein -und Ausströmen des Atems aus unserem Körper wertzuschätzen. Wenn wir diese Fähigkeit verbessern, sind wir eher in der Lage, die spielenden Wale und Delfine, das Lachen unserer Kinder und all die scheinbar alltäglichen Geheimnisse unseres Lebens zu genießen. Nach dem Training schrieb mir die Direktorin Folgendes: „Sobald ich gelernt hatte, das Sitzen in Stille und das Spüren des Atems zu schätzen, konnte ich all die Gedanken loslassen und den Spaziergang am Meer wirklich genießen. Und wenn ich dann nach Hause kam, merkte ich, dass ich voll und ganz bei meiner Familie anwesend sein konnte."

Übung: Den Aufmerksamkeitsmuskel kräftigen

Setzen Sie sich bequem aber aufrecht hin und nehmen Sie die richtige Haltung für unsere Übung von Fokus und Entspannung ein. Beginnen Sie mit einigen langen Atemzügen, strecken Sie die Wirbelsäule beim Einatmen in die Länge und lassen Sie Muskeln und Knochen bei jedem Ausatmen nach unten zur Erde hin entspannen. Lassen Sie Ihren Atem jetzt ganz natürlich fließen und konzentrieren Sie sich auf die körperliche Erfahrung der vier Punkte des Atems:

- Bringen Sie Ihre Aufmerksamkeit zum Gefühl des gesamten Einatmens.
- Nehmen Sie wahr, wie es sich vor dem Ausatmen anfühlt, wenn die Lungen ganz gefüllt sind.
- Bringen Sie Ihre Aufmerksamkeit zu der körperlichen Erfahrungen des gesamten Ausatmens.
- Nehmen Sie wahr, wie es sich anfühlt, bevor Sie wieder einatmen, wenn die Lunge leer ist.

Unser Atem bewegt sich organisch durch diese vier Punkte und wir können unsere fokussierte Aufmerksamkeit auf die Empfindungen und das Erleben jedes einzelnen Atemzuges richten. Wenn unser Aufmerksamkeitsmuskel kräftiger wird, merken wir, wie komplex diese Atembewegung ist. Dann konzentrieren wir uns nicht mehr auf die einzelnen Punkte des Atems sondern bleiben einfach bei unserem Atmen und beobachten es wie Wellen am Strand, die kommen und gehen.

Von Zeit zu Zeit wird Ihre Aufmerksamkeit abschweifen. Messen Sie dem keine Bedeutung zu, denn jeder Geist wandert. Unsere Aufgabe ist es, ein größeres Verständnis für die Funktionsweise und die Bewegungen unseres Geistes zu entwickeln. Wenn wir mit unserer Aufmerksamkeit vom Atem abgelenkt werden, dann nehmen wir einfach wahr, wohin es uns getrieben hat. Das mag ein Gedanke, eine starke Empfindung oder ein Gefühl sein, und dann kehren wir sanft zu unserem Atem zurück. Indem wir unseren Fokus immer wieder gewissenhaft zu unserem Atem zurückbringen, stärken wir unsere Aufmerksamkeit und gewinnen gleichzeitig Einblicke in die Funktionsweise unseres Geistes.

Und im Alltag

Das Ende der Übung ist nicht das Ende unserer Achtsamkeitspraxis. Während wir durch den Tag gehen bieten sich ständig neue Gelegenheiten, in denen wir wahrnehmen können, wie unsere Aufmerksamkeit von der anstehenden Aufgabe abgelenkt wird und wir sie wieder und wieder sanft dorthin zurücklenken können. Erinnern wir uns daran, die intensive Auseinandersetzung mit unseren Schülerinnen und Schülern, unser Essen und jeden Atemzug bewusst zu genießen.

Emotionale Kompetenz

Wenn ich mit Kindergartenkindern die Praxis der Herzensöffnung mache, beginne ich mit den Worten: „Wir wollen uns selbst einmal fest umarmen." Kein Problem für einen Fünfjährigen. Sie wickeln ihre Arme um sich und sagen allerlei liebe Dinge, wie „Möge jeder Tag mein Geburtstag sein!" Etwas schwieriger ist es für die Kleinen schon, wenn ich sie bitte, ihre Kindergartenkolleginnen anzusehen und ihnen liebevolle Botschaften zu senden. Je jünger wir sind, desto eher sind wir scheinbar in der Lage, Selbstliebe zu empfinden, doch liebevolle Güte für andere zu entwickeln kann eine Weile dauern.

Bei Erwachsenen scheint es umgekehrt zu sein. Besonders Lehrende empfinden Kindern gegenüber echte Fürsorge und Mitgefühl. Wahrscheinlich war das einer der Beweggründe, diesen Beruf zu ergreifen. Viel schwieriger ist es, uns selbst diese liebevolle Güte entgegenzubringen. Vielen von uns fällt es nicht leicht, die Arme um uns selbst zu legen und uns liebe Dinge zu wünschen.

Wenn wir so viel Mitgefühl und Fürsorge an andere aussenden, doch vergessen, uns um uns selbst zu kümmern, dann brennen wir aus. Wir entwickeln eine sogenannte Mitgefühlserschöpfung und werden irgendwann kraftlos oder sogar verbittert. „Warum kümmere ich mich ständig um alle anderen und niemand kümmert sich um mich?“ Hier wollen wir also die Tore des Mitgefühls gegenüber unseren Kindern öffnen, denn wie das geht, wissen wir bereits, und diesen liebevollen Blick dann auf uns selbst richten. Wir lernen, wie wir unsere eigenen Speicher auffüllen, damit wir vor liebevoller Zuwendung für andere überquellen, ohne dabei unsere eigenen Ressourcen zu erschöpfen.

Übung: Mitgefühl mit uns selbst

Nehmen Sie das natürliche Heben und Senken des Atems in Ihrer Brust wahr. Sie müssen Ihren Atem auf keine spezielle Weise lenken – nehmen Sie einfach wahr, wie er sich in den Lungen ausbreitet und wieder zusammenzieht, wie immer diese organische Bewegung auch aussehen mag. Bleiben Sie mit Ihrer Aufmerksamkeit in der Gegend Ihres Herzens und spüren Sie bei jedem Einatmen die Empfindungen und Gefühle in der Brust, bei jedem Ausatmen lassen Sie es dort ganz weich werden und entspannen sich.

Denken Sie jetzt an ein Kind, das Sie gernhaben. So eine Vorstellung zaubert ganz leicht ein Lächeln auf unser Gesicht und wir spüren ein Gefühl der liebevollen Zugewandtheit. Stellen Sie sich vor, das Kind tut etwas, was es wirklich gerne tut und schauen Sie, wie sich Ihr Herz anfühlt, wenn Sie dieses Kind so glücklich sehen. Nehmen Sie wahr, wie es sich anfühlt, wenn wir jemanden anderen wirklich mögen.

Richten Sie nun diesen mitfühlenden Blick auf sich selbst. Nehmen Sie bei jedem Einatmen wahr, wie Ihr Herz sich fühlt. Vielleicht ist es glücklich, vielleicht traurig; was immer Sie auch wahrnehmen, atmen Sie einfach mit Bewusstheit ein. Richten Sie nun beim Ausatmen denselben mitfühlenden Blick auf Ihr Herz. Wenn das Herz glücklich ist, lassen wir es die Süße dieses Glücksgefühls kosten. Wenn unser Herz traurig ist, bringen wir ihm Mitgefühl für unseren Schmerz entgegen. Nehmen Sie bei jedem Einatmen wahr, was in Ihrem Herzen passiert, und bringen Sie sich selbst bei jedem Ausatmen liebevolle Zuwendung und Mitgefühl entgegen.

Und im Alltag

Bleiben Sie auch während des Tages liebevoll bei Ihrem Herzen. Wenn etwas Wunderbares passiert, dann freuen Sie sich an den Gefühlen, die hochsteigen. Wenn etwas passiert, das Sie frustriert, dann sorgen Sie für Ihr Herz, wie Sie sich um ein weinendes Kind kümmern. Ohne zu sehr an den süßen Gefühlen festzuhalten und ohne die unangenehmen Gefühle wegschieben zu wollen, üben wir, unser Herz auch auf den unausweichlichen Wellen unseres Tages offen zu halten.

Soziale Kompetenz

Wir beginnen unsere Achtsamkeitspraxis mit einem Blick nach innen, lernen uns zu entspannen, gut für uns selbst zu sorgen, und erfahren mehr über das Wesen unseres Geistes. Wenn wir uns auf diese Weise geerdet und unsere Empathie geschult haben, sind wir in der Lage, die Botschaft der Achtsamkeit an Schüler, Kolleginnen und Familienmitglieder weiterzugeben. Dazu brauchen wir die Präsenz, die wir entwickelt haben und die Bereitschaft, uns auf die Menschen und Geschehnisse um uns herum einzustimmen.

Eine der größten Geschenke der Achtsamkeit ist, dass sie uns helfen kann, unsere Gedankenmuster zu beobachten und zu erkennen, welche von ihnen möglicherweise auf Annahmen oder unbewussten Vorurteilen basieren. Oft gehen wir mit Werturteilen über andere durchs Leben, die wir von unserer Familie und unserer Gesellschaft übernommen haben. Um in der Lage zu sein, einen Schritt zurückzutreten und seinen Geist dahingehend zu prüfen, was Wahrheit und was ein toxisches Überbleibsel und daher besser loszulassen ist, muss man eine wirklich gute Beobachterin sein.

Wenn wir unsere Annahmen durchschauen, sehen wir die Menschen, wie sie tatsächlich sind. Wir sehen, wie sie glänzen, und wir sehen, wie sie kämpfen. Dieses Verständnis ist der Schlüssel zu unserem Mitgefühl. Wenn es uns gelingt, die anderen so zu sehen, wie sie wirklich sind, schenken wir ihnen das Gefühl, gesehen zu werden. Und ist es nicht das, was wir alle wollen – gesehen und akzeptiert werden, so wie wir sind?

Übung: Wir öffnen uns für das Mitgefühl

Entspannen Sie Ihren Körper und kehren Sie zum vierteiligen Atmen zurück. Lassen Sie mit jedem Atemzug Stille und Fokus entstehen. Denken Sie nun an eine Erfahrung mit einem Schüler, die Sie in letzter Zeit frustriert hat. Lassen Sie den Vorfall vor Ihrem inneren Auge wie ein Video abspielen. Welche Gedanken steigen in Ihnen hoch, wenn Sie sich diese Begebenheit vorstellen? Gehen Ihnen irgendwelche Werturteile durch den Kopf?

Währende Sie sich weiterhin diese Schülerin vorstellen, richten Sie Ihre Aufmerksamkeit auf Ihre Gefühle und Empfindungen. Ist Ihr Kiefer angespannt? Ihr Herz schwer? Beobachten Sie, was die Szene in Ihrem Körper auslöst. Nehmen Sie einige Atemzüge, beim Einatmen nehmen Sie wahr, wo Sie Anspannung oder Unwohlsein spüren, beim Ausatmen lassen Sie sie los und entspannen sich. Machen Sie das einige Male, bis sich ein Gefühle der Stille einstellt.

Stellen Sie sich nun den Schüler erneut vor, doch halten Sie Ihr Herz ihm gegenüber offen. Sagen Sie zu sie selbst, während Sie sich die Schülerin vorstellen:

- Genau wie bei mir, passiert im Inneren dieser Schülerin gerade so viel.
- Genau wie ich, will dieser Schüler glücklich sein.
- Genau wie ich, kämpft diese Schülerin.
- Genau wie ich, möchte dieser Schüler sich ausgeglichen fühlen.

Man kann alle möglichen mitfühlenden Sätze sagen, um sich bewusst zu machen, wie viel im Inneren der Schülerin gerade vor sich geht. Bleiben Sie mit Interesse bei Ihrem Herzen und schauen Sie, wie es sich anfühlt, so empathisch zu sein, selbst wenn wir frustriert sind.

Und im Alltag

Diese Übung eignet sich für jede Situation, in der wir uns durch Schüler, Kolleginnen oder Familienmitglieder frustriert fühlen. Spüren Sie, wenn Sie von Menschen getriggert werden und halten Sie einen Augenblick lang inne. Beobachten Sie Ihre Gedanken, fühlen Sie Ihre Gefühle und schauen Sie, ob Sie Ihren Mitgefühlsmuskel aktivieren können. Wenn wir auf diese Weise üben, lernen wir unvoreingenommener, gelassener und liebevoller zu reagieren.

Globale Kompetenz

Nehmen wir uns einen Augenblick Zeit, um unseren achtsamen Blick zu weiten, und schauen wir, wo wir eigentlich sind. Ganz gleich, ob wir in einer weitläufigen Metropole oder auf einem ländlichen Hof leben, wir stehen in einer vollkommen abhängigen Beziehung zu unserer Umwelt. Die Lebensmittel, die wir essen, die Luft, die wir atmen, die Vögel, die wir hören, die Jahreszeiten, die wir durchleben, das alles hat grundlegende Auswirkungen darauf, wie wir leben und wer wir sind.

So wie wir bereits unseren Atem und unsere Gefühle erkundet haben, können wir das auch mit unserer Welt tun. Fragen wir uns zu Beginn:

- In Welche Richtung schaue ich gerade?
- Woher kommt mein Wasser?
- Woher kommt die Elektrizität, die ich benutze, und woraus wird sie gewonnen?
- Wohin wird mein Müll gebracht?
- Wer lebte vor 500 Jahren auf diesem Land?
- Welche kulturellen, demographischen Gruppen leben hier und wie sind diese Kulturen hierher gekommen?

Warum sollte uns das interessieren? Nun, es hilft uns, die Dinge wertzuschätzen, die uns tagtäglich am Leben erhalten. Wir lernen, dankbar zu sein für die Bäume, die uns mit Sauerstoff versorgen, und den Regen, der unseren Durst stillt und der Erde Leben einhaucht. Durch solche Fragen werden wir auf die ökologischen und sozialen Aspekte der Erde, auf der wir leben, aufmerksam. Wenn wir unsere Welt achtsamer wahrnehmen, entwickeln wir Ehrfurcht für die Systeme der Natur und ein Verständnis für die Verbundenheit aller Dinge, uns eingeschlossen. Wir lernen auch, Gesundheit und Balance in unser Umfeld zu bringen, was wiederum unseren Körper und unsere Gemeinschaften gesünder und ausgeglichener macht.

Übung: Offenes Bewusstsein

Setzen Sie sich entspannt hin und richten Sie Ihre Aufmerksamkeit auf Ihren Atem. Sie sind eine Art achtsamer Meteorologe und spüren dem Atem nach, wie einem Wind, der durch die Nase eintritt, Ihre Brust und Ihren Bauch erfüllt, bevor er durch Ihre Nasenlöcher wieder ausströmt. Spüren Sie die Veränderungen auf Ihrer inneren Wetterkarte bei jedem Ein- und Ausatmen.

Nachdem Sie einigen Minuten lang Ihre innere Wetterkarte wahrgenommen haben, richten Sie Ihre Aufmerksamkeit auf die Außenwelt und hören auf die Geräusche um Sie herum. Eine Vielzahl von Geräuschen erreicht unser Ohr, ohne dass wir irgendetwas dazu tun müssen. Wir können uns einfach zurücklehnen und den Geräuschen zuhören, die auftauchen und wieder verschwinden. Nehmen Sie auch das Feld der Stille wahr, aus dem diese Geräusche entstehen, und in das sie wieder und wieder eintauchen.

Richten Sie Ihre Aufmerksamkeit nach einigen Minuten wieder nach innen, nehmen Sie das Ein- und Ausströmen des Atems wahr und spüren Sie Ihre innere Welt. Nach einigen Minuten wechseln Sie wieder zur Außenwelt und hören auf die Geräusche, in denen wir schwimmen, wie die Fische im Meer. Richten Sie dann Ihre Aufmerksamkeit gleichzeitig auf Ihre innere und äußere Welt, nehmen Sie den Atem, Ihre Gefühle, Empfindungen, Geräusche und Gerüche wahr und öffnen Sie Ihr Bewusstsein für alles auf einmal. Lassen Sie Ihr Bewusstsein mühelos von einem Phänomen zum anderen gleiten und öffnen Sie Ihren Blick weit, so dass alle Sinne darin Platz haben.

Und im Alltag

Wenn wir dem Wind, den Vögeln, den Autos, den plappernden Kindern und der Sinfonie des speziellen Ortes, den wir bewohnen, einfach zuhören, können wir dieses offene Bewusstsein auch im Alltag üben. Wir praktizieren Achtsamkeit nicht, damit wir vom Chaos der Außenwelt unberührt bleiben, sondern damit wir ihr und allem, was sie mit sich bringt, mit offenem Herzen und offenem Geist begegnen und intelligent und bedachtsam darauf reagieren können. Je mehr Interesse wir für unsere Umwelt aufbringen, desto mehr lernen wir und desto sorgfältiger werden wir mit ihr umgehen.

Arbeitsblatt: Innere Bestandsaufnahme

Die Forschung zeigt, dass Achtsamkeit positiv auf Zufriedenheit, emotionale Regulation, Freundlichkeit, Aufmerksamkeit und Stressreduktion wirkt. Doch glauben Sie nicht einfach den Experten. Untersuchen Sie selbst die Auswirkungen von Achtsamkeit auf Ihr Leben und schauen Sie, wie die Übungen auf Ihren Geist, Ihr Herz, Ihren Körper und Ihre Beziehungen wirken.

Diese positiven Effekte kann man aber nur ernten, wenn man sich die Zeit nimmt, die Übungen auch wirklich zu machen. Anhand dieses Arbeitsblattes können Sie am Ende jeden Tages feststellen, welche Achtsamkeitsübungen Sie wie lange gemacht haben. Außerdem gibt es Fragen zu Ihrer Stimmung und Ihrem Gemütszustand. Widmen Sie jeden Tag eine gewisse Zeit den Übungen und nutzen Sie das Arbeitsblatt als Laboratorium für Ihre inneren Studien. So können Sie den Nutzen von Achtsamkeit aus erster Hand erleben. Das wiederum wird Sie motivieren, Ihrer Praxis konsequent nachzugehen.

Innere Bestandsaufnahme

Welche Übungen haben Sie heute gemacht, wann haben Sie sie gemacht und wie lange?

____

____

____

Stressreduktion: Wie hoch war Ihr Stresslevel heute?

entnervt				neutral					gechillt
1	2	3	4	5	6	7	8	9	10

Fokussierte Aufmerksamkeit: Wie gut konnten Sie sich heute konzentrieren?

abwesend				neutral					fokussiert
1	2	3	4	5	6	7	8	9	10

Empathie: Wie freundlich waren Sie heute zu den Menschen, mit denen Sie zu tun hatten?

rüpelhaft				neutral					freundlich
1	2	3	4	5	6	7	8	9	10

Resilienz: Wie haben Sie heute in unangenehmen Situationen reagiert?

überfordert				neutral					gelassen
1	2	3	4	5	6	7	8	9	10

Selbstmitgefühl: Wie liebevoll waren Sie heute sich selbst gegenüber?

streng				neutral					liebevoll
1	2	3	4	5	6	7	8	9	10

Zufriedenheit: Wie ausgeglichen war Ihre Stimmung heute?

unzufrieden neutral zufrieden

1 2 3 4 5 6 7 8 9 10

Offenheit: Wie bewusst konnten Sie heute Ihrer Umwelt begegnen?

verschlossen neutral offen

1 2 3 4 5 6 7 8 9 10

Emotionale Selbstregulation: Wie schätzen Sie Ihre Impulskontrolle heute ein?

rücksichtslos neutral wachsam

1 2 3 4 5 6 7 8 9 10

Metakognition: Wie geschäftig war Ihr Geist heute?

hektisch neutral ruhig

1 2 3 4 5 6 7 8 9 10

Exekutive Funktionen: In wieviel Drama haben Sie sich heute verwickeln lassen?

nervenaufreibend neutral friedlich

1 2 3 4 5 6 7 8 9 10

Kognitive Flexibilität: Wie leicht konnten Sie sich heute auf Veränderungen einstellen?

schwierig neutral reibungslos

1 2 3 4 5 6 7 8 9 10

Eine erfolgreiche Achtsamkeitspraxis aufbauen

Wenn wir uns einfach hinsetzen und versuchen, 45 Minuten lang still unseren Atem zu beobachten, dann wird diese Zeit wohl für die meisten von uns zu einer Übung in Frustration werden. Schon alleine das hektische, geistige Geplapper lässt dieses ganze Achtsamkeitsvorhaben als ein Ding der Unmöglichkeit erscheinen, wir fühlen uns unfähig und verlieren jegliche Lust. Und unser Gehirn verknüpft Achtsamkeit dann mit Ärger und Selbstkritik.

Statt es so anzugehen, dass eine frustrierende Erfahrung absehbar ist, wollen wir unsere Achtsamkeitspraxis so planen, dass wir Erfolg haben können. Beginnen Sie mit einer Zeitspanne und Frequenz, die angenehm, klärend und bestärkend für Sie ist.

Wir können uns die Achtsamkeitspraxis als Pflanze vorstellen, die eben eine bestimmte Menge an Sonne, Wasser und Erde braucht, um gedeihen zu können. Die Elemente, die unser achtsames Bewusstsein wachsen und erblühen lassen, sind ganz einfach: die Position, in der wir üben, die Intentionen, die wir setzen, die Unterstützung, die wir uns holen, und die Zeit, die wir für unsere Praxis einplanen.

Es gibt vier wesentliche Körperhaltungen für die Achtsamkeitspraxis: Sitzen, Gehen, Stehen und Liegen. Unser Ziel ist es, jede Haltung bewusst und achtsam wahrzunehmen, einschließlich der Haltung, in der wir das Geschirr waschen, an die Tafel schreiben und mit unserem Partner streiten. Die folgenden Empfehlungen beziehen sich auf die achtsame Sitzposition. Zunächst ist es hilfreich, die Ablenkungen beim

Sitzen so gering wie möglich zu halten, damit wir uns wirklich konzentrieren können. Deswegen ist ein ruhiger Sitzplatz gerade am Anfang von Vorteil. So kräftigen wir unsere Aufmerksamkeit, bevor wir dann irgendwann auch im Schulumfeld den von uns gewählten Fokus halten können.

Einen Platz schaffen

Unsere Häuser und Wohnungen haben bestimmte Plätze, an denen wir essen, unseren Körper reinigen und uns ausruhen. Genauso schaffen wir bewusst einen Platz, an dem wir unsere Achtsamkeit vertiefen wollen. Natürlich ist es letztlich das Ziel jeden Ort mit offenherziger Präsenz zu erfüllen, doch um diese Fähigkeit zu entwickeln, schaffen wir uns einen achtsamen Sitzplatz, zu dem wir immer wieder zurückkehren können, wie an einen sicheren Hafen. Wenn Sie genug Platz haben, können Sie ein Achtsamkeitszimmer einrichten, es kann aber auch einfach eine Ecke Ihres Schlafzimmers sein, die Sie mit Blumen und Bilder von inspirierenden Lehrenden oder kleinen Kunstwerken gestalten. Wenn wir unseren Sitzplatz mit Schönheit und Bedeutung gefüllt haben, ist es jedesmal ein kleines Geschenk, sich dort niederzulassen.

Auch in der Natur kann man sich einen Sitzplatz schaffen. Wenn es eine schöne Bank in einem Park in Ihrer Nähe gibt, können Sie sich dorthin zurückziehen, um still zu werden und der Natur zu lauschen. Sie können den Wechsel der Jahreszeiten beobachten und die Zugvögel, wie sie kommen und gehen. Vielleicht lernen Sie etwas über die Natur und vielleicht auch über die Natur unseres Geistes.

Auch in unseren Klassenzimmern können wir einen sicheren Hafen schaffen. Oft wissen Lehrende nicht, woher sie 20, ja sogar fünf Minuten für eine Achtsamkeitsübung nehmen sollen. Wenn wir einen achtsamen Platz in der Klasse haben, kann man ihn auch für bloß 30 Sekunden dafür aber mehrmals täglich aufsuchen. Dieser Platz dient als eine Art Gedächtnisstütze. Wir können dort ein Gedicht hinlegen, das uns am

Herzen liegt, eine Pflanze aufstellen, irgendetwas, das uns daran erinnert unser Tempo herunterzufahren, einen tiefen Atemzug zu nehmen und zu unserem Herzen zurückzukehren. Wenn wir in einer Pause oder zu Mittag Zeit finden, können wir an diesem Platz auch 10 oder 20 Minuten lang achtsames Atmen oder Mitgefühl praktizieren.

Eine Zeit festlegen

Wie lange und wie oft sollen wir sitzen? Zu Beginn ist das Wichtigste, sich für eine Zeitspanne zu entscheiden, die unsere momentanen Fähigkeiten nicht übersteigt. Wenn Sie gerade mit Achtsamkeit beginnen und irgendeiner Idealvorstellung nachhängen, dass man zweimal täglich 40 Minuten sitzen sollte, stehen die Chancen gut, dass Sie das nicht schaffen werden und das Ganze in einen Kampf gegen sich selbst ausartet. Überlegen Sie einfach, welche Zeit realistisch und machbar ist. Wenn das jeden Morgen zehn Minuten sind, dann legen Sie das für sich fest. Sie können die Zeit jederzeit erweitern, wenn Sie sich motiviert fühlen und Ihre Praxis vertiefen wollen.

Man kann sowohl die Länge der Praxis als auch die Tageszeit im Laufe der Zeit anpassen. Denken Sie daran, dass Ihre Praxis einer Pflanze ähnelt, die eine bestimmte Menge Sonne und Wasser braucht. Versuchen Sie morgens 15 Minuten lang zu sitzen und schauen Sie, was das mit Ihnen macht. War es zu lange? Versuchen Sie abends zu sitzen. Waren Sie da zu müde? Vielleicht haben Sie Kinder, vielleicht sind Sie ein Morgenmensch, vielleicht müssen Sie um fünf Uhr morgens aufstehen, um rechtzeitig bei der Arbeit zu sein – finden Sie den richtigen Zeitpunkt in Ihrem spezifischen Tagesablauf und verpflichten Sie sich zu einer machbaren Dauer der Übung.

Wenn wir uns für eine Praxis entscheiden, dann sollten wir es so angehen, dass unsere Chancen auf Erfolg möglichst gut stehen. Achtsamkeit ist keine Strafe, sie ist eine Geschenk. Wir können unsere Achtsamkeitszeiten im Kalender festhalten, damit wir sie nicht vergessen. Wir können einen Wecker stellen, und uns während des Tages immer wieder daran erinnern lassen, kurze Achtsamkeitspausen einzulegen. Wenn wir dann gerade die Straße runtergehen oder unter der Dusche sind, halten wir kurz inne und genießen den Augenblick.

Die richtige Haltung einnehmen

Was nun folgt, ist die Grundlage für das achtsame Sitzen. Wenn wir eine Haltung einnehmen, dann legen wir den Grundstein, von dem aus unser Bewusstsein wachsen kann. Denken Sie an einen dreibeinigen, stabilen Stuhl. Sie sollten an drei Punkten Kontakt mit der Erde haben. Manche Praktizierende sitzen zu Anfang mit verschränkten Beinen und angehobenen Knien. Das führt mit Sicherheit irgendwann zu Rückenschmerzen. Wenn Sie auf einem Kissen sitzen können und Ihre Knie den Boden berühren, ist das großartig, doch da die meisten von uns daran gewöhnt sind auf Stühlen zu sitzen, kann es sein, dass Ihr Körper sich dagegen wehrt. Sie können immer auf einem Stuhl oder auf einer Meditationsbank sitzen. Für welche Haltung Sie sich auch entscheiden, sorgen Sie dafür, dass entweder Knie oder Füße gut auf dem Boden aufliegen und Sie stabil sitzen. Wenn Ihr Körper spezielle Bedürfnisse hat oder Sie unter Schmerzen leiden, dann legen Sie sich hin oder üben im Stehen. Wir müssen eine Haltung finden, die gut machbar ist und die uns den Kontakt zur Erde spüren lässt.

In sitzender Haltung ist es hilfreich das Becken leicht nach vorne zu kippen, damit die Wirbelsäule nicht nach hinten zusammensinkt. Öffnen sie ganz natürlich die Brust, richten Sie Ihre Aufmerksamkeit auf die Wirbelsäule und richten Sie sich auf.

Wenn Sie auf einem Stuhl sitzen, dann setzen Sie sich ein wenig nach vorne und lehnen Sie sich nicht an. Wenn Sie merken, dass Sie zusammensinken oder sich zurücklehnen, dann ist die Wahrscheinlichkeit groß, dass auch Ihr Geist an Wachheit und Fokus verliert.

Die Hände lassen Sie im Schoß oder auf den Knien ruhen. Es ist nicht nötig, sie auf eine bestimmte Weise zu halten, aber lassen Sie sie besser nicht an der Seite hängen. Nehmen Sie bewusst wahr, wie und wo Ihre Hände liegen.

Während Sie sitzen, können Sie Ihre Augen halb oder nur ein klein wenig offen lassen. Das erinnert uns daran, unsere Aufmerksamkeit halb nach innen und halb nach außen zu richten. Wir entspannen uns und sind gleichzeitig sehr bewusst. Wenn es Sie zu sehr ablenkt, die Augen geöffnet zu lassen, ist es auch völlig in Ordnung sie zu schließen.

Jedesmal, wenn Sie mit der Praxis beginnen, nehmen Sie diese Haltung ein. Richten Sie Ihre Aufmerksamkeit auf Ihren ganzen Körper. Nehmen Sie einige Atemzüge, bei jedem Einatmen fühlen Sie sich groß und fokussiert, wie eine Eiche, bei jedem Ausatmen entspannen Sie sich und lassen in die Erde hinunter los. So schaffen Sie eine solide körperliche Grundlage für Ihre Praxis.

Eine Intention setzen

Nachdem wir eine Haltung eingenommen haben, ist es äußerst wichtig, sich die Absicht unserer Praxis in Erinnerung zu rufen. „Warum tue ich das?" ist eine gute Frage für jeden Tag und jede Praxis. Warum wollen wir unseren Geist fokussieren, unseren Körper entspannen und unser Herz öffnen?

So verbinden wir uns mit der grundlegenden Bedeutung dieser Praxis. Wir arbeiten hart daran, im gegenwärtigen Augenblick präsent zu sein, für unser eigenes Leben und zum Nutzen unserer Schülerinnen und der Welt. Es gibt so viel Chaos in unserem Geist, unseren Beziehungen und unserer Gesellschaft, betrachten wir die Intention dieser Praxis als Gegengewicht.

Sich Unterstützung holen

Sobald wir zu üben beginnen, merken wir, wie hilfreich eine Gemeinschaft und eine Lehrende für unsere Weiterentwicklung sind. Wenn es ein Achtsamkeitszentrum in Ihrer Nähe gibt, dann nutzen Sie dieses Angebot unbedingt. Sie können auch mit anderen Lehrern eine Gruppe gründen, die einmal pro Woche zusammen sitzt oder jeden Morgen vor Unterrichtsbeginn für 10 Minuten zusammenkommt. In der Gruppe zu praktizieren, gibt ihnen den Auftrieb, den ein Zugvogel erhält, wenn er mit seinem Schwarm fliegt. Falls Sie keine Achtsamkeitsgruppe in Ihrer Nähe finden, gibt es großartige Kurse und Lehrerinnen, sowie eine Vielzahl an geleiteten Achtsamkeitsmeditationen online.

Ob man nun eine Gemeinschaft hat oder nicht, zu Beginn unserer Praxis verbinden wir uns in jedem Fall mit unseren Lehrern und der Achtsamkeitsgemeinde in ihrer Gesamtheit. Nachdem wir eine Intention gesetzt haben, denken wir liebevoll an unsere Gemeinschaft, unsere Ältesten, Lehrerinnen und Vorbilder. Stellen Sie sich vor, dass sie alle sich um Sie versammelt haben und Sie mit wohlwollenden Augen anblicken. Stellen Sie sich Ihre weisen Großeltern vor, Menschen, die Sie inspirieren, möglicherweise auch Ihre besten Freunde. Sie können alle Menschen miteinbeziehen, von denen Sie sich unterstützt fühlen, und die Sie als weise Lehrer achten. Uns mit diesen wohlwollenden Menschen zu verbinden, spannt ein Netz der Unterstützung für unsere Praxis.

Fokus entwickeln

Nachdem wir unsere Haltung eingenommen, unsere Intention gesetzt und uns mit dem Kreis an Unterstützerinnen verbunden haben, können wir Aufmerksamkeit entwickeln. Es gibt viele Dinge, auf die wir unsere Aufmerksamkeit zu Beginn unserer Praxis richten können: den Atem, die Empfindungen in unserem Körper oder ein Objekt, auf das wir unseren Blick fokussieren. Zu Anfang bemerken Sie wahrscheinlich, wie leicht sich Ihr Geist ablenken lässt. Ständig muss die Aufmerksamkeit zu Ihrem Fokus zurückgeholt werden. Im Alltagschaos braucht unser zerstreuter Geist einen Fokus, oft ist es der Atem, um uns neu auszurichten.

Anfangs bleibt unser Geist vielleicht nur 25 Prozent der Zeit beim Objekt unserer Aufmerksamkeit, 75 Prozent ist er in Gedanken verloren. Mit Konsequenz und Durchhaltevermögen verschiebt sich das Verhältnis Konzentration – Ablenkung auf etwa 50:50 und irgendwann gelingt es uns dann, unsere Aufmerksamkeit mindestens 75 Prozent der Zeit auf dem gewählten Objekt zu halten.

Sobald wir den Aufmerksamkeitsmuskel gekräftigt haben, besteht der nächste Schritt in unserer Praxis darin, uns nicht mehr auf nur ein Objekt zu konzentrieren, sondern zu öffnen und in den Strom des Bewusstseins einzutreten. Das können wir gleich jetzt versuchen. Suchen Sie sich irgendetwas in Ihrem Blickfeld und sehen Sie es eine Minute lang an. Öffnen Sie dann Ihren Blick so, dass Sie alles gleichzeitig wahrnehmen – eine Art Wegtreten, nur dass wir es ganz bewusst tun. Wir nehmen wahr, dass das ursprüngliche Objekt noch da ist, doch nun als Teil einer größeren Landschaft. Zuerst entwickeln wir unsere Aufmerksamkeit an einem Objekt, auf das wir unseren Fokus richten, dann lernen wir die Kunst, uns für ein größeres Feld des Bewusstseins zu öffnen, das Atem, Klang, Gefühle und Gedanken in sich trägt; unser Fokus weitet sich, so dass wir alles zugleich aufnehmen können.

Die Übung beschließen

Das Ende unserer Übung muss nicht das Ende unserer Achtsamkeit bedeuten. Wir können achtsam unsere Augen öffnen, achtsam Nachrichten auf unserem Handy checken, was immer wir tun, können wir auch achtsam tun. So gewinnt unsere Praxis eine Kontinuität, die uns von unserem Sitzplatz direkt in jede Ecke und jeden Winkel unseres Lebens führt.

Bitte bringen Sie am Ende Ihrer Praxis allem, was sich während der Übungszeit gezeigt hat, Wertschätzung entgegen. Eine erfolgreiche Praxis misst man nicht daran, wie gelassen wir waren oder wie wenige Gedanken wir hatten. Wenn es ein Maß für unseren Fortschritt gibt, dann besteht er darin, wie offen und empathisch wir dem begegnen, was im Feld unseres Bewusstseins zu Tage tritt. Am Ende der Praxis danken wir jedem Besucher, der unser Bewusstsein betreten hat, ob es sich nun um Wut, Angst, Frieden oder Freude handelt. Würdigen wir unsere Fähigkeit, präsent und offen zu bleiben, demgegenüber was ist. Dann beschließen wir, den Rest des Tages in dieser interessierten, empathischen Präsenz zu verweilen.

Arbeitsblatt: Eine Achtsamkeitspraxis aufbauen

Dieses Praxisbuch verlangt tatsächlich einiges an Arbeit von uns. Um unseren Aufmerksamkeitsmuskel zu trainieren und Mitgefühl zu entwickeln, müssen wir uns verpflichten den Boden zu nähren, damit der Samen wachsen kann. Zu diesem Zweck begeben wir uns auf eine fünfwöchige Achtsamkeitsreise. Keine Sorge, es handelt sich nicht um enorme Verpflichtungen, die Ihnen den Umstand, dass sie dieses Buch je zur Hand genommen haben, ein für alle Mal vergällt. Wir entwickeln ein Übungsschema, das für uns persönlich angenehm und machbar ist. Wir beobachten, welche Auswirkungen die Übungen auf uns haben; die meisten Leute finden, dass Sie – zumindest gefühlt – mehr Zeit haben und weniger gestresst sind, wenn Sie sich Zeit für Achtsamkeit nehmen.

Sie haben die Kapitel *Beginnen wir mit uns selbst* bis zu dieser Stelle gelesen. Das fünfwöchige Programm, das ich hier vorstelle, beinhaltet fünf Übungen, die Sie jeweils eine Woche lang mindestens einmal täglich üben, das kann einmal täglich für die Dauer von 10 Minuten sein oder auch 40 Minuten zweimal täglich, auf die Sie langsam hinarbeiten, was Ihnen eben mehr entspricht.

Woche eins: Körperkompetenz: Tiefe Entspannung
Woche zwei: Geistige Kompetenz: Fokus-Muskel
Woche drei: Emotionale Kompetenz: Mitfühlendes Herz
Woche vier: Soziale Kompetenz: Kommunikationsfähigkeit
Woche fünf: Globale Kompetenz: Natur-Bewusstsein

Eine Achtsamkeitspraxis aufbauen

Zu welcher täglichen Mindest-Sitzzeit verpflichten Sie sich und zu welcher Tageszeit werden Sie üben?

Wo wird Ihr achtsamer Sitzplatz sein und wie werden Sie ihn gestalten?

Welche Sitzhaltung eignet sich am besten für Sie und welches Kissen/ welchen Stuhl werden Sie benützen?

Welche Intention hegen Sie für Ihre Praxis? Was erhoffen Sie sich von Ihrer Praxis?

Was könnte Ihnen beim Erreichen Ihres Zieles in die Quere kommen, wie zum Beispiel Langeweile oder Menschen, die Sie stören?

Was brauchen Sie, um diese Hindernisse zu überwinden?

Wer könnte Ihre Verbündeten sein? (Das könnten Freunde sein, mit denen Sie gemeinsam sitzen, aber auch Mentorinnen, die Sie sich vor Ihr geistiges Auge rufen.)

Achtsamkeits-Empfehlungen von Lehrern

Achtsamkeitszentrierte und sozial-emotionale Lerngruppe mit Linda Lantieri und Daniel Rechtschaffen

Anmerkungen von Teilnehmenden:

Etwas, das Sie regelmäßig tun, um Ihr Innenleben zu stärken

- Spazierengehen, insbesondere Spaziergänge ohne Plan und Ziel.
- Meine vorrangige Achtsamkeitspraxis besteht im Moment aus Gartenarbeit und Trimmen der Rosen.
- Ich verbringe Zeit mit meinem Hund in der Natur.
- Das Klassenzimmer achtsam gestalten. Einige wenige Minuten achtsames Sitzen, bevor die Kinder eintreffen.
- Ich praktiziere Achtsamkeit gerne in der U-Bahn.
- Ich habe eine Dankbarkeitspraxis, die ich zusammen mit einer Freundin mache. Wir teilen einander jeden Tag mit, wofür wir dankbar sind.
- Ich genieße die innigen und herzlichen Momente des Tages bewusst – zum Beispiel, wenn ich meinen fünfjährigen Sohn ins Bett bringe. Dieser Augenblick ist süß und besonders und wenn mein Geist hektisch wird, denke ich daran zurück.
- Einfaches aber köstliches Essen zubereiten.

- Ich nutze den Weg zur Arbeit, um achtsam zu sein. Ich achte auf meine Umgebung, ich höre ganz bewusst die Geräusche um mich herum, statt Radio zu hören.
- Ich nehme die Momente, in denen ich mit anderen interagiere, bewusst wahr, genieße die Verbindung, selbst wenn es sich nur um eine E-mail handelt.
- Ich komme früher zu Arbeit, mache mir eine Tasse Tee und lese ein Zitat aus einem inspirierenden Buch. Das motiviert mich, meinen Tag positiv zu beginnen.
- Nach der Sportschau habe ich meinen Fernseher ausgesteckt und in den Schrank gestellt, und jetzt merke ich, wie ich mich frage – also, was soll ich tun? Ich streichle die Katze mehr. Ich habe wieder angefangen jeden Abend Gitarre zu spielen. Und ich schätze diese Langsamkeit.
- Ich lebe auf einer Farm. In der Nähe meiner Tiere zu sein, bringt mich in den gegenwärtigen Moment.
- Wenn ich ein Gebäude betrete, nehme ich bewusst wahr, wo ich mich befinde und ich bin aufmerksam. Ich nehme den Übergang von draußen nach drinnen wahr. Das tue ich jeden Morgen, wenn ich in die Schule komme. Dann wieder, am Ende meines Arbeitstages. Ich trete ins Freie und nehme den Unterschied wahr. Bei jedem Übergang, halte ich einen Augenblick lang inne, um zu sein, wo ich bin.
- Ich habe Freude daran, wie sich mein Körper anfühlt, wenn ich morgens aufwache. Ich nehme die Vibrationen wahr, ich strecke mich langsam und nehme mir Zeit, um in meinem Körper anzukommen.
- Wenn ich nach Hause komme, sitze ich einige Minuten lang im Auto, ich nehme einige tiefe Atemzüge und denke über meinen Tag nach … und das erdet mich, bevor ich meinen Tag beschließe.

Die Kunst der Introspektion

Im folgenden lade ich Sie ein, die Kunst der Introspektion zu erlernen, um Ihren Schülern und Schülerinnen durch Ihre eigene emotionale Reife ein gutes Beispiel zu sein. Wenn ich mit den Kindern über emotionale Intelligenz spreche, frage ich sie oft: „Habt ihr je etwas getan, was ihr später bereut habt?“ Alle Kinder heben die Hand, denn wir alle müssen diese Frage bejahen. Uns wohnen Kräfte inne, die manchmal außer Kontrolle geraten. Ob wir wütend sind und etwas sagen, das uns später leid tut, oder einem Suchtmuster erliegen, alle von uns fallen manchmal vom Pferd.

Der einzige Weg, um emotionale Reife zu entwickeln, besteht darin, die Tür zu unseren Emotionen zu öffnen und eine respektvolle Beziehung zu diesen immensen Kräften in uns zu entwickeln. Angst, Scham, Eifersucht – diese Gefühle können überwältigend sein und unseren Blick auf die Welt trüben. Selbst wenn es einigen abwegig erscheint, der Versuch, diese Gefühle unter Kontrolle zu bekommen oder wegzuschieben, macht sie nur noch unbeherrschbarer. Nicht zu unrecht heißt es: Du musst es fühlen, um es zu heilen („You have to feel it, to heal it.“). Wenn wir uns für unsere Gefühle öffnen und sie würdigen, lernen wir irgendwann, auf den Wellen der Freude und des Kummers zu reiten.

Introspektion

Wir verbringen jeden Tag in unserem Körper und unserem Geist. Obwohl das keine Offenbarung ist, würde man meinen, dass wir die Betriebsanleitung unseres Inneren wirklich gründlich studiert haben, da wir doch soviel Zeit dort zubringen. Was könnte wichtiger sein? Selbstbeobachtung bedeutet, nach innen zu blicken und unsere Gefühle, Gedanken, Persönlichkeitsstrukturen und alle anderen Erfahrungen näher zu betrachten. Wir öffnen die Motorhaube und basteln am Motor herum, erfahren, wie er funktioniert und optimieren – so hoffen wir – unsere innere Mechanik.

Achtsamkeit ist ein direkter Weg zur Introspektion. Wir nutzen Achtsamkeit, um wie durch einen Spiegel auf unseren Geist zu blicken. Wir beruhigen unsere hektischen Gedanken und beobachten die Dynamik, die in uns wirkt. Achtsamkeit ist eine Praxis der Erkundung unseres Geistes. Die zugrundeliegende Frage ist: „Wer bin ich? Sind wir unsere Gedanken? Sind wir unser Körper? Sind wir unsere Gefühle? Auf diese Fragen gibt es keine präzisen Antworten. Wenn wir unseren forschenden Blick nach innen richten, vertiefen wir die Beziehung zu uns selbst. Wir schließen Freundschaft mit uns.

Die Teile des Selbst

Bei unserer Innenschau erwarten jeden von uns eigene Entdeckungen, wir erfahren mehr über unsere Persönlichkeit und unsere psychologischen Strategien. Auch einigen universalen menschlichen Erfahrungen werden wir begegnen. Gewisse Emotionen, wie Wut, Freude, Angst und Traurigkeit scheinen uns allen gemeinsam zu sein. Das ist so, als ob wir im Auto sitzen und all diese verschiedenen Anteile von uns streiten sich um das Lenkrad. Wir haben Kleinkind-Anteile, Perfektionisten-Anteile, Friedensstifter-Anteile und begeisterte Cheerleader-Anteile. Leider ist es oft das ängstliche Kind in uns, das hinter dem Steuer landet, statt gut gesichert auf dem Rücksitz.

Das Ziel von Introspektion ist es, unsere innere Welt auf gesunde Weise organisieren zu lernen. Jeder Anteil ist aus gutem Grund da und kann nicht einfach vertrieben werden. Wut ist das Bedürfnis, wertgeschätzt und respektiert zu werden. Traurigkeit ist die Notwendigkeit, Kummer und Verlust authentisch zu fühlen. Angst ist unser Beschützer, sie will uns vor Gefahren bewahren. Durch Achtsamkeit können wir lernen, uns nicht so sehr in Gefühle der Scham oder Angst verstricken zu lassen, sondern diese Teile von uns mit Präsenz und Zuwendung zu beobachten. Unsere Intention ist nicht, die Gefühle loszuwerden, sondern sie zu erfahren, ohne uns in ihnen zu verlieren. Wenn uns das gelingt, können wir enorm viel von unseren Emotionen lernen.

Verletzlichkeit

Introspektion macht uns offenkundig sehr verletzlich. Wenn wir nach innen blicken, sehen wir Aspekte von uns, die schmerzhaft sind. Wir haben psychologische Schutzmechanismen, Strategien und Abwehrmaßnahmen, damit wir uns in einer manchmal tragischen Welt sicher fühlen können. Wenn wir unser Tempo drosseln und nach Innen blicken, sind wir gezwungen, einige der Belastungen und der Gefühle, die wir abgewehrt oder verschoben haben, zu fühlen. Es macht uns verletzbar, den imperfekten, noch in Arbeit befindlichen Teilen unser selbst bewusst zu begegnen. Doch genau das sind wir – schöne und gebrochene, noch unfertige Werke. Je mehr wir uns akzeptieren, so wie wir sind und unsere Verletzlichkeit zulassen, desto authentischer sind wir und desto weniger müssen wir verstecken.

Wenn wir unsere Verletzlichkeit zu lange unterdrücken, kann das problematisch werden. Einige Menschen sind in Familien groß geworden, in denen es inakzeptabel war, seine Traurigkeit zum Ausdruck zu bringen. Vielleicht sagten die Eltern Dinge wie: „Sei ein großes Mädchen und weine nicht." In solch einer Umgebung aufzuwachsen, bringt uns manchmal dazu, Traurigkeit generell zu unterdrücken und wegzuschließen. Dann setzen wir vielleicht ein glückliches Gesicht auf, doch tief in unserem Inneren sitzt da diese authentische Traurigkeit, die sich mit der Zeit zu einer Depression wandeln oder andere Probleme verursachen kann. Authentische Emotionen kann man nicht einfach auslöschen und wenn man ihnen keinen Raum gibt, können sie eine verstörende Wirkung entfalten. Traurigkeit ist nur ein Beispiel; einige von uns sperren ihre Wut weg, ja sogar ihre Fröhlichkeit, wenn wir von unserer Familie gehört haben, dass wir nicht so albern, sondern lieber ernsthaft sein sollen.

Projektion

Um zu verstehen, was Projektionen bewirken, denken Sie einmal an Tage, an denen Sie sich wirklich gut fühlen. Alle Leute scheinen Ihnen zuzulächeln und die ganze Welt erstrahlt in besonderem Glanz. An anderen Tagen, an denen Sie sich niedergeschlagen fühlen, sehen alle Menschen bedrohlich aus und die ganze Welt scheint düster und unerfreulich. Natürlich hat sich die Welt nicht verändert, sondern es ist unser innerer Zustand, den wir darauf projizieren.

In der Arbeit mit unseren Schülerinnen, ist es unglaublich wichtig, sich seiner Projektionen bewusst zu sein. Vielleicht hatten wir morgens Streit mit unserem Lebenspartner und sind gereizt. Im Unterricht merken wir dann, dass wir uns ständig ärgern und uns von jeder Kleinigkeit aus der Fassung bringen lassen. Wenn wir daran denken können, introspektiv zu sein, dann merken wir vielleicht, dass wir unsere eigenen Emotionen auf die Schüler übertragen. Ein anderes Beispiel: Wenn es uns unangenehm ist Traurigkeit ausdrücken und ein Kind in unserer Klasse zu weinen beginnt, dann kann uns das nervös machen und unser Instinkt sagt uns, dass wir etwas tun müssen, damit dieses Kind aufhört zu weinen. Wir projizieren unsere Schattenanteile auf die Menschen um uns, und bürden ihnen dadurch unbewusst unsere eigenen Ängste und Frustrationen auf. Durch Achtsamkeit erkennen wir, dass wir projizieren, und sind in der Lage, uns selbst auf frischer Tat zu ertappen.

Bewusst werden

Es ist wichtig sich bewusst zu machen, dass wir alle Schwachstellen und Schattenanteile haben und dass wir dazu tendieren, diese auf andere zu projizieren. So funktionieren wir eben. Um dieser Vorgangsweise entgegenzuwirken, müssen wir bewusst nach innen schauen und uns den ungelösten inneren Anteilen, die wir dort vorfinden, zuwenden. Wenn wir uns unserer Traurigkeit und Angst zuwenden, stärkt das unsere Fähigkeit, präsent zu bleiben, auch dem gegenüber, was unangenehm ist. Introspektion ermöglicht uns, zu erkennen, was in uns vorgeht, und unser Herz für unser ganzes Selbst zu öffnen, selbst wenn das schmerzhaft ist.

Wenn wir bei unseren eigenen Schwachstellen präsent bleiben, dann gelingt uns das auch bei den Schwachstellen anderer Menschen besser. Wenn wir unsere eigene Traurigkeit akzeptieren, sind wir empathischer und verständnisvoller, wenn unsere Schülerinnen traurig sind. Wenn eine Klasse wegen eines bevorstehenden Tests sehr angespannt ist, dann spüren auch wir diese Anspannung in der Regel. Wenn wir dann achtsam in die Anspannung, die wir in unserem Körper spüren, hinein atmen und uns entspannen, dann sind wir ein Rettungsanker, an dem die Kinder sich festhalten können. Sie sehen, dass wir Anspannung, Angst, Traurigkeit und andere intensiven Emotionen zulassen können, ohne uns völlig in dieser Erfahrung zu verlieren. Wir zeigen Ihnen, dass wir eine reife Beziehung zu unseren Gefühlen haben. Wenn wir das Schiff unseres Bewusstseins in den Sturm unserer Gefühle steuern, befahren wir die Meere des Lebens und sind ein Beispiel für mutige Authentizität, dem die Schüler folgen können.

Vorbild sein

Man lehrt Achtsamkeit in erster Linie, indem man selbst achtsam ist. Indem wir versuchen zumindest ein empathisches Auge offen zu halten, auch wenn unsere Schülerinnen uns gerade in den Wahnsinn treiben. Indem wir lernen uns auf unsere Schüler und die bevorstehenden Aufgaben zu konzentrieren, selbst wenn es reichlich Ablenkung gibt. Wir spüren unsere Unsicherheit und unsere aufgewühlten Emotionen und entwickeln Selbst-Fürsorge, sind liebevoll zu uns selbst und zeigen vor, wie man authentisch und stark ist. Statt die Kinder dazu anzuhalten, aufmerksam, empathisch und selbstreguliert zu sein, lernen sie von uns, weil wir uns selbst so verhalten.

Kinder tendieren in der Regel dazu, das zu tun, was wir tun, und nicht das, was wir sagen. Meist ist es wesentlich wirkungsvoller, diese Eigenschaften zu verkörpern, ohne darüber zu sprechen, als ihnen immer wieder zu sagen, wie sie sich verhalten sollen. Wissenschaftlerinnen haben untersucht, wie man gesunde Essgewohnheiten bei Kindern fördern kann, und haben Neunjährige in drei Gruppen geteilt, um zu sehen, wie die Kinder am leichtesten zu beeinflussen sind. Die erste Gruppe war eine Kontrollgruppe ohne irgendwelche Interventionen. Die zweite wurde regelmäßig belehrt, dass Kinder mehr frisches Obst essen sollten. Bei der dritten Gruppe sagten die Lehrenden kein Wort über gesunde Ernährung, sondern hatten einfach Obst im Klassenzimmer und führten gesunde Ernährung vor, indem sie selbst regelmäßig Äpfel aßen.

Die Untersuchung zeigte, dass sowohl die Klasse, die belehrt wurde, als auch die, in der gesunde Ernährung vorgelebt wurde, gesündere Ernährungsgewohnheiten entwickelte, als die Kontrollgruppe. Nach sechs Monaten war die belehrte Gruppe jedoch in die alten Gewohnheiten zurückgefallen, während die Gruppe, in der die Lehrende mit gutem Beispiel vorangegangen war, den neuen, gesunden Lebensstil beibehalten hatte (Perikkou et al., 2013).

Wie wir uns verhalten hat immense Auswirkungen. Wenn wir den Schülerinnen sagen, sie sollen aufmerksam sein, aber selbst ständig auf unser Telefon starren, dann erhalten die Schüler eine Übung in Ablenkung. Wenn wir sie anschnauzen, sie sollen sich entspannen, dann lernen sie Aggression und nicht Regulation. Wir sind die Lehrenden, doch wir sind auch das Lehrstück.

Arbeitsblatt: Unsere eigenen Lehrer werden

Wir alle haben unsere weisen Worte für unsere Schülern. Wenn wir selbst diesen weisen Sprüchen zuhören, klingen wir ganz wie ein Motivationsredner. Ich höre Grundschullehrerinnen gebetsmühlenartig: „Sei lieb zu dir selbst und anderen“ sagen. Lehrer der Mittelstufe predigen: „Vergleicht euch nicht mit anderen. Ihr seid perfekt, genau so, wie ihr seid.“ Oberstufenlehrerinnen mahnen: „Du selbst hast die Kontrolle über dein Leben“.

Unsere eigenen Lehrer werden

Wenn wir diese Affirmationen nach innen richten und sie zu uns selbst sagen, dann merken wir, dass wir sie genauso sehr brauchen, wie die Schülerinnen. Versuchen wir Folgendes: Schreiben Sie unten einige der weisen Ratschläge auf, die Sie Ihren Schülern immer wieder geben.

Lesen Sie die Liste langsam durch, halten Sie nach jedem Satz inne, schließen Sie Ihre Augen und spüren Sie nach, ob Sie diesen Worten vertrauen können. Wenn der Rat lautet: „sei liebevoll zu dir selbst", fragen Sie sich, wie liebevoll Sie tatsächlich sich selbst gegenüber sind? Atmen Sie bei jedem Satz einige Male ein und aus, lassen Sie ihn ganz bewusst wirken und vertrauen Sie der Wahrheit, die in den Worten liegt.

II

Mit Achtsamkeit bekannt machen

Ressourcen und Empfehlungen

Wir brauchen alle dringend Gelegenheiten, um innezuhalten und uns beruhigen zu können, besonders diejenigen von uns, die in traumatisierten Gemeinschaften leben und unterrichten. Achtsamkeit bietet mir (wenn ich mich daran erinnere) die Möglichkeit, eine Pause einzulegen, kurz bevor ich die Nerven verliere. Vor meinen Schülern Achtsamkeit zu praktizieren – selbst wenn nur ich alleine sie praktiziere – zeigt den Kindern, dass auch Erwachsene manchmal eine Pause brauchen und verletzlich sind und dass sie durchaus bereit sind, das auch zuzugeben. Wenn ich die Kinder einlade, mit mir zu praktizieren, dann gelingt es ihnen vielleicht einen kurzen Augenblick lang Frieden zu spüren, ihre innere Abwehr fallen zu lassen und zur Ruhe zu kommen. Sobald sie das einmal gespürt haben, können sie darum bitten, wenn sie es brauchen und mich daran erinnern, mir selbst diese Zeit zu nehmen, wenn sie den Eindruck haben, dass ich es brauche. Für uns ist das ein Weg, zusammen wahrhaftig zu sein und auf Augenhöhe zu agieren, auf eine Art und Weise, die im öffentlichen Schulwesen selten zu finden ist.

Diane Bloch, Mittelschullehrerin, Kalifornien

Bis jetzt haben wir Achtsamkeit als innere Kunstform und als Weg, um mit der Welt in Beziehung zu treten, erkundet. In diesem Abschnitt geht es darum, wie wir diese innere Kunst für unsere Schülerinnen zugänglich machen können. Alle Fächer sind wichtig, Achtsamkeit im Unterricht jedoch lädt die Schüler auf einen Weg der Selbstentdeckung ein. Wie man Achtsamkeitsübungen gestaltet, die einzelnen Punkte vorstellt und die Schülerinnen zum Mitmachen motiviert, ist eine Kunstform für sich.

Strukturen wie Noten, Prüfungen und Auswendiglernen eignen sich nicht für Achtsamkeitsübungen. Das unterscheidet sie grundlegend von der Art und Weise, wie andere Fächer unterrichtet werden. Achtsamkeit sollte als eine spezielle Zeit ausgewiesen sein, in der es nicht darum geht, vorgegebene Konzepte zu übernehmen, sondern in der die Schüler und Schülerinnen initiativ und für sich selbst lernen. Bei der Achtsamkeit sind wir mehr Mitlernende als Lehrende. Wir stellen ein Lern-Laboratorium zur Verfügung und unterstützen die Schülerinnen und Schüler dabei, ihren Geist, ihr Herz und ihre Beziehungen zu erforschen.

In diesem Abschnitt geht es um die Bedingungen, unter denen Kinder sich von Achtsamkeit angesprochen fühlen und dafür begeistern können. Der Achtsamkeitsunterricht darf nicht langweilig sein und die Schülerinnen sollen sich nicht bedrängt fühlen. Die Schüler ohne weitere Erklärung zehn Minuten lang mit geschlossenen Augen ihren Atem beobachten zu lassen, wird zwangsläufig zu einer frustrierenden Angelegenheit und ihr Gehirn verbindet Achtsamkeit mit der Erfahrung, zehn Minuten lang genervt herumzusitzen.

Wie können wir die Kinder für Achtsamkeit interessieren? In gewisser Hinsicht sind die grundlegenden Praktiken der Achtsamkeit für alle gleich. Atmen, die Wut regulieren, achtsam eine Rosine essen – so gut wie jede wird mit diesen Übungen etwas anfangen können. Es liegt an uns, sie in Worte, Geschichten und Lernstrategien zu verpacken, die für die jeweilige Zielgruppe geeignet sind. Im folgenden finden Sie Empfehlungen, wie wir unsere innere Achtsamkeitspraxis ins Klassenzimmer bringen können.

Werkzeuge für den Achtsamkeitsunterricht

Hier erkunden wir einige wichtige Themen für den achtsamen Unterricht. Nachdem wir unsere eigene Achtsamkeitspraxis aufgebaut haben, stellt sich die Frage, wie wir diese Lehre im Klassenzimmer verkörpern können. Wenn wir unsere Unterrichtsweise achtsam betrachten, gibt es da Dinge, die wir gerne verändern möchten? Die nun folgenden Vorschläge sind Richtlinien für einen achtsamen Unterrichtsstil. Wenn Sie Ihre eigene Achtsamkeitspraxis weiter entwickeln und mit dem Achtsamkeitsunterricht experimentieren, werden Sie eigene Wege finden und optimieren. Hier sind einige grundlegende Werkzeuge mit auf den Weg.

Erscheinen Sie selbst achtsam

Denken Sie vor Beginn des Schultages an Ihre eigene Achtsamkeitspraxis. Vielleicht finden Sie eine Gruppe in Ihrem Arbeitsumfeld, mit der Sie jeden Tag 10 bis 30 Minuten lang sitzen können. Auch regelmäßige Übungen zur Herzensöffnung, wie sich selbst und den Kindern liebevolle Wünsche zu senden, sind eine wunderbare Sache. Es ist unerlässlich, für unsere eigene Ausgeglichenheit, Aufmerksamkeit und unser offenes Herz zu sorgen, bevor der Alltagstrubel beginnt.

Grüßen Sie jeden und jede der eintreffenden Schüler und Schülerinnen mit Ihrer ungeteilten Aufmerksamkeit und einem Moment der Zuwendung. Bemühen Sie sich, das einzelne Kind wahrzunehmen, ohne es in eine Schublade voller Vermutungen zu stecken. Denken Sie daran, dass es unsere Beziehungen sind, die den größten Lerneffekt erzielen – unsere emotionale Erreichbarkeit und unsere mitfühlende Präsenz fördern die Lernfähigkeit der Kinder.

Schwierigkeiten werden zu Chancen

Beim Achtsamkeitsunterricht ist ein klarer Plan immer hilfreich, genau wie die Bereitschaft, diesen Plan auch jederzeit wieder zu verwerfen. Wenn Schwierigkeiten unseren Plan durchkreuzen, können wir das als lehrreichen Moment nutzen. Viel Ablenkung kann man nutzen, um seine Aufmerksamkeit zu stärken. Einem Konflikt zwischen Schülern kann man mit Versöhnlichkeit und Empathie begegnen. Wenn die Klasse wegen einer bevorstehenden Arbeit gestresst ist, können wir unseren Plan sausen lassen und die Anspannung bewusst wahrnehmen, damit wir uns dann entspannen können. Was immer während des Unterrichts passiert, kann Teil der Übung sein. Wenn die Kinder lachen, wenn die Achtsamkeit sie nervt – was immer sich zeigt ist eine Möglichkeit zur Erkundung.

Seien Sie authentisch

Unser eigenes Verhalten bietet den Schülerinnen die Möglichkeit, Erfahrung mit Authentizität zu machen. Wir wollen den Schülern keine hausgemachten Dramen aufbürden, doch zu sagen, wie man sich im Moment fühlt, kann ein hervorragendes Unterrichtsmittel sein. Wenn die Klasse sehr unruhig ist und Sie Ihre eigene Anspannung bemerken, könnten Sie sagen: „Hey Kinder, ich merke, dass es hier im Klassenzimmer sehr unruhig ist. Ich spüre viel Energie in meinem Körper. Nehmen wir einige bewusste Atemzüge und werfen einen Blick auf unsere innere Wetterkarte."

Sagen Sie der Klasse auch, dass Sie sich einen achtsamen Augenblick nehmen, wenn Sie ihn brauchen. Sie könnten zum Beispiel sagen: „Ich brauche jetzt einige Atemzüge, damit ich mich wieder entspannen und konzentrieren kann. Ihr könnt gerne mit mir zusammen atmen oder ihr gebt mir bitte einfach diese Zeit." Wenn wir vorzeigen, wie wir für uns sorgen und offen mit unseren Bedürfnissen umgehen, dann wird es auch für die Schüler und Schülerinnen akzeptabel, das zu tun.

Mitgefühl ist der Schlüssel

Wir alle kennen Situationen, in denen unser Mitgefühl auf die Probe gestellt wird. Wenn wir unterrichten, wollen wir an unserer Intention festhalten und jeden einzelnen Schüler und jede einzelne Schülerin dabei unterstützen, zu lernen und ihr oder sein Potential zu entwickeln. Trotzdem wissen einige Schüler genau, wie sie bei uns die richtigen Knöpfchen drücken. Selbst wenn uns bekannt ist, dass sie unter schwierigen Umständen leben oder bei ihnen irgendeine Beeinträchtigung diagnostiziert wurde, kann es schwierig sein, ihnen gegenüber Mitgefühl zu empfinden.

Wir müssen Grenzen setzen und dürfen gewisse Verhaltensweisen nicht tolerieren, trotzdem sollte wir unseren Schülerinnen generell das Beste wünschen und so ausgerichtet sein. Die Hoffnung und Fürsorge für Schüler aufrecht zu erhalten, selbst wenn sie sich gerade unmöglich benehmen und unsere Grenzen austesten, ist eine großartige Übung. Durch die Achtsamkeitspraxis sind wir in der Lage unsere eigenen emotionalen Reaktionen zu beobachten und unser Bestes zu tun, damit unser Herz offen bleibt. Wir heißen ihr Verhalten nicht gut, doch als Menschen wollen wir sie immer akzeptieren.

Die Schüler sind die Experten

Als Lehrende sind wir so oft aufgerufen, auf alles eine Antwort zu haben. Bei Achtsamkeit ist die beste Antwort, dass wir wissen, dass wir nichts wissen. Wir können nie mit Sicherheit sagen, was wir vorfinden werden, wenn wir uns nach innen wenden, und wir können mit Sicherheit nicht wissen, was im Inneren unserer Schülerinnen vorgeht. Achtsamkeit ist ein Weg der

Erkundung und der Einsicht. Wir geben unseren Schülern den Schlüssel, um sich selbst zu verstehen. Genau wie einem Teenager das erste Mal den Autoschlüssel anzuvertrauen, kann das ein furchteinflößender Prozess sein.

Wenn wir den Schülerinnen mehr Lerngefährte als allwissender Lehrer sind, können wir zusammen mit ihnen lernen. Natürlich dürfen wir dabei unsere Rolle als Lehrerin nicht aus den Augen verlieren, doch im Laboratorium der Achtsamkeit können wir selbst auch Schüler sein.

Einladende Sprache

Wenn wir Achtsamkeit unterrichten, dann sollte das mit Präsenz und Güte geschehen. Ein wichtiger Schritt dabei ist, sich unserer Sprache bewusst zu werden. Dinge wie: „Wir wollen jetzt achtsam sein, ihr müsst also eure Augen schließen und euch auf euren Atem konzentrieren." sind keine gute Idee. Unsere Sprache sollte mehr nach Einladung und weniger nach Anordnung klingen. Sie könnten zum Beispiel sagen: „Jetzt haben wir die Möglichkeit, etwas darüber zu lernen, wie man achtsam ist. Ihr könnt eure Augen sanft schließen oder einfach nach unten schauen, wenn euch das angenehmer ist, und dann richten wir unsere Aufmerksamkeit auf unseren Atem."

Man kann niemanden zu Achtsamkeit zwingen. Selbst wenn wir ihnen befehlen, achtsam zu sein, haben wir keine Kontrolle darüber, was sie mit ihrem Geist tun. Wir wollen eine Sprache wählen, die den Schülerinnen wirklich die Wahl lässt, ob sie sich selbst und die Welt näher kennenlernen möchten oder nicht.

Freiwillig und offen für alle

Achtsamkeit sollte immer eine Option sein, für die, die sich damit beschäftigen wollen, und für die, die es nicht wollen. Es ist wesentlich produktiver, ein Kind anfangs an der Seite sitzen zu lassen und ihm die Möglichkeit zu lassen, später von alleine dazuzukommen, als zu verlangen, dass es mitmacht und wir es die ganze Zeit mitschleppen müssen.

Achtsamkeitsübungen sollte man sich nie verdienen müssen, weder durch gute Noten noch durch angepasstes Verhalten. Selbst wenn ein Kind schwierig oder unruhig ist, sollte es von der Achtsamkeitszeit nie ausgeschlossen werden. Manchmal ist es besser, langsamer vorzugehen, um alle an Bord zu holen, statt Hindernisse aus dem Weg zu räumen, damit man schneller vorankommt. Achtsamkeit ist für alle da; wenn das Interesse da ist, bieten Sie sie an.

Routine

Regelmäßigkeit und Routine unterstützen die Schüler. Das trifft in besonderem Maße auf die Achtsamkeitspraxis zu, bei der wir die Schülerinnen zu Stille und Introspektion einladen. Beginnen und beenden Sie die Übung mit einer Glocke, einigen bestimmten Bewegungen oder einem Lied, das den Schülern gefällt. Achtsamkeitszeit ist eine Zeit ohne Prüfungen und Noten und sollte auch als solche gekennzeichnet werden. Es ist eine Zeit der Akzeptanz und des kontemplativen Lernens. Wir können die Sitzordnung und die Beleuchtung verändern, eine schöne Decke auf den Boden legen, auf die alle sich setzen können oder irgendeine andere Routine, die den Kindern hilft in einen achtsamen Zustand einzutauchen.

Es kann durchaus hilfreich sein, die Achtsamkeitsübungen jeden Tag zur selben Zeit anzusetzen, damit die Kinder eine gewisse Beständigkeit spüren. Kurze Achtsamkeitsmomente im Laufe des Tages helfen die Übung zu verfestigen und die Praxis zu vertiefen. Planen Sie kurze Achtsamkeitsmomente zu bestimmten Zeiten, in denen die Schülerinnen vielleicht Entspannung oder neue Energie und Aufmerksamkeit brauchen.

Nicht noch ein Test

Achtsamkeitsunterricht ist keine normale Unterrichtsstunde und sollte auch nicht so gehandhabt werden. Wir brauchen kein weiteres Fach, das den Kindern Erfolgsdruck bereitet. Hier geht es nicht um Informationen, die die Kinder auswendig lernen müssen; wir laden sie ein, ihre eigenen Entdeckungen zu machen. Um die Achtsamkeitsübung vom Rest der Zeit abzugrenzen, können wir eine Glocke läuten oder die Sitzordnung verändern. So heißen wir die Schüler an einem Ort willkommen, an dem sie ihre Schutzmauern fallen lassen können und niemandem etwas beweisen müssen.

Keine falschen Antworten

Achtsamkeit kennt keine falschen Antworten. Jede Erfahrung, die die Schülerinnen machen, ist perfekt. Vielleicht sagen sie, sie fühlen sich friedlich und glücklich oder sie sagen, es langweilt sie oder es geht ihnen auf die Nerven. All diese Antworten sind perfekt, solange sie das widerspiegeln, was die Schüler wirklich erleben. Wenn eine Schülerin sagt, sie findet Achtsamkeit nervig, dann ist das eine wunderbare Gelegenheit, um zu sagen: „Danke für deine Aufrichtigkeit. Mich interessiert, warum ruhig sein und still sitzen so nervig ist. Was passiert in deinem Inneren, wenn du dich auf deinen Atem konzentrierst?" Die Antwort könnte der Ausgangspunkt sein für ein spannendes Gespräch über die Schwierigkeit, mit dem abgelenkten Geist zu arbeiten. Lassen Sie sich auf die Kommentare der Schüler ein, statt sie als Problem zu sehen, erkunden Sie, was wirklich in ihrem Geist vorgeht und erklären Sie ihnen die eigentlich Absicht von Achtsamkeit.

Lerntempo

Das Tempo unseres Achtsamkeitsunterrichts richtet sich einzig und allein danach, wie schnell die Klasse lernen kann. Hinterfragen Sie Ihre diesbezüglichen Erwartungen immer wieder und stellen Sie sicher, dass alle an Bord sind, bevor Sie den Anker lichten.

Was für die jeweilige Gruppe angemessen ist, findet man leicht heraus, wenn man schaut, wie lange sie still sitzen können und sich dabei wohl fühlen. Am Anfang können manche Schüler gerade mal 20 Sekunden still sitzen; irgendwann sind es dann vielleicht schon fünf Minuten, doch die Zeitspanne wird auch weiterhin je nach Gemütslage der Schülerinnen variieren. Wenn wir unsere Schüler gut beobachten, sehen wir, wie offen sie gerade sind, um ihren Körper, ihren chaotischen Geist und ihre Gefühle achtsam wahrnehmen zu können. Der Erfolg von Achtsamkeit misst sich nicht daran, wie weit wir kommen, sondern wie verbunden wir sind.

Von der Klasse lernen

Um unsere Schülerinnen und Schüler bestmöglich zu unterstützen, beobachten wir die Dynamik in der Klasse. Bemerken Sie, dass die Schüler meistens eine Stunde vor dem Mittagessen unruhig und zappelig werden, dann ist das vielleicht der richtige Zeitpunkt für eine achtsame Bewegungsübung. Wenn die Schülerinnen einen entspannteren und glücklicheren Eindruck machen, wenn die Stühle im Kreis aufgestellt sind, dann lernen wir daraus, welche Sitzordnung ihr Nervensystem positiv beeinflusst. Beobachten Sie Ihre Klasse, experimentieren Sie, womit Sie beim Unterricht die besten Erfolge erzielen.

Vereinbarungen

Lehrende sind immer bestrebt, die nicht verhandelbaren Punkte klarzustellen, wie, dass man anderen Kindern nicht wehtut. Das kann man zum Anlass nehmen, um zu fragen, welche Regeln sie selbst gerne aufstellen würden, um sich sicherer zu fühlen und besser lernen zu können. Die Schüler sagen dann vielleicht, dass sie nicht wollen, dass man gemein zueinander ist. Dann kann man wunderbar darüber diskutieren, ob die ganze Klasse sich auf diese Regel einigen möchte. Eine Liste an der Wand des Klassenzimmers erinnert die Kinder an die getroffenen Vereinbarungen und kann nach Bedarf angepasst und aktualisiert werden. Kinder sträuben sich wesentlich weniger gegen Regeln, die sie selbst aufgestellt haben, und dies ist eine unschätzbare Erfahrung für Gruppenprozesse.

Unser Publikum ansprechen

Abhängig vom Alter und der Zusammensetzung der Klasse, kann man Achtsamkeit anhand verschiedener Themen vorstellen, um das Interesse der Kinder zu wecken. Wir können über bekannte Sportler sprechen, die Achtsamkeit praktizieren, über Tänzer, die ihren Atem für ihre Balance nutzen, über neurowissenschaftliche Erkenntnisse, die nachweisen, dass Achtsamkeit tatsächliche Veränderungen im Gehirn hervorruft. Sie können auch erklären, dass Achtsamkeit den Schülern und Schülerinnen dabei helfen kann, besonnener zu reagieren, und sie dadurch weniger leicht in Schwierigkeiten geraten. Hier sind einige gute Beispiele, wie man Achtsamkeit für Kinder zugänglich machen kann.

Geschichten

Kinder lieben es, durch Geschichten zu lernen. Es gibt viele Figuren aus Büchern und Filmen, die wir heranziehen können, um Empathie und Aufmerksamkeit zu veranschaulichen. Erzählen Sie Geschichten von Tieren und beliebten Figuren, die Ausgeglichenheit und Güte verkörpern, und schlagen Sie den Kindern vor, dieselben Eigenschaften wie die Figuren in den Geschichten zu entwickeln.

Spiele

Spiele, die den Kindern Spaß machen und gleichzeitig ihre Aufmerksamkeit oder ihr Mitgefühl trainieren, verhindern, dass sie Achtsamkeit mit Langeweile gleichsetzen. Es gibt viele großartige Spiele, die auf Aufmerksamkeit, Balance und Zusammenspiel basieren. Finden Sie spielerische Wege den Kindern zu verdeutlichen, dass Achtsamkeit ihnen dabei hilft, die für die Spiele nötigen Eigenschaften zu entwickeln.

Bildende Kunst, Musik und Tanz

Kunst, Musik und Tanz sind ein direkter Weg, die Kinder für die Praxis zu interessieren und machen ihnen in der Regel großen Spaß. Einige Achtsamkeitslehrende haben tolle Raps und Lieder zum Mitsingen komponiert, die Achtsamkeit zum Thema haben. Andere Lehrende nutzen bildnerische Techniken, durch die die Schülerinnen Vorgänge in ihrem Inneren darstellen können. Er gibt so viele kreative Wege, die uns dabei unterstützen, unseren Blick nach innen zu richten.

Sport

Achtsamkeit hilft Sportlern sich zu konzentrieren, verbessert die sensorische Wahrnehmung und erhöht das Selbstbewusstsein beim Wettkampf. Eine erstaunliche Reihe von Sportlerinnen wie der Tennis-Profi Novak Djokovic, der US-Basketball-Star Lebron James, das Football-Team Seattle Seahawks und das US-Frauen-Eishockeyteam, das olympisches Gold nach Hause brachte, praktizieren heutzutage Achtsamkeit. Die Schüler und Schülerinnen können etwa langsame, achtsame Ballwürfe üben, um zu spüren, wie es sich anfühlt beim Sport präsent zu sein.

Gehirnforschung

Mittlerweile gibt es reichlich wissenschaftliche Belege dafür, dass die Verbesserungen, die Achtsamkeit bei exekutiven Funktionen und Dysregulation erzielt, mit messbaren Veränderungen im Gehirn einhergehen. Sprechen Sie mit den Kindern darüber, dass Achtsamkeit das reaktive Reptilienhirn entspannt, so dass der weiterentwickelte Neokortex das Kommando übernehmen kann. Für viele Schülerinnen ist es interessant zu wissen, wie Achtsamkeit auf Strukturen wie die Amygdala wirkt und dass verbesserte Konzentration und Impulskontrolle auch in ihrem Gehirn erkennbar ist.

Prüfungen und Noten

Erklären Sie den Schülern, dass ein kräftiger Fokus-Muskel ihnen auch dabei hilft, sich auf die bevorstehenden Stunden oder Prüfungen zu konzentrieren und bessere Noten zu bekommen. Statt dieselbe Seite immer wieder lesen zu müssen, weil wir uns ablenken lassen, erledigen wir unsere Aufgaben konzentriert und effizient. Am Ende bleibt uns mehr Zeit, um Freunde zu treffen und Spaß zu haben.

Freundschaften schließen

Für alle Schülerinnen und Schüler ist es wichtig, Freunde zu haben und sich mit Gleichaltrigen gut zu verstehen. Achtsamkeit kann dabei helfen, Fähigkeiten wie aktives Zuhören, Mitgefühl und Authentizität zu verbessern, was uns auch zu besseren Freunden macht. Sprechen Sie mit den Kindern über Unsicherheiten im Umgang mit anderen und die Dramen, in die wir uns so gerne verstricken.

Glücklich sein

Einer der wundersamen Nutzen von Achtsamkeit ist, dass sie uns hilft, glücklicher zu sein. Jeder von uns hat Tage, an denen er sich niedergeschlagen fühlt, und Achtsamkeit zu praktizieren kann unsere Stimmung merklich heben. Es ist wichtig, dass Kinder verstehen, dass es bei Achtsamkeit nicht nur um Konzentration und den Umgang mit schwierigen Gefühlen geht. Wenn man längere Zeit konsequent übt, dann führt sie zu mehr Freude und Zufriedenheit im Leben.

Stress

Jede Schülerin hat ihre eigene Mischung an Stress zu tragen. Was immer sie gerade stresst, erzählen Sie ihnen, dass Achtsamkeit uns hilft uns zu entspannen, uns in unserem Körper wohler zu fühlen und selbst im Chaos ausgeglichener zu bleiben. Zeigen Sie ihnen anhand von grundlegenden Übungen wie bewusstes Anspannen und Loslassen mit dem Ausatmen, wie schnell man damit Spannung abbauen kann.

Wut und Reaktivität

Jede und jeder reagiert irgendwann auf eine Art und Weise, die ihr oder ihm nachher leid tut. Niemandem gefällt es, in Schwierigkeiten zu geraten oder Konflikte mit anderen zu haben. Achtsamkeit hilft uns dabei, unsere ersten Impulse zu kontrollieren und unsere Wut in den Griff zu bekommen. Erklären Sie den Schülern, dass Achtsamkeit ihnen die Kontrolle über ihre eigenen Gefühle gibt, damit sie selbst entscheiden können, wie sie reagieren und sich fühlen möchten.

Ein achtsames Klassenzimmer

Außerhalb der Schublade zu denken ist nicht nur eine coole Metapher, sondern selbst wissenschaftlich gesehen scheint es, dass wir „außerhalb der Schublade“ besser denken können. In einem Versuch bat man einige Schülerinnen, sich in einen riesigen Karton zu setzen, während andere sich daneben setzten. Bei Fragen, die auf die Kreativität der Schüler abzielten, schnitten die Kinder außerhalb der Box um 20 Prozent besser ab. Auch wenn man Kinder auf einem rechteckigen Weg gehen ließ, waren ihre Antworten um 25 Prozent weniger originell, als die der Kinder, die sich frei im Raum bewegen konnten (Leung et al., 2011).

Unser Ziel ist es, Bedingungen zu schaffen, unter denen wir und unsere Schüler sich wohlfühlen und ihr Potential entwickeln können. Der physischen Raum, in dem unsere Schülerinnen sich bewegen, kann inspirieren und regulierend auf ihr Nervensystem wirken. Die Aufstellung der Stühle, die Abfolge des Unterrichts, Musik, Licht und andere Faktoren können die Schulerfahrung grundlegend verändern.

Im Folgenden finden Sie Empfehlungen für ein friedvolles, angenehmes und ansprechendes Lernumfeld. Wie ein achtsamer Raum beschaffen sein sollte, finden wir am besten heraus, wenn wir feststellen, wie diese Umgebung auf unser eigenes Nervensystem wirkt. Dann können wir die Schüler fragen und die Auswirkungen des Raumes auf die Klasse beobachten. Als achtsame Lehrerinnen sind wir Gärtner mit wertvollem Samen.

Den Raum gestalten

- Stellen Sie die Stühle im Kreis oder in einer anderen Konstellation auf, die Entspannung und Gruppenzusammenhalt fördert.
- Schaffen Sie eine angenehme Atmosphäre, indem Sie die Lichtverhältnisse verändern. Grelle Deckenlampen wirken generell eher drückend. Nutzen Sie, wo immer möglich, natürliches Licht.
- Eine für den jeweiligen Augenblick passende Klanglandschaft kann sehr hilfreich sein. Sanfte Hintergrundmusik während den Lernzeiten kann inspirieren. Lebhafte Musik reißt die Kinder mit, wenn sie sich bewegen oder eine Pause machen sollen.
- Schaffen Sie einen Bereich im Klassenzimmer, der für Entspannung und Regulation gedacht ist.
- Die Schüler können selbst dorthin gehen, wenn sie sich aus dem Lot fühlen, was wesentlich hilfreicher ist, als eine Strafzone, in die sie geschickt werden. In diesem Bereich könnte es Malutensilien und andere Dinge geben, die den Kindern helfen, zur Ruhe zu kommen und sich zu entspannen.
- Stellen Sie Bilder von inspirierenden Figuren und schönen Kunstwerken oder Naturaufnahmen auf. Nutzen Sie Farben und Bilder, um das Klassenzimmer zu einem Ort der Lebensfreude zu machen, an dem man sich zu Hause fühlt.
- Bringen Sie Pflanzen und andere natürliche Gegenstände mit. Wenn es möglich ist, mit den Kindern Zeit im Freien zu verbringen, umso besser. Wenn nicht, dann sind Pflanzen oder Tiere ein wunderbarer Weg, um sich mit der Natur zu verbinden.
- Auch natürliche Düfte können entspannend wirken und zu einer Wohlfühlatmosphäre beitragen. Diffuser für ätherische Öle erzeugen einen dezenten Duft und sind in der Regel auch nicht allergen.
- Spielzeuge gegen Stress und andere Hilfsmittel, durch die die Schülerinnen auch während des Unterrichts Spannungen abbauen können, sind eine gute Ergänzung. Manche Schüler brauchen die Möglich-

keit, sich zu bewegen und zu regulieren, finden Sie Möglichkeiten, bei denen sie das tun können, ohne die anderen zu stören.

- Lassen Sie die Schülerinnen selbst Vorschläge machen, wie Sie das Klassenzimmer gerne gestalten möchten. Fragen Sie, was sie inspirieren würde und ihnen hilft, sich zu entspannen. Fragen Sie die Schüler, was für sie in dem Zimmer, wie es jetzt ist, nicht funktioniert.

Arbeitsblatt: Ein achtsames Klassenzimmer

Für diese Übung können Sie entweder in eines Ihrer Klassenzimmer gehen oder sich einfach ein Klassenzimmer vorstellen. Wir erkunden den Raum, um ein Gefühl dafür zu bekommen, welche Veränderungen ihn einladender und motivierender machen würden.

Ein achtsames Klassenzimmer

Begeben Sie sich in den Raum oder schließen Sie die Augen und stellen sich den Raum bildlich vor. Wie fühlt es sich an, in diesem Raum zu sein? Schreiben Sie auf, wie es Ihre Gefühle und ihre Energie beeinflusst.

Wie könnte man diesen Raum komplett umgestalten? Lassen Sie Ihre Fantasie freien Lauf. Wie könnte man das Licht verändern, eine Wand niederreißen, um das perfekte Klassenzimmer zu kreieren? Was fällt Ihnen dazu ein?

Setzen Sie sich einige Minuten lang – tatsächlich oder in Ihrer Vorstellung – auf einige der Stühle Ihrer Schüler. Nehmen Sie wahr, wie sich der Raum aus dieser Perspektive anfühlt. Schreiben Sie alle Gedanken nieder.

Bleiben Sie bei der Perspektive der Schülerinnen und überlegen Sie, was diese brauchen könnten, um sich wohler und einbezogen zu fühlen. Versetzen Sie sich einige Zeit in die Lage der Schüler und schreiben Sie Ihre Ideen auf.

Ein entwicklungsgerechtes Achtsamkeitsmodell

Vom Standpunkt der Achtsamkeit aus kann man die menschliche Entwicklung als eine progressive Erweiterung unseres Bewusstseins, unseres Verständnisses und unseres Mitgefühls betrachten. Wir hoffen, dass die psychologische Entwicklung der Kinder so ungehindert wie möglich stattfinden kann, wenn wir Stressreduktion, Resilienz, Selbstmitgefühl und prosoziales Verhalten bei ihnen verankern. Wir alle hatten unsere Stolpersteine auf dem Weg ins Erwachsenendasein. Unerfüllte kindliche Bedürfnisse können bestimmte Aspekte unserer Entwicklung hemmen und die Fähigkeit, zu vertrauen und sich in Beziehungen sicher zu fühlen schwächen. Es wird uns nicht gelingen, das Leben jedes einzelnen Schülers und einer jeden Schülerin in Ordnung zu bringen, doch wir können ihnen die effektivsten Hilfsmittel zur Verfügung stellen, um den Hindernissen auf ihrem Lebensweg zu begegnen.

Idealerweise beginnt man mit Achtsamkeit bereits in der frühen Kindheit, wenn wir auf wundervolle Weise narzisstisch sind und uns in erster Linie um uns selbst kümmern. Langsam wachsen wir in unsere Welt hinein. Durch die Fähigkeit, den Blickwinkel eines anderen einzunehmen, lernen wir, emphatisch zu sein. Dann erweitern wir diese Fähigkeit und öffnen unser Mitgefühl für die ganze Menschheit, ja selbst diejenigen, die wir verurteilen oder nicht leiden können. Irgendwann entwickeln wir Verständnis und Ehrfurcht für das unermessliche ökologische Netz, dessen Teil wir sind. Wie in den meisten Entwicklungsmodellen, behalten wir unser anfängliches Stadium bei und entwickeln uns von dort aus weiter.

Unser Selbstmitgefühl bleibt uns und wir lernen liebevoll zu anderen zu sein. Schließlich erlangen wir ein Bewusstsein des Verbundenseins.

Die nun folgenden Achtsamkeitsübungen sind erste Anregungen, um zu verstehen, was der Entwicklung von Mitgefühl und Aufmerksamkeit bei den verschiedenen Altersgruppen zuträglich und was eher kontraproduktiv ist. Einige Übungen, wie das Wahrnehmen von Gedankenmustern, mögen für jüngere Kinder nicht geeignet sein. Wir sollten bei den Übungen strategisch vorgehen, um dem jeweiligen Entwicklungsstadium gerecht zu werden.

In der Psychologie heißt es oft, dass man ein starkes Gefühl für das Selbst entwickeln muss, bevor man selbstlos werden kann. Bei kleineren Kindern ist solch ein stabiles Gefühl für sich selbst erst im Entstehen begriffen, wir müssen ihnen also zunächst helfen, sich selbst kennenzulernen, bevor wir umfassendere Achtsamkeitspraktiken in Angriff nehmen. Später helfen diese Praktiken den Schülerinnen, auch ihre Annahmen, Urteile und Denkstrukturen näher kennenzulernen, so dass sie sich und die Welt klarer sehen. Wenn Schüler ein gesundes Gefühl für sich selbst entwickelt haben, sind sie in der Lage, ihr Bewusstsein für eine breitere Weltsicht zu öffnen und sich für mitfühlendes Handeln einzusetzen.

Achtsamkeitsübungen für 5- bis 7-Jährige

In diesem Alter unterstützt Achtsamkeit die Kinder in ihrer Selbstregulation, Konzentration und die Empathieentwicklung. Kleinere Kinder lernen am besten durch Spiele, Geschichten und erfahrungsbezogene Übungen. Sozial und kognitiv fühlen Kinder dieses Alters sich kompetent, wenn sie Fähigkeiten erwerben, deren Nutzen sie unmittelbar erfahren können. Impulskontrolle, Aufmerksamkeit und Empathie können als unglaublich bestärkende Eigenschaften erlebt werden.

Wir vermitteln diese Eigenschaften durch Achtsamkeitsspiele. Um ihren Atem zu spüren, legen die Kinder sich hin, setzen einen Teddybär auf ihren Bauch und beobachten, wie der Bär sich mit ihrem Atem hebt und senkt. Lassen Sie die Kinder abwechselnd herumlaufen und sich im Zeitlupentempo bewegen. Die Kinder können einander Blumen oder andere hübsche Kleinigkeiten schenken und schauen, wie es sich anfühlt, großzügig zu sein. Finden Sie spielerische Wege, um Achtsamkeitsthemen zu erkunden und laden Sie die Schülerinnen zu kurzen Momenten der Reflexion ein.

Ein liebevolles, nicht-wertendes, sicheres Umfeld ist besonders wichtig, weil der Geist junger Kinder so beeinflussbar ist. Wir fördern die Entwicklung von Güte, Aufmerksamkeit und emotionaler Regulation bei jungen Kindern nicht durch Begriffe und Konzepte, sondern indem wir selbst die Eigenschaften verkörpern, die wir lehren. Deswegen machen wir bei Schülern dieses Alters die wichtigsten Achtsamkeitsübungen nicht für die Schülerinnen, sondern für uns selbst.

Hinweise

Entsprechend der Aufmerksamkeitsspanne kleinerer Kinder, sollten Sie in der Regel kürzere Übungen anbieten – maximal einigen Minuten. Selbst wenn die Schüler nur zehn Sekunden lang bewusst atmen oder sich langsam bewegen, ist das eine gute Gelegenheit, achtsam zu sein. Für eine ganze Übung aus dem Curriculum-Abschnitt, sollten Sie in etwas 15 Minuten einplanen.

Stellen Sie sicher, dass die Kinder sich in der Klasse wohl und sicher fühlen, besonders, wenn es sich um jüngere Kinder handelt. Möglicherweise ist es nötig, bestimmte Kinder auseinander zu setzen, oder den Raum so zu gestalten, dass die Kinder weniger abgelenkt sind. Am Ende der Übung können die Kinder ihre Eindrücke von den Übungen in Bildern in ihrem Achtsamkeitstagebuch festhalten.

Empfehlungen

- Für Schüler dieses Alters eignen sich vorrangig Spiele, Geschichten und Im-Moment-Übungen.
- Machen Sie die Übungen körperlich. Lustige Bewegungen, Zeitlupentempo, Schütteln und still sein sind großartige Möglichkeiten, um den Kinder zu helfen bewusst zu werden, ohne still sitzen zu müssen.

- Nutzen Sie Bilder und andere Hilfsmittel, um die verschiedenen Achtsamkeitsthemen anschaulich und eindrücklich zu machen.
- Geschichten helfen den Schülerinnen, sich mit den Eigenschaften Mitgefühl und Aufmerksamkeit identifizieren zu können.
- Jüngere Kinder haben in der Regel kaum Probleme, Mitgefühl mit sich selbst zu haben. Lassen Sie sie, liebevolle Wünsche an sich selbst schicken, damit diese Eigenschaft erhalten bleibt.

Selbst wenn die Schüler den Sinn von Achtsamkeit kognitiv noch nicht erfassen, können sie die positiven Auswirkungen der Übungen spüren und sie zur Gewohnheit werden lassen.

Ablenkungsspiele und andere Übungen, bei denen man seinen Fokus halten muss, machen Spaß und fördern die Konzentrationsfähigkeit.

Die meisten Schülerinnen dieses Alters teilen ihre Erfahrungen gerne mit. Lassen Sie reichlich Zeit, damit die Schüler erzählen können, was in ihrem Inneren vorgeht.

Achtsamkeit für 8- bis 10-Jährige

Irgendwann unterstützt Achtsamkeit die schwierige Erkenntnis, dass wir nicht der Mittelpunkt des Universums sind. Durch die Entwicklung von Achtsamkeit lernen die Schülerinnen langsam, einem sich weitenden Kreis gegenüber empathisch zu sein. Sie lernen Empathie, indem sie die Eigenschaft entwickeln, Dinge von einem anderen Standpunkt aus zu betrachten und zu verstehen, was von ihnen in der Schule und in anderen Gemeinschaftsverbänden verlangt wird. Anhand von Übungen zur Konzentration und emotionalen Regulation, vermitteln wir ihnen ein Gefühl der Kompetenz und Autonomie.

Hinweise

Schüler dieses Alters sind in der Regel bereits in der Lage, ihre Aufmerksamkeit ein wenig länger zu halten. Nach einigen Monaten der Übung können viele von ihnen fünf oder zehn Minuten lang in Stille achtsam atmen. Auch wenn die Aufmerksamkeitsspanne der Kinder nun länger ist, sollten Sie in erster Linie mit kreativen und spielerischen Übungen arbeiten.

Eine Achtsamkeitsübung kann zwischen 15 und 30 Minuten dauern. An diesem Punkt haben die Kinder schon Freude an Diskussionen über Achtsamkeitsthemen und reflektieren auch gerne mithilfe ihres Tagebuchs über das, was sie in den Übungen gelernt haben.

Empfehlungen

- In diesem Alter entwickeln sich die exekutiven Funktionen und somit auch die Fähigkeit des Kindes zur Reflexion und Einsicht. Sie beginnen zu begreifen, dass Aufmerksamkeit ein Werkzeug ist, das sie stärker macht und wachsen lässt.
- Auch in diesem Alter spricht man die Kinder am besten durch Spiele, Geschichten und erfahrungsbezogene Übungen an. Wir wollen Achtsamkeit *spielen* und nicht einfach nur aufmerksam sein.
- Sprechen sie über den Nutzen der Übungen. In diesem Alter wissen die Kinder bereits gerne, warum sie etwas tun sollen.
- In diesen Klassen gibt es in den meisten Schulen bereits Noten und auch andere äußere Stressfaktoren beginnen auf die Kinder einzuwirken. Durch Achtsamkeit lernen die Schüler mit ihren eigenen Gedanken und Stressigen auf ganz neue Art umzugehen.
- Sie entwickeln langsam mehr soziales Bewusstsein und Empathiefähigkeit. Empathieübungen fördern emotionale Intelligenz.
- In dieser Zeit beginnen die Schülerinnen unsicherer zu werden. Das ist eine gute Zeit für Selbstmitgefühlsübungen.
- Schüler in diesem Alter sind sehr gesellig. Übungen, die soziale und emotionale Fähigkeiten fördern, helfen ihnen, sich in der Welt-des-Dramas besser zurecht zu finden.

Achtsamkeit für 11- bis 13-Jährige

Wenn die Schülerinnen älter und reifer werden, können wir vermehrt Übungen anbieten, bei denen wir Gedanken und Emotionen beobachten und ihnen nahebringen, ihre Welt mit mehr Mitgefühl und Weisheit zu betrachten. Wir lehren die Schüler, urteilende Gedanken und störende Emotionen wahrzunehmen, und nicht als fundamentale Wahrheiten, sondern als vorüberziehende Phänomene zu verstehen. Die Schülerinnen können ihr Mitgefühl und ihr Verständnis selbst auf Leute ausweiten, die sie nicht mögen.

In dieser Altersgruppe nutzt man Achtsamkeitsübungen idealerweise, um Stressoren zu mildern, die innere Führung zu stärken und Impulskontrolle zu entwickeln. Jugendliche leben in einer turbulenten Welt innerer und äußerer Transformationen. Ihr Körper, ihr Geist und ihre soziale Stellung sind dramatischen Veränderungen unterworfen. Sie beginnen ihre Welt und sich selbst genau zu beobachten. Sie fragen sich, wer sie sind und ob sie dazugehören. Das kann Unsicherheiten und Ängste, aber auch mehr Autonomie und Einsichten zur Folge haben.

Hinweise

Schüler dieses Alters können ihre Aufmerksamkeit bereits viel besser halten als jüngere Kinder. Sie können auch abstrakte Gedankengänger besser kommunizieren. Wenn wir die Schülerinnen einladen in Stille zu üben, dann sind sie möglicherweise in der Lage, bis zu zehn Minuten still zu sitzen und sich zu konzentrieren. Auch ihre Fähigkeit, das, was sie im Inneren erfahren haben, mitzuteilen und über die Mechanik des eigenen Geistes zu sprechen, ist größer.

In diesen höheren Klassen gehen die Kinder oft von einem Raum zum anderen und bleiben kaum in einem Klassenzimmer. Das mag es schwierig machen, längere zusammenhängende Zeitspannen für Übungen zu finden, da der Unterricht mit einer Lehrerin vielleicht nicht mehr als eine Stunde dauert. Übungen können in kurzen fünf-Minuten-Blöcken abgehalten werden (oder sogar noch kürzer). Dennoch braucht man zwischen 20 Minuten und einer Stunde, um alle Schritte einer Übung zu durchlaufen. Wir brauchen Zeit für die Übungen, die Reflexion und den Dialog.

Empfehlungen

- Unsicherheit und Selbstkritik sind in diesem Alter ein großes Thema. Durch Achtsamkeitspraktiken lernen die Kinder, störende Gedankenmuster wahrzunehmen, ohne sich darin zu verfangen.
- Auch anderen gegenüber werden manche Schüler sehr voreingenommen. Wir helfen ihnen, sich ihrer Annahmen und Vorurteile bewusst zu werden und nicht einfach gemein zu sein.
- In diesem Alter kann Mobbing zu einem ernsten Problem werden. Die eigenen Gefühle und die der anderen verstehen zu lernen ist an diesem Punkt der kognitiven Entwicklung viel eher möglich und die Entwicklung dieses Verständnisses ist ein sehr effektiver Weg, um den Druck eventueller Mobbing-Situationen abzumildern.
- Weltliche Beispiele von Profisportlerinnen oder Musikern zum Beispiel veranschaulichen, wie man von Achtsamkeit profitieren kann. Das inspiriert die Schülerinnen und sie bekommen eine Vorstellung davon, was ihnen die Praxis bringen könnte.
- Schüler sind nun in komplexere Beziehungsdynamiken verwickelt. Kommunikative und emphatische Fähigkeiten kommen ihnen da sehr entgegen.
- Schülerinnen begreifen nun schon mehr, wie ihr Handeln die Welt beeinflusst und wie sie von der Welt um sie herum beeinflusst werden. Wir können beginnen Übungen zur globalen Kompetenz durchzunehmen.
- Schüler sind nun auch in hohem Maße in der Lage, zu verstehen, wie unser Gehirn funktioniert. Erklären Sie ihnen die Auswirkungen von Achtsamkeit auf Aufmerksamkeit, emotionale Regulation und exekutive Funktionen und diskutieren Sie mit ihnen darüber, wie ihnen das ihr Leben erleichtern könnte.

- Es ist wichtig, sich daran zu erinnern, dass Schülerinnen in diesem Alter oft Unsicherheiten erleben, die ihren Körper, ihr Geschlecht und ihre soziale Zugehörigkeit betreffen. Lehren wir sie Selbstmitgefühl und sorgen wir für ein sicheres Klassenumfeld, in dem die Kinder sich mitteilen können.

Achtsamkeit für 14- bis 17-Jährige

Teenager werden von Familie, Freunden, Lehrenden, Medien und einer Unzahl von anderen Einflüssen in verschiedenste Richtungen gezogen. Der Kindheit entwachsen sind sie nun auf der Suche nach ihrer eigenen, individuellen Identität und gehen ihre eigenen Wege. Unter all der Coolness und Unsicherheit steckt die tiefgreifende Frage: „Wer bin ich?“. Teenager wollen dazugehören, doch sie wollen auch authentisch sein. Sie wollen wissen, wie man gemocht wird, gleichzeitig wollen sie auch sie selbst sein und nichts vortäuschen müssen.

Achtsamkeit bietet Teenagern einen Weg, um sich mit einer tieferen Authentizität und einem inneren Kompass zu verbinden. Sie bietet auch eine Alternative im Umgang mit anderen. Kognitiv kann Achtsamkeit ihnen helfen, das Konzept von Ursache und Wirkung besser zu verstehen, indem sie beobachten, was ihr Verhalten bei anderen bewirkt und wie sie gerne behandelt werden möchten. Zu erforschen wie Geist, Herz und Körper von der Welt beeinflusst werden, hilft ihnen zu verstehen, wie ihr Handeln und ihre Gedanken auf andere wirken. In diesem Alter, kann man die Achtsamkeitspraxis bei Hilfsprojekten einsetzen und mehr Mitgefühl in unsere Welt bringen.

Hinweise

Teenager haben bereits die Fähigkeit, sich eine Achtsamkeitspraxis wirklich anzueignen und die Zeit zur Entspannung und Selbstwahrnehmung zu nutzen. Sie sind in der Lage, zehn Minuten oder länger ruhig zu sitzen. Planen Sie für eine umfassende Übung zwischen 30 und 60 Minuten ein.

Ein Großteil der Zeit kann auch für den Dialog genutzt werden, indem sie sich darüber austauschen, wie die Praxis sie unterstützen kann.

Nachdem die meisten Schülerinnen einer weiterführenden Schule von Klasse zu Klasse wandern, müssen die Lehrenden einen Weg finden, Achtsamkeitsmomente in den Unterricht einzubauen. Sehr vorteilhaft sind Achtsamkeitsclubs außerhalb des lehrplanmäßigen Unterrichts, in denen die Schüler genügend Zeit haben, die Praxis eingehend zu erkunden und sich darüber auszutauschen. Es gibt auch einwöchige Achtsamkeitsretreats für Jugendliche, bei denen längeres Sitzen in Stille geübt wird. Doch selbst kurze Achtsamkeitsübungen können für die Schülerinnen in den stressigen Jahren des Erwachsenwerdens hilfreich sein. Die Übungen können vor Prüfungen, beim Konfliktmanagement und in anderen schwierigen Situationen eingesetzt werden. Achtsamkeitstagebücher dienen zur Reflexion und unterstützen die innere Erkundungsreise.

Empfehlungen

- In diesem Alter wollen wir den Schülern dabei helfen, sich die Übungen wirklich zu eigen zu machen. Teenager müssen die Achtsamkeitspraxis als persönliches Projekt empfinden, sonst ist sie einfach eine weitere Sache, die ihnen aufgedrängt wird.
- Die Vorstellung die Praxis einzusetzen, um beim Sport, in Beziehungen und anderen Situationen zu reüssieren, kann sehr motivierend sein.
- Das Leben von Teenagern ist sehr peer-zentriert. Es ist wichtig, soziale Komponenten zu integrieren, um die Übungen interessanter zu gestalten. Zeigen Sie den Schülerinnen, wie die Übungen ihr Selbstbewusstsein und ihre sozialen Fähigkeiten stärken.
- Sprechen Sie mit den Schülern darüber, dass Liebenswürdigkeit manchmal als uncool gesehen wird, dass aber jeder von uns tief in seinem inneren gemocht werden und Freunde haben möchte. Helfen wir den Jugendlichen dabei, Liebenswürdigkeit und Mitgefühl cool zu finden.
- Bestärken Sie die Schüler darin, sich mit ihrer Achtsamkeitspraxis in Hilfsprojekten und durch gute Taten zu engagieren.

- Zeigen Sie den Schülerinnen, dass ihre Annahmen zu Vorurteilen werden und betonen Sie, wie wichtig Introspektion ist, um die Welt zu einem emphatischeren Ort zu machen.
- Teenager erweitern ihr Verständnis und Mitgefühl, um unsere Verbundenheit mit anderen Kulturen und größeren ökologischen Verbänden zu verstehen. Helfen Sie ihnen, ihre Weltsicht zu erweitern, und inspirieren Sie sie dazu, aktive Entscheidungen zu treffen.
- Helfen Sie den Schülern, nach innen zu blicken und zu erkennen, welche Qualitäten wie Güte, emotionale Regulation oder Aufmerksamkeit sie besonders entwickeln wollen.

Arbeitsblatt: Achtsamkeit und Entwicklung

Selbst als Erwachsene tragen wir noch Teile unseres inneren Kindes in uns. Vielleicht gibt es da einen rebellischen Teenager, eine unsichere Mittelschülerin und ein verängstigtes Kindergartenkind. Oftmals zeigen sich die entsprechenden Teile, wenn wir mit den unterschiedlichen Altersgruppen arbeiten. Vielleicht spüren wir den unsicheren Teil in uns, wenn wir vor einer Gruppe Jugendlicher stehen oder unsere quirligen oder ängstlichen Kleinkind-Anteile, wenn wir in einer Grundschulklasse unterrichten. Durch Achtsamkeit wird das nicht als Problem gesehen. Eigentlich können wir das Phänomen nutzen, um die unterschiedlichen Entwicklungsstufen unserer Schüler besser zu verstehen und mehr Empathie für sie zu entwickeln, indem wir uns erinnern, wie es war, als wir in ihrem Alter waren.

Achtsamkeit und Entwicklung

Wie alt und in welcher Entwicklungsstufe sind die Kinder/Jugendlichen mit denen Sie arbeiten?

Welche entwicklungsbezogenen Themen sehen Sie bei Ihren Schülern gerade?

Welche Schulerfahrungen haben Sie in diesem Alter gemacht?

Was war das Wichtigste für Sie in diesem Alter?

Was waren damals die größten Stressfaktoren für Sie und womit hatten Sie am meisten zu kämpfen?

Welche Menschen und Erfahrung haben Sie damals in Ihrer Entwicklung gestärkt?

Welche soziale und emotionale Unterstützung hätten Sie in dieser Zeit gerne gehabt?

Welche der entwicklungsbezogenen Kämpfe Ihrer Schülerinnen können Sie nachempfinden?

Welche Rolle möchten Sie gerne bei der Unterstützung der Entwicklung Ihrer Schüler spielen?

Auf welche Weise könnte Achtsamkeit Ihre Schülerinnen bei ihrer individuellen Entwicklung unterstützen?

Diversität und das Hinterfragen von Annahmen

Wir alle haben Annahmen und Vorurteile. Unser Geist ist so gestrickt, damit wir aus vergangenen Erfahrungen lernen und in Zukunft sicherer sind. Das Problem ist, dass viele dieser Annahmen eigentlich nicht der Wahrheit entsprechen und uns tendenziell von anderen entfremden. Vielleicht haben unsere Eltern uns vor einer bestimmten Art von Menschen gewarnt, weil sie uns beschützen wollten. Wann immer wir jedoch eine ganze Gruppe von Menschen – Menschen mit Tattoos zum Beispiel oder Obdachlose oder bestimmte ethnische Gruppen – mit einer Annahme belegen, sprechen wir ihnen ihre persönlichen Eigenschaften und ihre Individualität ab. Wenn wir unsere Schülerinnen mit einer Annahme belegen, dann sind sie nicht länger menschliche Wesen, mit einer besonderen Innenwelt und großen Hoffnungen für die Zukunft. Sie sind dann ein türkisches Kind, oder ein schwarzes oder ein asiatisches Kind und gehören der Kategorie an, in die wir sie pressen. Aus vermehrten Annahmen entsteht dann Ausgrenzung, Unterdrückung und Mobbing.

Wenn wir Annahmen ungeprüft übernehmen und belassen, dann finden wir uns in einer Kultur großer sozioökonomischer und ethnischer Ungleichheit wieder. Das Department of Education der USA hat herausgefunden, dass farbige Schüler in den gesamten Vereinigten Staaten dreimal so oft vom Unterricht suspendiert werden und wesentlich weniger von erfahrenen Lehrerinnen unterrichtet werden als weiße Schüler (U.S. Department of Education, 2014). Psychologinnen, die diese Ungleichheit eingehend untersucht haben, fanden heraus, dass Erwachsene unbewusst annehmen, dass farbige Kinder weniger unschuldig sind, als ihre weißen Altersgenossen (Goff et al., 2014). Angesichts der herzzerreißenden Ungerechtigkeit in unseren Schulen bedarf es großer systemischer Veränderungen. Um diese Veränderungen mitzutragen, müssen wir mit der Erforschung unseres eigenen Herzens und unseres eigenen Geistes beginnen.

Selbst als wohlmeinender Achtsamkeitslehrer unterliegen wir der Gefahr, beladen mit Annahmen und ohne die nötige kulturelle Kompetenz in unseren Unterricht zu gehen. In Schulen, an denen das Stresslevel hoch ist, wollen Lehrerinnen die Schüler durch Achtsamkeit möglicherweise ruhiger und aufmerksamer machen. Doch Klassen mit sehr dysregulierten Schülerinnen kämpfen nicht ohne Grund. Statt sie einfach dazu zu bekommen, still zu sitzen und zuzuhören, wollen wir vorher verstehen, mit welchen Schwierigkeiten sie zu kämpfen haben. Geht es um systemische Ungleichbehandlung? Sind die Schüler einer traumatischen Situation ausgesetzt? Müssen wir uns um einige grundlegende menschliche Bedürfnisse kümmern, bevor wir uns dem Achtsamkeitsunterricht zuwenden? Wir müssen die sozioökonomischen Umstände unserer Schülerinnen kennen, bevor wir sie in Achtsamkeit unterrichten.

Die gute Nachricht ist, dass wir durch unsere achtsame Aufmerksamkeit und unser Mitgefühl die inneren Veränderungen anstoßen können, die hoffentlich dazu beitragen mehr Gerechtigkeit in unsere Welt zu bringen. Eine Studie zeigte, dass eine Achtsamkeitspraxis rassistischen Vorurteilen tatsächlich entgegenwirkt. Teilnehmer, die Achtsamkeit praktizierten, verließen sich weniger auf vorgefasste Meinungen und waren demzufolge weniger rassistisch gegenüber unterschiedlichen ethnischen Gruppen (Lueke und Gibson, 2014). In einer anderen Studie über implizite Vorurteile, fand man heraus, dass die Vorurteile kaukasischer Teilnehmerinnen gegenüber Afro-Amerikanern und Obdachlosen zurückging, wenn sie Mitgefühl praktizierten (Kang et al., 2014). Lehrerinnen lernen diese Eigenschaft, um ihren Geist zu öffnen und die Welt durch eine Linse des Mitgefühls zu betrachten.

In dem Curriculum-Abschnitt dieses Buches, geht es darum, den Schülern soziale Kompetenzen zu vermitteln. Hier versuchen wir unsere eigenen sozialen und kulturellen Kompetenzen zu stärken, indem wir unsere Vorurteile erkennen und unseren Blickwinkel erweitern. Die authentische Erkundung unserer Vorurteile, hilft uns, uns selbst besser kennenzulernen und demzufolge auch unsere Schülerinnen klarer zu sehen. Als Menschen, die bereit sind, Fragen über Ungleichbehandlung zu stellen, erfüllen wir eine Vorbildfunktion für alle Schüler, ungeachtet ihrer ethnischen Zugehörigkeit und ihres Geschlechts. Unsere Annahmen zu hinterfragen ist nicht etwas, das sich mit einem Mal erledigt (und dann sind wir fein raus). Nach Ungerechtigkeiten kann man sein ganzes Leben lang suchen und immer wieder die eigenen blinden Flecken enttarnen. Das ist Achtsamkeit in Aktion.

Die eigenen Annahmen hinterfragen

Ungleichstellung wichtig nehmen: Wenn wir unsere Welt betrachten, ist klar, dass einige in eine privilegierte Lage und andere in Armut hineingeboren werden. Bringen wir dieser Tatsache einfach unsere Aufmerksamkeit entgegen, ohne uns darüber Gedanken zu machen, wer daran schuld ist oder wie wir es in Ordnung bringen könnten. Der erste Schritt ist, sich die harten Tatsachen der Ungleichstellung bewusst zu machen, im Wissen, welches Leid sie zur Folge hat, und in der Hoffnung auf Heilung.

Den Blick nach innen richten: Dann müssen wir uns nach innen wenden und erkennen, dass wir alle bestimmten Annahmen unterliegen und dass es in dieser Welt weniger Vorurteile geben wird, wenn wir sie sichtbar machen. Es braucht Mut, um nach innen zu blicken und die Wurzeln unserer Annahmen und Vorurteile aufzuspüren. Erkunden wir unsere gewohnheitsmäßigen Annahmen gegenüber Geschlecht, Rassenzugehörigkeit, Menschen verschiedener sexueller Orientierung und jeder anderen Gruppe, die wir als andersartig einstufen.

Gedanken erkennen: Als nächstes betrachten wir unsere Annahmen diese Gruppen betreffend genauer. Welche Gedanken sind damit verbunden? Sind wir der Ansicht, eine der Gruppen ist klüger, eine andere gewaltbereiter, eine andere wiederum cooler? Nehmen Sie einfach wahr, was Sie glauben, über große Gruppen von Menschen zu wissen.

Emotionen wahrnehmen: Dann betrachten wir unsere Gefühle bezüglich jeder dieser Gruppen. Stellen Sie sich vor, sie kommen Ihnen auf der Straße entgegen. Empfinden Sie Angst, Freude, Ekel, Aufregung? Nehmen Sie wahr, wie sie emotional auf jede der Gruppen reagieren, aber urteilen Sie nicht über sich selbst.

Wissen, dass wir nichts wissen: Sobald wir unsere Gedanken und Gefühle wahrgenommen haben, können wir ihre Gültigkeit überprüfen. Wir können zugeben, dass es sich nur um Theorien und Gefühle handelt und schauen, ob wir sie einfach vorbeiziehen lassen können, wie unseren Atem. Das kann durchaus unangenehm sein, wenn Sie also Ihre Annahmen und Vorurteile beobachten, spüren Sie einfach, wie es sich anfühlt, wenn Sie nicht an Ihren Urteilen festhalten.

Mehr über unsere Welt erfahren: Wenn wir die Menschen aus den Schubladen holen, in die wir sie gesteckt haben, dann werden wir Neues kennenlernen und Spaß haben. Sehen Sie sich um und versuchen Sie alle Menschen, von denen Sie dachten, dass Sie sie kennen, neu kennenzulernen. Vielleicht entdecken Sie Ihr Interesse für andere Kulturen oder öffnen sich für neue Sichtweisen. Unterschiede müssen nicht als furchterregend wahrgenommen werden, sie können auch aufregend und faszinierend sein.

Einsicht: Natürlich wollen wir unsere Annahmen nicht vollkommen fallenlassen. Wenn ein gefährlich aussehender Mensch auf uns zukommt, dann müssen wir uns auf Annahmen verlassen und beurteilen, ob es sich um ein Vorurteil oder um eine tatsächliche Bedrohung handelt. Wir wollen die Tür für jede neue Erfahrung offen halten, doch es ist durchaus sinnvoll, eine Türsteherin zu behalten, die im gegebenen Fall nicht jeden hereinlässt.

Nutzen wir unsere Achtsamkeitspraxis, um unseren Blick für systemische Ungerechtigkeiten zu öffnen und mit unserem Herzen wahrzunehmen, wie es sich anfühlt, Zeugin solcher sozioökonomischen Diskrepanzen zu sein. Traurigkeit und Wut sind angemessene Reaktionen auf Ungerechtigkeit. Wir wollen in der Lage sein, die Probleme zu erkennen, ihre Auswirkungen zu spüren und für das zu kämpfen, was richtig ist. Wir hoffen, dass es uns gelingt, die selbst-stärkende Praxis der Achtsamkeit an all jene weiter zu geben, die bei ihrer emotionaler Regulation, Resilienz und Offenherzigkeit der Hilfe bedürfen. Mehr und mehr wollen wir mit der Kraft, die der Achtsamkeit innewohnt, auch Bewegungen für soziale Gerechtigkeit unterstützen und die Weisheit von Diversität und Integration von den vielen Menschen lernen, die unermüdlich für ihre Rechte gekämpft haben. Wir sollten auch im Sinne der sozialen Gerechtigkeit achtsam sein.

Traumakenntnisse für den Unterricht

Als Lehrende begegnen wir Schülern, die vielerlei Formen von Stress und Traumata unterschiedlicher Schweregrade ausgesetzt waren oder sind. Es gibt große Traumata, Störungen, die durch sexuellen Missbrauch, gewalttätige Konflikte und andere schweren Misshandlungen hervorgerufen werden. Es gibt auch die kleinen Traumata, die wir wohl alle in uns tragen. Vielleicht wurden wir von einem Hund gebissen, in der Schule schikaniert oder hatten gerade einen Streit mit einer Freundin. Trauma nennen wir es, wenn eine verstörende Erfahrung von unserem emotionalen System nicht mehr verarbeitet werden kann. Solch eine vergangene Erfahrung bleibt ungelöst in unserem Körper gespeichert und beeinflusst und verzerrt unsere Reaktionen auf den gegenwärtigen Augenblick.

Einfach gesagt, sind Achtsamkeit und Trauma Gegensätze. Achtsamkeit bedeutet, voll und ganz im gegenwärtigen Moment zu sein und unseren Emotionen, Empfindungen, Beziehungen und sich stets wandelnden Erfahrungen unsere volle Aufmerksamkeit entgegenzubringen. Trauma hingegen ist der Schutzmechanismus, der uns vom gegenwärtigen Augenblick, von unserem Körper, unseren Emotionen und Empfindungen wegführt und abspaltet. Traumata entstehen, wenn eine leidvolle Erfahrung oder ein anhaltendes Problem so groß ist, dass wir unsere Fähigkeit verlieren, angemessen zu reagieren. Durch ein Trauma befindet sich unser innerer Wachposten in steter Alarmbereitschaft, so als ob das ursprüngliche Trauma immer noch physisch unmittelbar bevor stünde, selbst wenn die augenblickliche Situation vollkommen sicher ist.

In einer Gegend aufzuwachsen, in der man ständig um sein Leben fürchten muss, in der Nacht von Schüssen in der Nachbarschaft aufgeweckt wird und mehrere Familienmitglieder hat, die im Gefängnis sitzen, führt oftmals zu einer sogenannten komplexen post-traumatischen Belastungsstörung. Es muss nicht unbedingt ein bestimmter traumatischer Vorfall sein; wenn die allgemeine Lebenserfahrung von Angst geprägt ist, lernt das Kind, die Welt als unsicheren Ort anzusehen und sich dementsprechend zu verhalten, selbst wenn die Umstände sich verändert haben. Wenn wir uns die erhöhte Alarmbereitschaft bewusst machen, in der das Nervensystem einiger Schülerinnen operiert, hilft uns das, sie besser zu verstehen und unterstützen zu können.

Forschungsergebnisse beschreiben die verheerenden Folgen, die Traumata, Vernachlässigung und Missbrauch auf das Gehirn und unsere Gene haben und welche Verhaltensmuster die Betroffenen im Laufe ihres Lebens entwickeln. Die *Adverse Childhood Experience* (ACE – „belastende Kindheitserfahrungen“) Studie zeigt, dass schwierige Kindheitserlebnisse den Grundstein für Fettleibigkeit, Drogenmissbrauch, Kriminalität und andere schädliche Verhaltensmuster legen. „Die ACE-Studie zeigt auch, dass das Maß problematischer Kindheitserinnerungen mit einer erhöhten Anzahl von Risikofaktoren für die Haupttodesursachen einhergeht. Personen mit hohen ACE-Werten haben später ein höheres Risiko an Krankheiten, die aus den von ihnen gewählten Mitteln zur Bekämpfung ihres Schmerzes hervorgehen, zu leiden. Obwohl diese Mittel kurzfristig wirksam sind, erkranken sie oft an den langfristigen Folgen, wie chronische gesundheitliche oder soziale Probleme.“ (Felliti et al., 1998).

Auch eine privilegierte Schule kann ein traumatisierendes Umfeld sein. Der enorme Prüfungsstress und Erfolgsdruck löst bei manchen Kindern Angstzustände und Depressionen aus. Selbst in einigen der wohlhabendsten Gemeinden gibt er erschreckend hohe Selbstmordraten unter Jugendlichen. Viele Erwachsene berichten, dass sie heute noch unter Albträumen leiden, in denen sie unvorbereitet zu Prüfungen antreten müssen, oder nackt im Klassenzimmer stehen. Wenn wir noch mit 40 regelmäßig beklemmende Schulträume haben, dann hat der Stress ganz offensichtlich eine bleibende Wirkung hinterlassen.

Trauma selbst ist eine Abtrennung vom gegenwärtigen Moment und Achtsamkeit ist ein perfektes Gegenmittel, weil es die Kinder zurück in ihren Körper bringt. Es ist auch ungeheuer wichtig, den Kindern dabei zu helfen, einen Ort zu finden, an dem sie sich sicher fühlen. Einige Formen der Traumabewältigung nutzen zu diesem Zweck einen sicheren Ort in der Vorstellung der Betroffenen, den sie jederzeit aufsuchen können, wenn sie in ihrem Körper zu viel Angst empfinden. Durch Achtsamkeit wollen wir einen inneren Zustand der Stille, Sicherheit und Zufriedenheit schaffen. Dieser sichere Heimathafen ist ein Zufluchtsort für Kinder, die Traumata erlitten haben oder weiterhin traumatischen Situationen ausgesetzt sind.

Wir hoffen, dass Achtsamkeit den inneren Wachposten entspannen und den ausgeglichenen Zustand des Nervensystems wieder herstellen kann. Der integrative Effekt, den Achtsamkeit auf das Gehirn hat, könnte von vornherein verhindern, dass die unvermeidlichen Stressfaktoren des Lebens sich überhaupt im Körper festsetzen. Wir wissen bereits, dass zwei Menschen auf dieselbe Erfahrung völlig unterschiedlich reagieren – der eine traumatisiert, der andere einfach nur mit einer schrecklichen Geschichte, aus der sie gestärkt hervorgeht. Der entscheidende Faktor dabei scheint zu sein, ob dieser Mensch die inneren Ressourcen hat, um dem Erlebnis mit Resilienz und Hoffnung zu begegnen oder er mit Hoffnungslosigkeit und Scham reagiert.

Ein sicherer Hafen, zu dem die Kinder zurückkehren können, wenn sie merken, dass sie dysreguliert sind, fördert Resilienz – die Fähigkeit, schwierige Erfahrungen dasein zu lassen und über die Widrigkeiten hinauszuwachsen. Wenn wir Schwierigkeiten tolerieren können, ermöglicht uns das, selbst angesichts rauer Bedingungen präsent zu bleiben und uns nicht zu verschließen oder abzukoppeln. Achtsamkeit hilft uns, präsent und mitfühlend zu bleiben, ohne uns selbst zu beschuldigen oder unsere Gefühle zu unterdrücken.

In vielen modernen Traumatherapien nutzen die Therapeutinnen einfache Achtsamkeitsübungen, um die Auswirkungen von Traumata und stressvollen Erfahrungen zu mildern. Die Psychologen bitten ihre Patientinnen, etwa ihre Füße auf dem Boden zu spüren oder die Farben an der Wand zu benennen, oder sie verwenden andere Mittel, um die Klienten auf andere Weise im gegenwärtigen Augenblick zu verankern. Schülerinnen beizubringen ihre Aufmerksamkeit auf das sensorisch Erleben des Augenblicks zu richten, hilft ihnen dabei, sich in der Gegenwart sicher zu fühlen. Dorthin können sie zurückkehren, wenn sie merken, dass sie sich in Gedankenschleifen oder traumatischen Erinnerungen verstrickt haben.

Angewandte Achtsamkeit ist in der Lage, ein gestresstes System zu integrieren, doch wir dürfen dabei nicht vergessen, dass Achtsamkeitsübungen auch schwierige emotionale Reaktionen auslösen und somit durchaus unerwünschte Wirkung entfalten können, wenn sie nicht sorgsam durchgeführt und adäquat begleitet werden. In der Regel haben Kinder gelernt, sich durch einen emotionalen Panzer zu schützen. Wenn nun in einer Achtsamkeitsstunde eine sichere und liebevolle Atmosphäre entsteht, können diese weggeschlossenen Emotionen an die Oberfläche treten. Wir wollen den Kindern einen geschützten Rahmen bieten, um eine vollständige emotionalen Erfahrung machen zu können, doch ohne entsprechende Kenntnis und vorsichtige Begleitung kann es durch diese Freisetzung von Gefühlen leicht zu einer Retraumatisierung kommen.

Achtsamkeit macht tiefgreifendes Heilen möglich, doch ist es unumgänglich, sich eingehend mit den Trauma-Mechanismen und den möglichen Auswirkungen der einzelnen Achtsamkeitspraktiken auseinanderzusetzen. Ohne hinreichende Kenntnisse auf diesem Gebiet, kann ein Achtsamkeitslehrer bei einer Schülerin unabsichtlich eine schmerzliche oder beängstigende Erfahrung auslösen. Statt zu heilen wird Achtsamkeit dann zu einer dissoziativen Praxis.

Um diesen Gefahren entgegenzuwirken, müssen wir uns eingehend mit trauma- und stressbedingten Störungen auseinandersetzen. So lernen wir nicht nur, unsere Schüler feinfühlig und professionell zu begleiten, sondern auch mit unserem eigenen Stress und unseren persönlichen Traumata sorgsam umzugehen. Zusätzlich zu den eigenen Dellen und Schrammen, die sich über Jahre hinweg angesammelt haben, übernehmen wir auch beim Unterrichten eine Menge Stress und Trauma. Wenn wir lernen, besser für uns selbst zu sorgen, sind wir in der Lage, unser Herz weit zu öffnen und das emotionale Navigationsgeschick zu entwickeln, um Schülerinnen im Labyrinth ihres Herzens, achtsam zu begleiten.

Achtsamkeitshinweise

- Vergessen Sie nie, dass Achtsamkeit – insbesondere die Arbeit mit Emotionen – schwierige Reaktionen auslösen kann. Sorgen Sie für ein starkes Netzwerk aus zusätzlichen Ressourcen, wie Schultherapeuten, Sozialarbeiterinnen und kommunale Einrichtungen und greifen Sie darauf zurück, um sich zu beraten oder Schüler weiter zu verweisen, falls sich Zeichen von Trauma oder Missbrauch zeigen.
- Falls es Traumata oder Missbrauch in Ihrer eigenen Geschichte gibt, kann es sehr heilsam sein, selbst eine Psychotherapie oder eine andere Methode wie EMDR (*Eye Movement Desensitization and Reprocessing*), MBCT oder Somatic Experiencing in Anspruch zu nehmen. Das hilft Ihnen nicht nur Ihr eigenes Trauma zu wandeln, sondern auch Ihre Schülerinnen besser verstehen und bestmöglichst unterstützen zu können.
- Es ist ungeheuer wichtig, dass Sie die Stressoren und Traumata Ihrer Schüler kennen. Befassen Sie sich mit den Familien, Gemeinschaften und der unmittelbaren Umgebung Ihrer Schülerinnen, um mehr über ihre Stressoren und Ressourcen zu erfahren.
- Kinder müssen wissen, wie sie mit toxischem Stress umgehen können. Wenn man ihnen nicht die geeigneten Mittel und Gelegenheiten gibt, Spannungen abzubauen, dann erfordern schon die grundlegenden körperlichen Gegebenheiten irgendeine andere Form der Erleichterung. Wenn sie keinen gesunden Weg kennen, neigen Kinder dazu, sich für eine der zahllosen ungesunden Möglichkeiten zu entscheiden, die ihnen zur Verfügung stehen.

Arbeitsblatt: Traumakenntnisse für den Unterricht

Nehmen Sie sich einen Augenblick Zeit, um zu überlegen, welche Stressoren Ihre Schüler belasten könnten. Wenn wir über Stressfaktoren und Traumata im Leben unserer Schülerinnen Bescheid wissen, ist es wesentlich leichter emphatisch zu sein und Verständnis für ihre Verhaltensweisen aufzubringen. Statt sich einfach von den Schülern, die dysreguliert sind und stören, frustrieren zu lassen, können wir herausfinden, womit diese Schülerinnen zu kämpfen haben und wie wir ihnen helfen können.

Trauma-Kenntnisse für den Unterricht

Was sind einige grundlegende menschliche Bedürfnisse, die bei einigen Ihrer Schüler vielleicht nicht gedeckt werden?

Was sind die außergewöhnlichen Stressfaktoren, mit denen Ihre Schülerinnen aufgrund des Umfelds, in dem sie leben, konfrontiert sein könnten?

Welchen Stressfaktoren könnten Ihre Schüler aufgrund ihrer ethnischen Zugehörigkeit, ihrer Gesellschaftsklasse oder ihres Geschlechts ausgesetzt sein?

Mit welchen Stressfaktoren sind Ihre Schülerinnen aufgrund ihres Alters konfrontiert?

Welchem schulischen Stress sind die Schüler ausgesetzt?

Welchen familiären Problemen sind einige Ihrer Schülerinnen ausgesetzt?

Wie beeinflussen die Stressoren Ihre Schüler in ihren sozialen, emotionalen und akademischen Fähigkeiten?

Wie könnte Achtsamkeit Ihren Schülerinnen bei der Bewältigung dieser spezifischen Stressfaktoren helfen?

Inwiefern könnten Sie selbst achtsamer mit den Stressoren der Schüler umgehen?

III

Achtsamkeitsübungen für Schülerinnen und Schüler

Aktivitäten, Übungen und Techniken für den Unterricht

Wir sitzen jeden Morgen in Stille und achten auf das, was in diesem Moment vor sich geht. In einer geführten Übung nehmen wir den Atem, die Gedanken, körperliche Empfindungen, Gefühle und Klänge wahr. Wir üben still zu sitzen. Ich ermutige die Schülerinnen wahrzunehmen, wie sich ihr Körper anfühlt, wenn sie sich wirklich niederlassen. Das ist unsere tägliche Morgenroutine, sie ist für die Erstklässler mittlerweile selbstverständlich geworden und sie freuen sich darauf.

Jennifer Harvey, Lehrerin einer ersten Klasse, Kalifornien

Da wir nun wissen, wie man Achtsamkeit verkörpert und einen achtsamen Raum gestaltet, ist es an der Zeit die Praxis auch zu unterrichten. Vergessen Sie jedoch nicht, stets auch selbst Achtsamkeitsschülerin zu bleiben. Die persönliche Entwicklung endet nie. Inmitten der Wellen, die Forderungen und Dramen um uns herum schlagen, müssen wir immer von Neuem einen Weg zu innerer Ausgeglichenheit suchen. Statt das als Problem anzusehen, können wir lernen, auf diesen wechselnden Strömungen zu reiten. Je selbstverständlicher es für uns wird, uns achtsam durch den Alltag zu bewegen, desto leichter können wir das, was in uns selbst und in der Klassendynamik vorgeht, verstehen und steuern.

Wir beginnen dieses Kapitel mit den Lernzielen von Achtsamkeit. Bevor wir mit dem Unterricht beginnen, befassen wir uns mit den positiven Eigenschaften, die durch die Übungen erwiesenermaßen gestärkt werden, damit wir sie gezielt einsetzen können. Dann betrachten wir den Aufbau einer Achtsamkeitsübung. Wir sprechen darüber, wie man Achtsamkeitspraktiken vermittelt, so dass sie für Schüler interessant und inspirierend sind und in ihren Alltag passen. Dann zeige ich, wie man die Schülerinnen mit Achtsamkeit bekannt macht. Das sollte immer so geschehen, dass niemand sich genötigt fühlt. Im Gegenteil, wir wollen das Gefühl vermitteln, dass es sich um eine Einladung in eine faszinierende und spannende Welt der Selbstentdeckung handelt.

Schließlich erkunden wir die fünf Grundkompetenzen des achtsamen Lernens. Wir beginnen mit der Körperkompetenz und erforschen die Sprache des Körpers, um Bewusstheit, Entspannung und Wohlbefinden zu entwickeln. Dann gehen wir weiter zur Sprache des Geistes. Wir helfen den Schülern, ein Verständnis für Aufmerksamkeit, Ablenkung, Gedanken, Metakognition und die Funktionsweise ihres Geistes zu entwickeln. Emotionale Kompetenz unterstützen wir, indem die Schülerinnen lernen, wie sie schwierige Gefühle regulieren und Emotionen wie Zufriedenheit, Dankbarkeit und Mitgefühl fördern können. Dann stellen wir die soziale Kompetenz vor; wir ermuntern die Schüler, ihren Beziehungen und den kulturellen Zusammenhängen Aufmerksamkeit und Mitgefühl entgegenzubringen. Wenn die Kinder dann ihren achtsamen Blick weiten, lernen sie, die globalen Zusammenhänge zu verstehen und sich für die Welt, in der sie leben, einzusetzen. Schließlich erkunden wir Praktiken zu Integration und wie Achtsamkeit sich in den Ablauf eines Schultages einbauen lässt.

Ein achtsamkeitbasiertes Curriculum ist in gewisser Weise ein Widerspruch in sich, denn, wie wir gelernt haben, geht es bei Achtsamkeit darum, in unserer sich stets wandelnden Welt präsent zu bleiben, um auf die jeweilige Situation emphatisch reagieren zu können. Jedes genaue Unterrichtsmodell wird in gewisser Weise reduktiv sein. Jede Klasse ist anders und die Atmosphäre im Klassenzimmer ändert sich unablässig, abhängig von der Tageszeit und einer Million anderer Faktoren. Sehen Sie dieses Curriculum weniger als lineares Modell, das befolgt werden sollte, sondern mehr als ein Werkzeugkasten, den Sie zusammen mit den Schülerinnen nutzen können, um ein achtsames Klassenzimmer zu schaffen.

Lernziele der Achtsamkeit

Die folgenden Lernziele entstammen der Achtsamkeitsforschung. Im Curriculumsteil finden Sie für jede Übung eine Liste von Lernzielen, die durch diese spezielle Übung gefördert werden. In den letzten 30 Jahren wurde in den Bereichen Medizin, Neurowissenschaft und Psychologie bereits reichlich über Achtsamkeit geforscht. Seit etwa zehn Jahren werden auch über Achtsamkeit in der Schule vielversprechende Studien publiziert. Nutzen Sie die Liste der Lernziele als Ausgangspunkt und erklären Sie die positiven Auswirkungen von Achtsamkeit auf Schüler und die Schulgemeinschaft.

Exekutive Funktionen

Eine Achtsamkeitspraxis ist bestrebt, die Aufmerksamkeit der Schülerinnen von einer Ablenkung oder Dysregulation zurück zu einem gleichbleibenden Fokus zu holen und dadurch auch ihre exekutiven Funktionen zu kräftigen. Der Begriff *Exekutive Funktionen* bezieht sich auf das innere System, das unsere kognitiven Prozesse kontrolliert und reguliert. Um Probleme lösen und kritisch denken zu können, ist es nötig, dass Kinder diese grundlegenden kognitiven Fähigkeiten stärken. Man weiß mittlerweile, dass eine Achtsamkeitspraxis die exekutiven Funktionen von Grundschulkindern, besonders derjenigen, die in diesem Bereich Nachholbedarf haben, positiv beeinflusst (Flook et al., 2010). Neurowissenschaftliche Forschungsergebnisse zeigen, dass kurze aber regelmäßige Achtsamkeitsübungen die exekutiven Funktionen und die dazugehörenden neurobiologischen Mechanismen verbessern können (Tang et al., 2012).

Emotionale Selbstregulation

In diesen Übungen lernen die Schüler einen direkten Weg, um ihre Dysregulation zu erkennen, ihre Emotionen bewusst wahrzunehmen und sich selbst wieder ins Gleichgewicht zu bringen. Wir müssen unsere Emotionen regulieren, um lernen zu können. Schwierige Emotionen sind in der Lage unsere Bildungskapazität einzuschränken und die Richtung, in die sich unser Leben entwickelt, zu beeinflussen. Wissenschaftler haben herausgefunden, dass Achtsamkeit die Gehirnregionen stärkt, die für die emotionale Regulation zuständig sind, wie zum Beispiel der präfrontale Cortex, während sie die Aktivitäten in anderen für emotionale Prozesse zuständigen Regionen, wie der Amygdala, reduziert (Lutz et al., 2014). Ebenso fand man heraus, dass sich die Fähigkeit zur emotionalen Regulation von Schülerinnen weiterführender Schulen, die Achtsamkeitsunterricht erhielten, verbesserte, sie größere emotionale Bewusstheit und Klarheit, sowie einen besseren Zugang zu regulativen Strategien aufwiesen. (Metz et al., 2013)

Metakognition

Diese Übungen bieten den Kindern die Möglichkeit, ihre Gedanken und Erfahrungen mit einem gewissen Maß an Objektivität wahrzunehmen und sich nicht mehr einfach von ihnen mitreissen zu lassen. Selbstgewahrsein ist eine angeborene menschliche Fähigkeit und eine Achtsamkeitspraxis unterstützt uns dabei, unseren Geist, unseren Körper, unser Herz und unsere Umwelt beobachten zu können. Dadurch erkennen Schüler leichter, wenn sie dysreguliert oder abgelenkt sind, und können ihren Kurs korrigieren. Achtsamkeitsbasierte therapeutische Interventionen stehen Antidepressiva in ihrer Wirksamkeit bei wiederkehrenden Depressionen um nichts nach. Ein wesentlicher Aspekt der therapeutischen Wirkung von Achtsamkeit liegt in der Fähigkeit, seine Gedanken und Emotionen wahrzunehmen, ohne von ihnen überflutet zu werden (Teasdale, 1999). Bildungswissenschaftler haben herausgefunden, dass

Metakognition für Schülerinnen als wesentlicher Faktor für Motivation und Selbstregulation betrachtet werden kann (Efklides, 2011).

Fokussierte Aufmerksamkeit

Schüler trainieren ihren Aufmerksamkeitsmuskel, indem sie sich über einen längeren Zeitraum auf eine Sache konzentrieren und mit Ablenkungen und einem abschweifenden Geist umgehen lernen. Aufmerksamkeit ist die Grundlage für den Erfolg jeglichen Unterfangens. Wenn Schülerinnen abgelenkt sind, lenken sie in der Regel auch andere ab und man braucht viel Zeit, um die Aufmerksamkeit der Kinder zurück auf das anstehende Thema zu lenken. Kurze Aufmerksamkeitsübungen, die regelmäßig wiederholt werden, können sowohl bei der Atmosphäre im Klassenzimmer als auch bei der Aufmerksamkeitsspanne der einzelnen Schüler erstaunliche Veränderungen bewirken. Menschen, die schon lange Achtsamkeit praktizieren, haben tatsächlich die Vernetzung ihres Gehirns verändert, sie können sich besser konzentrieren und werden von äußeren Geschehnissen weniger gestört oder abgelenkt (Brefcynski-Lewis et al., 2007).

In einer Studie zeigten 9- bis 13-Jährige, die eine achtsamkeitsbasierte kognitive Therapie erhielten, weniger Konzentrationsprobleme und in Folge auch weniger Verhaltensauffälligkeiten (Semple et al., 2010).

Empathie

Im Kindergarten verbringen die Pädagoginnen viel Zeit damit, die Kinder zu Empathie anzuhalten. Traurigerweise stehen Mobbing und ernsthafte Konflikte unter den Schülern in den meisten Schulen trotzdem auf der Tagesordnung. Jede Schülerin weiß, dass man nett zu den andern sein sollte, doch diese Tatsache alleine scheint sich kaum auf das Verhalten auszuwirken. In Achtsamkeitsübungen, in denen liebevolle Güte, Mitgefühl und Empathie praktiziert wird, erfahren die Kinder direkt, wie es sich anfühlt sein Herz zu öffnen, das stärkt die Empathiefähigkeit und prosoziale Verhaltensweisen. In einem sozio-emotionalen Lernprogramm, das mit Achtsamkeit arbeitet, fand man heraus, dass die Teilnehmer emphatischer und weniger aggressiv waren und größere Akzeptanz zeigten (Schonert-Reichl et al., 2015). Untersuchungen zeigen, dass eine Achtsamkeitspraxis bei Erwachsenen die Gehirnaktivität in empathiebezogenen Regionen signifikant erhöht (Lutz et al., 2008).

Stressreduktion

Stress kann das mentale, emotionale und physische Gleichgewicht stören und die Fähigkeit der Schüler, zu lernen und sich im sozialen Umfeld angemessen zu bewegen, erheblich beeinträchtigen. Diese Praktiken zielen darauf ab, Stress zu reduzieren und eine physiologischen Selbstregulation wieder möglich zu machen. Stress bewirkt, dass wir uns schlechter erinnern und konzentrieren können und uns weniger glücklich fühlen. Für manche Kinder ist die Belastung von Schule und Familie so groß, dass sie ernsthafte körperliche und emotionale Probleme bekommen. Entspannung ist der Schlüssel, um diesen Stress loszulassen zu können und wieder in Balance zu kommen.

Untersuchungen über die Auswirkungen von Stress auf die kindliche Gehirnentwicklung haben gezeigt, wie negativ er auf den präfrontalen Cortex wirkt und so die exekutiven Funktionen und andere kognitiven Funktionen beeinträchtigt (Hanson et al., 2010). In der Zusammenfassung der Forschungsergebnisse zu Achtsamkeit in der Schule ist die wichtigste Erkenntnis, die in sämtlichen Schulen und Jugendeinrichtungen festgestellt werden konnte, eine verbesserte Stressresistenz (Zenner et al., 2014).

Mitgefühl

Echtes Wohlwollen, Mitgefühl und Wertschätzung für uns selbst sind wesentliche Faktoren, um gesund und zufrieden zu sein. Um echte Wertschätzung und Mitgefühl für andere empfinden zu können, ist es zunächst unumgänglich, liebevolles Wohlwollen uns selbst gegenüber empfinden zu können. Selbstmitgefühl ist ein Bereich der Achtsamkeit, bei dem wir Mitgefühl für unseren eigenen Geist, unser Herz und unseren Körper entwickeln. Selbstkritische Gedankenmuster, eine negative Einstellung zu ihrem Körper und emotionale Störungen, die gerade unter jungen Menschen sehr verbreitet sind, stellen gravierende Hindernisse auf dem Weg zu akademischem, sozialem und emotionalem Wachstum dar. Bei Jugendlichen, die an einem Achtsamkeitstraining in einer ambulanten psychiatrischen Einrichtung teilnahmen, verringerten sich Angst, Depressionen und somatische Erscheinungen während ihr Selbstbewusstsein sich verbesserte (Biegel et al., 2009). Eine Untersuchung von Jugendlichen in einem achtsamkeitsbasierten Selbstmitgefühlstraining zeigte, dass nicht nur die Selbstakzeptanz sondern auch das allgemeine Wohbefinden der Schülerinnen zunahm (Neff und McGehee, 2009).

Offenheit

Offenheit fördert unsere Fähigkeit, andere Menschen zu verstehen und Unterschiede als wertvoll zu erachten. Achtsamkeit bietet uns die Möglichkeit, unsere Gedanken und Glaubensmuster zu beobachten und über den Tellerrand unserer eigenen individuellen Perspektive hinaus zu blicken. Statt auf einem eigenen starren Blickwinkel zu beharren, entwickeln wir eine anpassungsfähige Blickweise und sind für viele Perspektiven offen. Studien zeigen, dass Schüler, die Achtsamkeit praktizieren, weniger egoistisch sind, sich prosozialer verhalten und größere soziale Kompetenz aufweisen (Flook et al., 2015). Es hat sich auch gezeigt, dass unsere Kreativität und unsere Fähigkeit zur einfühlsamen Problemlösung gestärkt wird, wenn wir meditieren (Colzato et al., 2012).

Zufriedenheit

Unsere Übungen sollen den Kindern Spaß machen und ihnen helfen, sich in ihrem Körper wohl zu fühlen. Forschungsergebnisse zeigen, dass wir glücklicher sind, wenn unser Geist nicht umherschweift und wir auf den gegenwärtigen Moment fokussiert sind (Killingsworth und Gilbert, 2010). Wunderbarerweise ist eine der Folgen einer Achtsamkeitspraxis größere Zufriedenheit im Leben. Wenn Kinder sich sicher und gemocht fühlen, sind sie spielerisch, kreativ und neugierig darauf Neues zu lernen. Achtsamkeit hilft Schülern, sich entspannter und sicherer und somit auch glücklicher zu fühlen. Glücklichere Schülerinnen machen das Lernen und Unterrichten leichter. Studien zufolge sind Schüler, die Achtsamkeit praktizieren ruhiger, entspannter und zeigen mehr Selbstakzeptanz (Broderick und Metz, 2009)

Kognitive Flexibilität

Achtsamkeit unterstützt Schülerinnen darin, konstruktive und bewusste Entscheidungen zu treffen. Achtsamkeitsübungen unterstützen die kognitive Flexibilität, die Fähigkeit zwischen verschiedenen Aufgaben und Situationen hin und herzuwechseln und mehrere Perspektiven gleichzeitig einzunehmen (Moore und Malinowski, 2009). Schüler lernen, dass sie ihren Gedanken und Gefühlen nicht notwendigerweise immer und überallhin folgen müssen, sondern dass sie wählen können, wohin sie ihre Aufmerksamkeit lenken. Ethische Entscheidungen sind immer eine Option und Schülerinnen, die Impulskontrolle und kognitive Flexibilität besitzen, können wählen, wie sie vorgehen möchten. Forschungsergebnisse zeigen sogar, dass Achtsamkeitsübungen dabei helfen, nicht in starren Denkweisen zu verharren und unser Gehirn kreativer und flexibler zu machen (Greenberg et al., 2012).

Resilienz

Diese Übungen helfen den Schülern, schwierigen Emotionen gegenüber präsent zu bleiben und sich von auftretenden Problemen nicht aus der Bahn werfen zu lassen. Resilienz ist die Fähigkeit Schwierigkeiten und Hindernissen ins Auge zu blicken und ihnen mit Mut und Hoffnung zu begegnen. Jede von uns ist mit problematischen Situationen konfrontiert und Resilienz ist die Fähigkeit sich darüber zu erheben und gestärkt daraus hervorzugehen, statt unter der Last des Erlebten zusammenzubrechen. Um in solchen schwierigen Zeiten durchzuhalten, braucht man Entschlossenheit und Ausdauer. Manche Pädagogen nennen das auch „Biss" und diejenigen, die ihn entwickeln, ziehen auch akademisch gesehen großen Nutzen daraus. In einem Achtsamkeitstraining entwickelten verhaltensgestörte Jugendliche mehr Bewusstsein für ihr aggressives Verhalten und lernten dieses auch besser in den Griff zu bekommen (Singh et al., 2007). Durch ein auf Achtsamkeit und liebevolle Güte ausgerichtetes Curriculum konnten Vorschulkinder mehr selbstregulatorische Resilienz entwickeln (Flook et al., 2015).

Der Aufbau einer Achtsamkeitsübung

Wenn Sie neue Übungen vorstellen, sollten Sie sich genügend Zeit nehmen, damit die Schüler das Thema und die Übungen wirklich kennenlernen können. Bei Volksschulkindern sollten das etwa 15 Minuten sein. Für Schülerinnen der weiterführenden und höheren Schulen ist eine Zeitspanne zwischen 15 Minuten und einer Stunde angemessen.

In jedem Fall brauchen Sie genügend Zeit, um die Übung zu erklären, sie praktisch zu üben, zu reflektieren und über die Integration in den Alltag zu sprechen. Der folgende Ablauf eignet sich für Schüler jeder Altersgruppe. Sobald die Übung einmal vorgestellt wurde, können Sie auch zwischendurch kürzere Übungen dazu anbieten und diese Achtsamkeitsmomente in den täglichen Ablauf einbauen.

- Einleitender Achtsamkeitsmoment
- Begrüßungsrunde
- Vorstellen der neuen Übung
- Praktische Übung
- Gesprächsrunde/Dialog
- Integration/Tagebuch
- Achtsame Lebenspraxis
- Abschließender Achtsamkeitsmoment

Einleitender Achtsamkeitsmoment

Jede Achtsamkeitsstunde beginnt mit einem achtsamen Moment. Wenn die Schülerinnen bereits einige Übungen kennen, können Sie die Übung heranziehen, die zuletzt gelernt wurde. Sie können eine Glocke läuten, die anzeigt, dass die Achtsamkeitsstunde begonnen hat und jeder einige Minuten lang für sich üben kann. Einige bewährte Übungen für den Beginn sind achtsames Hinhören, der Atemanker und achtsame Bewegung. Wenn die Schülerinnen bereits eine zeitlang Achtsamkeit praktizieren, können Sie auch einen Schüler eine Übung auswählen und anleiten lassen.

Begrüßungsrunde

Fragen Sie die Kinder nach den ersten Achtsamkeitsübungen, wie sie die Praxis in ihrem Alltagsleben angewendet haben. Auf ihre Emotionen, ihre Aufmerksamkeit oder andere themenspezifische Punkte zu achten, könnte eine Hausaufgabe sein. Diese Check-In-Runde hilft den Schülerinnen zu verstehen, wie sie Achtsamkeit in ihrem Alltag anwenden. Wenn sie berichten, was ihnen aufgefallen ist, können die Kinder voneinander lernen und ihre eigene Weiterentwicklung mitverfolgen.

Vorstellen der neuen Übung

Nach der Begrüßungsrunde wird die nächsten Übung vorgestellt. Achten Sie darauf, den Schülern nicht vorweg zu erklären, wie die Erfahrung sich anfühlen sollte, sondern präsentieren sie die neuen Punkte einfach als Forschungsobjekte. Wenn das Thema zum Beispiel Popcorn-Gedanken sind, dann könnten Sie den Kindern sagen, dass Sie nun eine Möglichkeit haben, zu lernen, wie ihr Geist funktioniert und dann erklären Sie, wie man das üben kann. Sie könnten das Thema der Übung vorstellen, zum Beispiel „Ablenkung“ oder „Annahmen“. Geben Sie einige Beispiele aus dem wirklichen Leben, um zu veranschaulichen, dass es sich um Phänomene handelt, mit denen wir alle zu tun haben. Sie könnten auch eine Geschichte oder Anekdote erzählen, um das Thema für die Kinder interessanter zu machen.

Praktische Übung

Nachdem Sie den nächsten Punkt vorgestellt haben ist es Zeit für die praktische Übung. Denken Sie wie immer daran, die Aufmerksamkeitsspanne der Kinder nicht überzustrapazieren. Das können 30 Sekunden Übungszeit sein oder auch zehn Minuten stilles Beobachten des Atems. Hier laden wir die Kinder auf eine Erkundungsreise ein und geben eine Einführung in die verschiedenen Achtsamkeitskompetenzen. Unser Ziel ist es, den Schülerinnen erste, ganz persönliche und bestärkende Erfahrungen in den einzelnen Bereichen von Achtsamkeit zu ermöglichen. Wenn wir zum Beispiel mit schwierigen Emotionen arbeiten, dann wollen wir, dass die Schüler erfahren, wie sich dieses Gefühl in ihrem Körper anfühlt und wie sie ihre daraus resultierenden Impulse selbst regulieren können.

Gesprächsrunde/Dialog

Es ist immer hilfreich, den Schülerinnen Zeit zu geben, um darüber zu sprechen, wie sie die heutige Übung erlebt haben. Wenn wir einander offen zuhören, ohne zu werten, können wir viel übereinander lernen. Erinnern Sie die Schüler daran, ihre unmittelbaren Erfahrungen mitzuteilen, ohne sich in Vorstellungen oder Geschichten darüber, was passiert ist, zu verlieren. Das kann in einem Dialog, einer kleinen Diskussionsgruppe oder anderen achtsamen Kommunikationsformen geschehen.

Wenn Sie die Zeit haben, wäre es schön, das Thema des Tages durch eine Geschichte, ein Zitat oder eine Übung zu veranschaulichen. Wenn es in der Stunde zum Beispiel darum geht, mit schwierigen Emotionen umzugehen, würde sich ein Zitat wie: „Du kannst die Wellen nicht aufhalten, aber du kannst lernen zu surfen." anbieten. Dann sagen die Schülerinnen, was sie über dieses Zitat denken.

Integration/Achtsamkeitstagebuch

Es ist wirklich ratsam, den Schülern die Möglichkeit zu geben, über die gerade durchgenommene Übung in ihren Achtsamkeitstagebüchern zu reflektieren. In einer Stunde, in der es um Dankbarkeit geht, könnten jüngere Kinder ein Bild von den Dingen zeichnen, für die sie in ihrem Leben dankbar sind, während ältere Schülerinnen etwas darüber niederschreiben. Das hilft den Kindern, die Bedeutung der Inhalte, die sie gerade gelernt haben, zu erkennen und zu integrieren. Jetzt wäre auch der richtige Augenblick, um zu schauen, wie Sie diese Praxis in ihren speziellen Schulalltag integrieren können. Nach einer Fokus-Übung können die Schüler zum Beispiel mit ihrem neuen, achtsamen Blick eine Seite aus einem Schulbuch lesen oder sie können nach einer Mitgefühlsübung im Klassenzimmer herumgehen und einander liebevolle Dinge sagen. Wir versuchen gemeinsam Wege zu finden, die Themen in das Leben der einzelnen Schülerinnen zu integrieren.

Achtsame Lebenspraxis

Am Ende jeder Stunde besprechen wir, wie man das jeweilige Thema im täglichen Leben umsetzen kann. Wenn es zum Beispiel um achtsame Bewegung geht, dann könnten Sie die Schüler auffordern, darauf zu achten, welche Empfindungen sie in ihrem Körper spüren, während sie auf dem Spielplatz herumlaufen oder ihre Zähne putzen. Es ist gut, ihnen zu sagen, dass es bei Achtsamkeit keine Hausaufgaben gibt, aber dass Sie sie einfach einladen wollen, ein achtsamer Forscher in ihrem eigenen Leben zu werden. In der nächsten Stunde können die Kinder dann berichten, was sie entdeckt haben.

Abschließender Achtsamkeitsmoment

Am Ende der Stunde gibt es wieder eine kurze Achtsamkeitsübung. Das können einige achtsame Bewegungen sein oder eine Minute Bauchatmung. Manchmal sind die Schülerinnen durch den Achtsamkeitsunterricht viel offener als vorher, stellen Sie also sicher, dass der Wechsel zur nächsten Stunde nicht zu abrupt vonstatten geht. Sagen Sie ihnen, dass die Achtsamkeitsstunde bald zu Ende sein wird, aber dass sie ruhig weiter mit ihrer Aufmerksamkeit, ihrem Körper und ihren Herzen verbunden bleiben können.

Schüler mit Achtsamkeit bekannt machen

Wir wollen, dass die Kinder den ersten Achtsamkeitsunterricht als Einladung und nicht als Nötigung empfinden. Die folgenden Schritte sind Empfehlungen für die erste Einführung von Achtsamkeit und sollen sicher stellen, dass die Kinder sich einbezogen und willkommen fühlen. Das mag für die Kinder ein neues Konzept sein. Wenn wir die Schülerinnen zu dieser neuen Form des Seins einladen, sollten wir darauf achten, Achtsamkeit auch so vorzuleben, wie wir sie präsentieren.

Was ist Achtsamkeit?

Bevor Sie Ihre eigenen Definition anbieten, fragen Sie die Gruppe, ob sie schon von dieser Sache namens Achtsamkeit gehört haben, und was sie denn gehört haben. Die Antworten, die Sie bekommen, können durchaus tiefgreifend und aufschlussreich sein aber auch auf unpräzisen Vermutungen basieren und es ist gut diese aufzuklären. Wenn wir eingangs unsere eigene Definition anbieten, kann es sein, dass die Schüler später einfach das nachplappern, was sie denken, das wir hören wollen. Sagen Sie den Schülerinnen zuerst einmal, dass wir nun die Gelegenheit haben, unseren Körper, unseren Geist, unser Herz und die Welt um uns herum näher kennenzulernen.

Achtsamer Moment

Bitten Sie die Schüler, sich einen Moment Zeit zu nehmen und zu schauen, was sie bemerken. Dieser „Moment“ kann fünf Sekunden dauern oder auch eine Minute – was immer Ihnen für die jeweilige Gruppe angemessen erscheint. Wir wollen sie nicht verschrecken; wir wollen Ihnen zeigen, wie es ist, gemeinsam in einem stillen und aufmerksamen Raum zu sein. In der Regel sagen sie, dass sie die Ruhe bemerkt haben, die entstanden ist, als sie achtsam waren. Vielleicht erwähnen sie sogar, dass ihnen neue Geräusche aufgefallen sind, oder ein neuer Aspekt ihres Geistes.

Erkenntnisse gewinnen

Wenn wir die Schülerinnen fragen, was ihnen aufgefallen ist, dann bekommen wir fast immer erstaunliche Antworten wie: „Es ist so still geworden hier, ich habe das Surren des elektrischen Lichts gehört.“ oder „Mir ist aufgefallen, wie viele Gedanken in meinem Kopf sind.“ Am besten entwickeln wir die Definition von Achtsamkeit aus den Antworten der Schüler selbst. Vielleicht sagen Sie: „Wow, es klingt so, als ob du ganz viele Dinge bemerkt hast, die dir sonst nie auffallen und das nur dadurch, dass du eine kurze Zeit lang still gesessen bist. Durch Achtsamkeit kriegt man scheinbar mehr mit.“ Es empfiehlt sich, den Begriff von Achtsamkeit sehr weit zu fassen. Wenn Schülerinnen sagen, dass sie gelangweilt oder genervt sind, könnte man antworten: „Wenn wir langsamer werden, fallen uns viele Sachen auf, die in uns und um uns herum vorgehen. Bei Achtsamkeit geht es darum, dass man alles bewusst wahrnimmt.“

Wie können wir bewusster sein

Sobald die Schüler verstehen, dass es bei Achtsamkeit darum geht, bewusster zu sein, können Sie fragen: „Was glaubt ihr, könnten wir tun, um noch bewusster zu sein?“ Oft sagen die Schülerinnen Dinge wie: unsere

Augen schließen, ganz ruhig sitzen, ganz still sein oder uns wirklich konzentrieren. Es ist viel schöner, wenn unsere Schüler die Strategien liefern, statt von uns gesagt zu bekommen, was sie tun sollen.

Versuchen wir das nochmal

Laden Sie die Schülerinnen jetzt zu einem weiteren achtsamen Moment ein. Dieses Mal sollen sie so still wie möglich sitzen und ihre Augen schließen. Denken Sie daran, dass einige Schüler sich mit geschlossenen Augen möglicherweise nicht sicher fühlen. Bitten Sie sie dann einfach, ihren Blick auf den Boden oder den Tisch vor sich zu richten. Erklären Sie, dass diese Übungen uns dabei helfen, in unser Inneres zu schauen und dass es deswegen besser ist, nicht herumzuschauen, weil uns das ablenkt. Laden Sie sie ein, diesem kurzen Moment der Achtsamkeit wirklich konzentriert zu verbringen und zu schauen, was sie bemerken, wenn alles still ist. Fragen Sie sie nach dem achtsamen Moment noch einmal, was sie bemerkt haben.

Ein sicherer Raum

Erklären Sie nach den achtsamen Momenten, dass Achtsamkeit eine Gelegenheit ist, um nach innen zu schauen und dass Sie zusammen einen sicheren Raum schaffen wollen, in dem man so sein kann, wie man ist, und das den anderen auch mitteilen kann. Für diesen sicheren Raum kann man Vereinbarungen treffen. Als Teil dieser Vereinbarung könnten Sie vorschlagen, dass eine Schülerin die andere nicht ablenkt und dass nichts von dem, was hier gesagt wird, nach außen getragen wird. Nachdem Sie die Punkte, die Sie für wichtig halten, erklärt haben, fragen Sie die Schüler nach ihren Vorschlägen für die Klassenvereinbarung, damit alle sich sicherer fühlen und besser konzentrieren können, und diskutieren Sie die Vorschläge.

Die fünf Bereiche der Achtsamkeitskompetenz

Beginnen wir nun unsere Reise durch die fünf Kontinente der Achtsamkeitskompetenz. Wir brauchen Kompetenz im körperlichen, mentalen, emotionalen, sozialen und globalen Bereich, um uns wohlfühlen und entwickeln zu können. In jedem Abschnitt finden sich fünf Übungen, die Sie mit Ihren Schülerinnen erkunden können. Sie müssen sich nicht genau an die Abfolge der 25 Übungen halten, aber denken Sie daran, dass die einzelnen achtsamen Fähigkeiten aufeinander aufbauen. Dann gibt es noch fünf Integrationsübungen, die dazu dienen, unsere Achtsamkeitskompetenz im Alltag einsetzen zu können.

Die Übungen sind nicht ohne Grund so angeordnet. Wir beginnen mit der Körperkompetenz, damit die Kinder sich wirklich in ihrem Körper niederlassen können. Sie sollen die Sprache des Körpers kennenlernen, denn das Verständnis für die inneren Vorgänge ist die Grundlage für die folgenden Übungen. Dann gehen wir weiter zur mentalen Kompetenz. Hier lernen die Kinder, ihre Gedanken zu beobachten und ihre Konzentrationsfähigkeit zu verbessern.

Nachdem die Schüler die Sprache des Körpers und die Funktionsweise ihres Geistes kennengelernt haben, gehen wir weiter zur emotionalen Kompetenz. Wir bringen den Kindern bei, wie sie bewertende und selbstkritische Gedanken wahrnehmen und die damit in Verbindung stehenden unangenehmen Empfindungen im Körper erkennen können. Wenn die Schülerinnen in der Lage sind, ihre Gedanken zu beobachten und den schwierigen Emotionen in ihrem Körper Mitgefühl entgegenzubringen, vermitteln wir ihnen Impulskontrolle und Selbstregulation. Wir können diese transformativen emotionalen Praktiken erst anbieten, wenn wir die körperlichen und geistigen Fähigkeiten, wie das Beobachten der Gedanken und das Wahrnehmen der Empfindungen mit den Kindern trainiert haben.

Sobald die Kinder Aufmerksamkeit, Mitgefühl und emotionale Regulation entwickelt haben, können sie diese Qualitäten in die Welt tragen. Wir praktizieren Achtsamkeit nicht in einem Vakuum. Wir helfen den Schülern, diese grundlegenden Eigenschaften zu entwickeln, damit sie mitfühlend kommunizieren und kulturelle Kompetenz entwickeln können. Auch Kinder können sich der globalen Zusammenhänge bewusst werden und verstehen, dass sie von gewissen Dingen bei jedem Atemzug und jeder Mahlzeit abhängig sind. Sie können die Auswirkungen wahrnehmen, die ihr Verhalten auf andere Menschen und die Umwelt hat, und lernen Verantwortung zu übernehmen und Integrität zu entwickeln.

Körperkompetenz

Wir hoffen, dass das Stresslevel unserer Schülerinnen fallen und ihr Körperbewusstsein steigen wird, doch wie oft vermitteln wir tatsächlich, wie sie diese Veränderungen bewirken können? Wenn man sich in seinem Körper nicht sicher fühlt, ist es unglaublich schwer, aufmerksam zu sein und zu lernen, deswegen beginnen wir unsere Übungen mit dem Körperbewusstsein. Wir werden uns entspannen, erden und Spaß haben. Holen Sie die Kinder dort ab, wo sie sind, und helfen Sie ihnen, im Raum präsent zu sein. Diese erdenden Übungen vermitteln den Schülern eine Sprache, um auszudrücken, was in ihrem Körper vorgeht. Das hilft ihnen später bei ihrer Aufmerksamkeit, Impulskontrolle und emotionalen Regulation. Wir unterstützen die Schülerinnen dabei, ihr Nervensystem zu beruhigen, ihre Energien zu regulieren und Gesundheit und Wohlbefinden zu entwickeln.

Mentale Kompetenz

Wir hoffen, dass unsere Schüler aufmerksam sind und Ablenkungen ausblenden können, doch wie oft vermitteln wir ihnen tatsächlich, wie man das tut? Für akademische und außerschulische Erfolge ist Konzentration unerlässlich. Sobald die Schülerinnen in der Lage sind, sich zu erden und bereit sind zu lernen, können sie ihren Blick nach innen richten und ihren Aufmerksamkeitsmuskel trainieren. Durch Achtsamkeit entwickeln sie Aufmerksamkeit, lernen mit Ablenkung umzugehen und ihre Gedankenmuster wahrzunehmen. Das Beobachten von Gedanken ist eine Grundvoraussetzung für Impulskontrolle, emotionale Regulation und das Erkennen von einschränkenden Glaubenssätzen und Vermutungen.

Emotionale Kompetenz

Wir hoffen, dass unsere Schüler glücklich werden und schwierige Emotionen regulieren können, doch wie oft vermitteln wir ihnen, wie man diesen Zustand erreicht? Bei der Emotionalen Kompetenz lernen die Kinder mit schwierigen Emotionen umzugehen und gesunde Emotionen zu fördern. Durch Körperbewusstseins- und Fokusübungen können sie verstehen, wie ihre Emotionen sie beeinflussen und wie sie konstruktiv reagieren können. Durch Achtsamkeit werden Emotionen von Feinden zu Verbündeten.

Soziale Kompetenz

Wir hoffen, dass unsere Schülerinnen andere Menschen gut behandeln und nicht verurteilen, doch wie vermitteln wir ihnen, so zu handeln? Wenn Schüler liebevolle Güte und emotionale Regulation üben, dann lernen sie, diese Fähigkeiten auch in ihre soziale Dynamik einzubringen. Durch Achtsamkeit lernen Schülerinnen authentisch zu kommunizieren und emphatisch zuzuhören. Sie lernen, ihre Annahmen zu überprüfen und anderen mit mehr Klarheit und Fürsorge zu begegnen.

Globale Kompetenz

Wir sagen unseren Schülern, sie sollen wissen, was in der Welt vor sich geht und der Erde gute Dienste tun, doch wie oft vermitteln wir ihnen, wie man das in der Praxis tut? Irgendwann können die Kinder ihre achtsame Güte und Aufmerksamkeit auf alle Dinge ausdehnen. Sie lernen, wie die Welt sie und ihr Handeln die Welt beeinflusst. Durch ein Verständnis für die Zusammenhänge und Verbundenheit sind die Schülerinnen in der Lage, zu achtsamen Botschaftern in der Welt zu werden.

Arbeitsblatt: Achtsame Reflexion

Um festzustellen, wie gut die Übungen wirken, kann dieses Arbeitsblatt in regelmäßigen Abständen von Ihnen und Ihren Schülern herangezogen werden. Bitte denken Sie daran, dass es sich nicht um einen Test oder eine andere Art der Beurteilung handelt. Wir wollen den Schülerinnen nie den Eindruck vermitteln, dass ihre Fähigkeit, achtsam zu sein, irgendwie beurteilt wird. Es sollte als eine Möglichkeit angeboten werden, die Entwicklung der eigenen Achtsamkeit mitzuverfolgen, und ist somit eine weitere Form, achtsam zu sein und über den eigenen Geist zu reflektieren.

Sie können den Schülern dieses Arbeitsblatt einmal pro Woche oder auch am Ende jeden Tages anbieten. Anhand der Arbeitsblätter werden die Veränderungen bei den Übungen klarer erkennbar. Es ist auch eine Möglichkeit, innezuhalten und sich die eigenen Stärken bewusst zu machen. Jede Frage ist mit einem Lernziel verbunden, damit wir sehen, wie die spezifischen Fähigkeiten von gewissen Übungen gefördert werden.

Achtsame Reflexion

Welche Übungen hast du heute gemacht, wann hast du sie gemacht und wie lange?

____

____

Stressreduktion: Wie hoch war dein Stresslevel heute?

entnervt				neutral					gechillt
1	2	3	4	5	6	7	8	9	10

Fokussierte Aufmerksamkeit: Wie gut konntest du dich heute konzentrieren?

abwesend				neutral					Samurai
1	2	3	4	5	6	7	8	9	10

Empathie: Wie freundlich warst du heute zu den Menschen in Deiner Umgebung?

rüpelhaft				neutral					freundlich
1	2	3	4	5	6	7	8	9	10

Resillienz: Wie hast du heute auf unangenehme Situationen reagiert?

überfordert				neutral					souverän
1	2	3	4	5	6	7	8	9	10

Selbstmitgefühl: Wie liebevoll warst du heute zu dir selbst?

streng				neutral					liebevoll
1	2	3	4	5	6	7	8	9	10

Zufriedenheit: Wie ausgeglichen war deine Stimmung heute?

unzufrieden				neutral					zufrieden
1	2	3	4	5	6	7	8	9	10

Offenheit: Wie bewusst konntest du heute Deiner Umwelt begegnen?

verschlossen				neutral					offen
1	2	3	4	5	6	7	8	9	10

Emotionale Selbstregulation: Wie schätzt du deine Impulskontrolle heute ein?

rücksichtslos				neutral					aufmerksam
1	2	3	4	5	6	7	8	9	10

Metakognition: Wie geschäftig war Dein Geist heute?

hektisch				neutral					ruhig
1	2	3	4	5	6	7	8	9	10

Exekutive Funktionen: In wie viel Drama hast du dich heute verstricken lassen?

nervenaufreibend				neutral					friedlich
1	2	3	4	5	6	7	8	9	10

Kognitive Flexibilität: Wie leicht konntest du dich heute auf Veränderungen einstellen?

schwierig				neutral					reibungslos
1	2	3	4	5	6	7	8	9	10

Übungen zur Körperkompetenz

Wenn wir die Anwesenheit kontrollieren, fragen wir die Schülerinnen, ob sie da sind, doch selbst wenn sie genau vor uns sitzen, heißt das noch lange nicht, dass sie präsent sind. Tatsächlich beginnt Präsent-Sein im Körper. Wir lernen, uns zu entspannen, die Bewegung unseres Atems zu spüren und die Landkarte der Körperempfindungen zu erkunden. Wir bereiten unsere Schüler aufs Lernen vor, indem wir ihnen helfen, ihr Nervensystem zu beruhigen und ihre Aufmerksamkeit in den Empfindungen des gegenwärtigen Augenblicks zu verankern, damit ihr Geist nicht so viel umherschweift. Physische Empfindungen sind der Grundstein für die folgenden Achtsamkeitsübungen. Um Fokus zu entwickeln, müssen wir unsere Aufmerksamkeit in unserer gegenwärtigen körperlichen Erfahrung verankern. Um unsere Emotionen zu regulieren, müssen wir bewusst wahrnehmen, wie diese Emotionen sich in unserem Körper anfühlen. Deshalb beginnen wir mit dem grundlegenden Körperbewusstsein.

Schüttel es ab

Um sich in der Klasse entspannen und wohlfühlen zu können, ist es wichtig, den Schülerinnen zu zeigen, wie sie ihr Nervensystem zur Ruhe bringen können. Wenn die Klasse sehr unruhig ist, helfen bestimmte Übungen, die regulierend und entspannend wirken. Wir erkunden spielerische Wege, den Stress wahrzunehmen und sich zu entspannen. Durch den Wechsel zwischen Chaos und Stille fördern wir außerdem die kognitive Flexibilität.

LERNZIELE

Stressreduktion, Impulskontrolle,
kognitive Flexibilität, Zufriedenheit

Vorbereitung und Hinweise

Gerade bei Schüttel-Übungen sollten Sie vorsichtig sein, die Aufstellung im Raum so zu wählen, dass die Schüler einander nicht anrempeln oder wehtun. Sie sollten in der Lage sein ihre Arme im Stehen seitlich auszustrecken, ohne irgendjemanden oder irgendetwas zu berühren.

Eine Rassel eignet sich gut, um den Beginn und das Ende der Schüttel-Zeit anzuzeigen. Nehmen Sie ein Regenholz, einen Schlüsselbund oder die Aufnahme von einem Lied, um anzuzeigen, wann die Bewegung beginnen und enden soll.

Übung

Zu Beginn spannen die Kinder ihren Körper bei jedem Einatmen an und lassen beim Ausatmen alles mit einem großen Seufzer los. Sie können ihre Fäuste, ihr Gesicht und den ganzen Körper anspannen, während sie einatmen, und dann, während sie ausatmen, alles entspannen, so dass sie so locker sind wie eine gekochte Nudel. Das versuchen sie etwa 10 Atemzüge lang. Danach spüren sie ihren Atem 10 Atemzüge lang, ohne irgendetwas anzuspannen. Fragen Sie, was sie gespürt haben.

Sobald ihnen das Anspannen und Entspannen gelingt, können sie zum Schütteln übergehen. Die Schüler stehen auf und beginnen ihre Füße zu schütteln. Dann die Beine, weiter über die Hüfte, Bauch und Brust, die Arme, den Kopf und Hals, bis sich ihr ganzer Körper in einer Schüttelbewegung befindet. Eine Rassel eignet sich gut, um die Schüttelbewegung akustisch zu begleiten.

Zwischendurch rufen Sie immer wieder „stillhalten!" oder bitten die Schülerinnen einfach, innezuhalten, wenn Sie mit dem Rasseln aufhören. Während dieser kurzen Pausen spüren die Kinder nach, was in ihrem Körper vorgeht. Dann rufen Sie wieder „Schütteln" oder rasseln einfach weiter und alle schütteln sich wieder. Laden Sie die Schüler ein, in ihren Körper hineinzuspüren, während der Schüttelbewegung, im Ruhezustand und am Übergang zwischen diesen beiden Phasen.

Wenn die Klasse bereit ist, können die Kinder auch ihre Zunge bewegen und zu diesem „Züngeln" unsinnige Geräusche machen. Alles zur gleichen Zeit. Nach einigen Zyklen von Schütteln und Stillsein fragen Sie die Kinder, was ihnen aufgefallen ist.

Fragen für den Dialog

Wie war es für euch zwischen Schütteln und Still-Sein hin und her zu wechseln?

Welchen Unterschied habt ihr gespürt zwischen angespannt und entspannt sein?

Zitat und Inspiration

Erlauben wir dem Geist ein wenig Erholung, damit er dann umso frischer zur Arbeit zurückkehren kann.

SENECA

Achtsamkeitstagebuch

- **Zeichnen:** Zeichnet eine Seite des Papiers in Chaos und die andere Seite ruhig und entspannt.
- **Schreiben:** Schreibt über Situationen in eurem Leben, in denen Ihr euch regelmäßig gestresst und über andere, in denen Ihr euch ruhig und entspannt fühlt.

Achtsame Lebenspraxis

Bitten Sie die Schülerinnen, auf Momente in ihrem Tagesablauf, zu achten, in denen sie sich angespannt oder entspannt, chaotisch oder ruhig fühlen. Fragen Sie sie, ob es ihnen möglich ist, diese Momente zu erkennen und dann bewusst vom Chaos zur Entspannung zu wechseln. Wenn sie bemerken, dass sie angespannt sind, können sie sich achtsam entspannen; wenn es sehr chaotisch ist, können sie eine kleine, achtsame Pause einlegen.

Alter und Entwicklungsstufe

- **5- bis 10-Jährige:** Jüngeren Schülern machen diese Übungen meistens Spaß, besonders wenn sie spielerisch gestaltet werden oder wenn sie in eine Geschichte eingebettet sind. Wenn wir kleinere Kinder auffordern, sich zu schütteln und dumme Geräusche zu machen, sollten wir sicherstellen, dass sie einander nicht anrempeln und in der Lage sind, nach dem Schütteln wieder zur Ruhe zu kommen.
- **11- bis 17-Jährige:** Jugendliche und junge Erwachsene müssen den Sinn der Übung verstehen. Erklären Sie die neurowissenschaftlichen und gesundheitlichen Auswirkungen von Stress und Entspannung. Einige Schülerinnen fühlen sich vielleicht zu unsicher, um sich zu schütteln und unsinnige Geräusche zu machen. Erinnern Sie alle daran, einander während der Übung nicht anzusehen und wiederholen Sie, dass niemand gezwungen ist mitzumachen.

Die Sprache der Sinneswahrnehmungen

Die Sprache der Empfindungen im Körper bildet die Grundlage von Achtsamkeit. Erst die Kenntnis dieser Sprache erlaubt uns, in den folgenden Übungen die Sprache unseres Geistes und Herzens kennenzulernen. Der erste Schritt beim Erlernen der Sprache des Körpers besteht für alle Schüler in der Erkundung ihres körperlichen Erlebens. Wir können uns unseren Körper wie ein fremdes Land vorstellen, das wir zum ersten Mal bereisen – wir müssen also sowohl die Sprache als auch die Landschaft erst einmal kennenlernen. Ohne die Sprache unseres Körpers können wir keine Impulskontrolle, emotionale Regulation und Aufmerksamkeit entwickeln. Sie hilft den Kindern, sich entspannt, sicher und in ihrer eigenen Haut zu Hause zu fühlen.

LERNZIELE

Fokussierte Aufmerksamkeit, Stressreduktion, Zufriedenheit, Metakognition

Vorbereitung und Hinweise

Für die nun folgende Übung sollten die Kinder auf dem Boden oder auf Stühlen sitzen. In einem idealen Raum fühlt man sich sicher und wohl und wird so wenig wie möglich abgelenkt. Kindern fehlen oft die Worte, um ihre Empfindungen zu beschreiben, seien Sie bei ihren Erkundungen also geduldig. Beschreiben Sie besser vorher nicht, was die Kinder spüren könnten und lassen Sie sie ihre Erfahrungen auf ihre Weise ausdrücken. Das können Metaphern, Bilder und andere kreative Wege sein. Geben Sie Beispiele nur dann, wenn die Schülerinnen Schwierigkeiten haben, ihre Empfindungen selbst zu benennen; dann kann es allerdings durchaus von Nutzen sein.

Übung

Die Schüler heben eine Hand und sehen sie an. Sie betrachten die Linien, die Farbe und die Form der Hand, als ob sie sie nie zuvor gesehen hätten.

Nachdem sie eine Minute lang die Empfindungen in ihrer Hand erforscht haben, bitten Sie die Schülerinnen wahrzunehmen, was sie in ihrem Körper spüren. Schreiben Sie all die verschiedenen Empfindungen, die man in einer Hand wahrnehmen kann, an die Tafel: heiß, kalt, leicht, juckend, weich, feucht, trocken; es gibt alle möglichen Dinge, die man in einer Hand spüren kann.

Nachdem sie eine Minute lang die Empfindungen in ihrer Hand erforscht haben, bitten Sie die Schülerinnen heiß, kalt, leicht, juckend, weich, feucht, trocken; es gibt alle möglichen Dinge, die man in einer Hand spüren kann.

Um noch weitere Empfindungen anzuregen, können die Kinder mit den Fingern wackeln und die Empfindungen dabei wahrnehmen. Sie können auf ihre Hand blasen, sie leicht mit ihren Fingernägeln kratzen, mit der Hand ihr Bein reiben, den metallenen Teil des Tisches oder Stuhles berühren. Die unterschiedlichen Handlungen rufen unterschiedliche Erfahrungen hervor. So erschaffen wir eine Sprache dafür, wie unser Körper sich anfühlen kann.

Fragen für den Dialog

Welche der aufgelisteten Empfindungen magst du am wenigsten?

Welche der aufgelisteten Empfindungen sind dir am liebsten?

Zitat und Inspiration

Unsre Leiber sind unsre Gärten, und unser Wille ist der Gärtner darinn.

William Shakespeare, Othello

Achtsamkeitstagebuch

- **Zeichnen:** Zeichnet ein Bild eures Körpers. Markiert jeden Teil eures Körpers, in dem ihr eine Empfindung wahrnehmt, mit einer Farbe, die zu diesem Gefühl passt.
- **Schreiben:** Macht drei Listen von Empfindungen, die ihr im Körper wahrnehmt: eine Liste für Empfindungen, die ihr mögt, eine Liste für diejenigen, die ihr nicht gern habt, und eine dritte für neutrale Empfindungen.

Achtsame Lebenspraxis

Nehmt heute, während ihr im Unterricht sitzt, bewusst die Empfindungen in eurem Körper wahr. Haltet alle paar Minuten inne und nehmt die Empfindungen in euren Händen wahr. Ein paar Sekunden reichen.

Alter und Entwicklungsstufe

- **5- bis 10-Jährige:** Bei Grundschulkindern kann man diese Übung im Kreis sitzend machen, man kann die Erkundung auch auf den ganzen Tag verteilen und die Kinder immer wieder, während unterschiedlicher Aktivitäten, die Empfindungen ihres Körpers erkunden lassen. Die direkten körperlichen Erfahrungen im Laufe des Tages bieten eine solide Grundlage, um die Sprache des Körpers kennenzulernen. Kleineren Kindern macht diese Übung Spaß, wenn sie spielerisch als inneres Abenteuer gestaltet wird. Dazu eignet sich zum Beispiel die imaginäre Reise mit einem Unterseeboot zu den verschiedenen Empfindungen im Körper.
- **11- bis 17-Jährige:** Für Schüler einer weiterführenden Schule kann diese Übung zwischen 30 und 60 Minuten dauern. In der Übung spüren die Kinder in die verschiedenen Regionen ihres Körpers hinein. Jugendliche können schon wesentlich detaillierter über angenehme, unangenehme und neutrale Empfindungen sprechen. Teenager sind auch in der Lage, über ihre Beziehung zu ihren Empfindungen zu reflektieren. Sie finden es vielleicht interessanter, sich vorzustellen, sie seien Forscherinnen, deren Forschungsobjekt die feinen Vibrationen auf Zellebene sind.

Achtsamkeit Spielen

Wir beginnen diese Übung mit einigen äußeren Bewegungen und enden bei den Empfindungen tief im Inneren, bei den feinen Bewegungen und der Ruhe in unserem Körper. Statt die Schüler anzuweisen, still zu sitzen, was ihnen vielleicht gar nicht möglich ist, bringen wir sie Schritt für Schritt an einen Ort, an dem sie die feinen Bewegungen des Atems durch ihren Körper wahrnehmen.

LERNZIELE

Fokussierte Aufmerksamkeit, Stressreduktion, Impulskontrolle, Zufriedenheit, kognitive Flexibilität

Vorbereitung und Hinweise

Stellen Sie sicher, dass die Kinder genug Platz für große Bewegungen haben – sie sollten mit den Armen kreisen können, ohne aneinander zu stoßen. Idealerweise werden die Bewegungen im Stehen ausgeführt, damit die Kinder den ganzen Körper bewegen können. Wenn die Klasse zu wild ist, kann man die Bewegungen auch sitzend, entweder auf dem Boden oder auf einem Stuhl, ausführen. Schülerinnen mit speziellen Bedürfnissen können die Bewegungen auch einfach mit der Hand oder dem Kopf machen.

Übung

Fragen Sie die Schüler, ob sie schon einmal den Spiderman-Atem ausprobiert haben. Beim Spiderman-Atem atmen wir ein und halten die Arme dabei nah an unserem Körper, wenn wir dann ausatmen, lassen wir unsere Arme nach vorne schießen, genau wie Spiderman, der seine Netze schießt. Machen Sie das jetzt ein paar Mal.

Versuchen wir nun den Delfin-Atem: beim Einatmen bewegen wir die Arme, wie ein Delfin, der aus dem Wasser springt; beim Ausatmen, lassen wir die Arme wieder sinken. Machen Sie ein paar von diesen Delfin-Atemzügen.

Jetzt ist der Krokodil-Atem dran. Wir öffnen die Arme beim Einatmen wie ein großes Krokodilmaul und klappen das Maul beim Ausatmen wieder zusammen. Auch das wiederholen Sie einige Male.

Dann versuchen wir einige Schmetterlings-Atemzüge: Wir öffnen die Flügel (Arme) beim Einatmen zur Seite, beim Ausatmen schließen wir sie wieder.

Beim Einatmen ziehen wir jetzt die Schultern ganz hoch, beim Ausatmen lassen wir sie wieder fallen und entspannen uns. Machen Sie das einige Male.

Bitten Sie die Schülerinnen nun, vollkommen ruhig zu sein und keinen einzigen Muskel zu bewegen. Bemerken sie irgendeine Bewegung, obwohl sie versuchen vollkommen ruhig zu sein?

Die Schüler lieben es, eigene Bewegungen zu erfinden, man kann dieses Spiel also fast endlos erweitern, indem Sie die Kinder den Elefanten-Atem, Prinzessinnen-Atem oder irgendetwas anderes nachspielen lassen, was sich mit Einatmen und Ausatmen verbinden lässt. Beginnen Sie mit diesen spielerischen, größeren Bewegungen und gehen Sie dann zu immer kleineren Bewegungen über. Irgendwann werden die Schülerinnen sich der feinen Bewegung des Atems in ihrem Körper bewusst, während der restliche Körper ganz ruhig bleibt.

Fragen für den Dialog

Welche Bewegungen sind euch aufgefallen, als Ihr versucht habt vollkommen ruhig zu sein?

Wie fühlt sich Euer Körper nach den achtsamen Bewegungen an?

Zitat und Inspiration

Wir hören nicht auf zu spielen, weil wir alt werden, wir werden alt, weil wir aufhören zu spielen.

George Bernhard Shaw

Achtsamkeitstagebuch

- **Zeichnen:** Zeichnet euren liebsten Tier-Atem.
- **Schreiben:** Welche Bewegungen merkt ihr in eurem Körper, wenn ihr vollkommen still sitzt?

Achtsame Lebenspraxis

Das nächste Mal, wenn sie sich gestresst fühlen oder ihnen etwas Sorgen bereitet, können die Schüler einen Moment innehalten und folgende Übung machen: Einatmen und dabei die Schultern hoch ziehen, ausatmen, entspannen und alles loslassen. Bitten Sie sie, das auszuprobieren und festzustellen, wie sie sich danach fühlen.

Sie können die Schülerinnen auch bitten, sich einige neue achtsame Bewegungen einfallen zu lassen, andere Tiere zum Beispiel, und überlegen, wie sie ein -und ausatmen, und diese Bewegungen üben. In der nächsten Stunde erzählen sie der Klasse, was ihnen eingefallen ist.

Alter und Entwicklungsstufe

- **5- bis 10-Jährige:** In diesem Alter genießen die Kinder Tierbewegungen und ähnliche Spiele. Nutzen Sie die achtsamen Bewegungen, bevor Sie mit den Aufmerksamkeitsübungen beginnen. So wenden Sie sich dem Atem zu, ohne dass Sie von den Kinder womöglich zu früh verlangen, still zu sitzen.
- **11- bis 17-Jährige:** Die Schüler dieses Alters brauchen nicht mehr unbedingt ein Spiel für die achtsamen Bewegungen. Für ältere Schülerinnen kann man auf den Nutzen verweisen, den sie dadurch beim Sport, beim Tanzen oder bei anderen Tätigkeit erzielen können. Während Achtsamkeit spielen für jüngere Schüler gedacht ist, gibt es viele achtsame Bewegungsübungen, die man mit Teenagern machen kann. Qigong, Tai Chi, Yoga und viele Kampfsportarten helfen älteren Kindern, sich mehr in ihrem Körper niederzulassen.

Tiefe Entspannung

Um überhaupt lernen zu können, ist es nötig, dass die Schülerinnen sich in ihrem Körper entspannen und zu Hause fühlen. Wir wissen nicht, welchem Stress oder welchen Traumata unsere Schüler ausgesetzt sind. Achtsame Entspannungsübungen bringen die Schülerinnen in den gegenwärtigen Augenblick, ermöglichen ihnen Anspannung und Sorgen loszulassen und sich voll und ganz aufs Lernen zu konzentrieren. Wenn das Nervensystem entspannt ist, können wir unsere Aufmerksamkeit von den Stressoren abziehen und auf den Unterricht richten, der jetzt gerade stattfindet.

LERNZIELE

Stressreduktion, Impulskontrolle, Zufriedenheit, Wohlbefinden, Selbstmitgefühl

Vorbereitung und Hinweise

Tiefe Entspannung sollte unbedingt an einem geschützten Ort geübt werden, an dem die Ablenkung auf ein Minimum reduziert ist, so dass die Schülerinnen sich sicher fühlen und wirklich entspannen können.

Dimmen Sie das Licht wenn möglich, spielen Sie sanfte Musik oder finden Sie andere Wege, um dem Raum eine Atmosphäre zu geben, die Ruhe ausstrahlt. Wenn es genügend Platz gibt, können die Schüler sich hinlegen, sonst sitzen sie entspannt in ihren Stühlen.

Übung

Zu Anfang richten die Schülerinnen ihre Aufmerksamkeit auf ihren Kopf. Bemerken sie irgendeine Anspannung in ihrem Gesicht, ihrer Stirn oder ihrem Kiefer? Dann verstärken sie die Anspannung einen Moment lang und spannen die Muskulatur bewusst an, mit einem tiefen Ausatmen lassen sie alles los. Bei jedem Einatmen bemerken die Schüler die Empfindungen, die damit einhergehen und bei jedem Ausatmen entspannen sie sich in den Boden.

So bringen die Schülerinnen ihre Aufmerksamkeit zu jedem Punkt in ihrem Körper, vom Kopf bis zu den Zehen, bleiben fünf bis zehn Sekunden bei Hals und Nacken, Schultern und so weiter. In jedem Bereich bemerken sie die Spannungen beim Einatmen und entspannen sich tief beim Ausatmen. Wir scannen den Körper vom Kopf bis zu den Füßen und entspannen so nach und nach jeden Körperteil.

Sie können sich auch auf bestimmte Körperteile konzentrieren, die besonders empfindungsreich sind, wie Hände und Füße, Herz und Gesicht. Die Schüler nehmen die Empfindungen in einer Hand wahr, dann in der anderen und dann in beiden Händen zugleich. Dann richten sie ihre Aufmerksamkeit auf einen Fuß, dann den anderen, dann beide zugleich. Dann nehmen sie beide Hände und Füße gleichzeitig wahr. Sie können die Hände auch auf die jeweiligen Körperteile legen, um die Empfindungen dort leichter zu spüren.

Fragen für den Dialog

Wann fühlt ihr euch am entspanntesten?

Habt ihr irgendwo in eurem Körper Anspannung bemerkt?

Zitat und Inspiration

Anspannung ist wer du glaubst sein zu müssen.
Entspannung ist, wer du bist.

CHINESISCHES SPRICHWORT

Achtsamkeitstagebuch

- **Zeichnen:** Zeichnet ein Bild von euch selbst, wie ihr euch ausruht und besonders entspannt seid.
- **Schreiben:** Schreibt auf, wo in eurem Körper ihr Spannung bemerkt habt, und wie es sich angefühlt hat, sich zu entspannen.

Achtsame Lebenspraxis

Wir können Schüler dazu einladen, diese progressive Entspannung zu üben wenn sie sich zum schlafen hinlegen. Diese Übung kann besonders wohltuend für Kinder mit Schlafstörungen sein. Wir können Kindern auch dazu anhalten, einen Augenblick innezuhalten, wann immer sie bemerken, wie sich Stress in ihrem Körper aufbaut, und dann die Körperteile aktiv zu entspannen, in denen sie die Verspannung spüren.

Alter und Entwicklungsstufe

- **5- bis 10-Jährige:** Jüngere Schülerinnen genießen es im allgemeinen, sich ein wenig ausruhen zu können. Je jünger die Kinder sind, desto weniger genau können sie der Übungsanleitung für die einzelnen Körperteile folgen. Vielleicht wählen Sie einfach die Hände, die Füße, den Bauch und andere leicht erkennbare Bereiche, damit die Kinder auch sicher folgen können.
- **11- bis 17-Jährige:** Bei Jugendlichen kann es hilfreich sein, der Übung eine Diskussion vorangehen zu lassen, in der die Schüler über Stress sprechen und wie sie ihn erleben. Es hilft ihnen zu verstehen, warum Stressreduktion hilfreich ist. Einige Gruppen fühlen sich vielleicht nicht wohl, wenn sie diese Übung im Liegen machen oder es fehlt der Platz. Es ist vollkommen in Ordnung, die tiefe Entspannung im Sitzen zu machen. Nach einiger Zeit können Sie die Übung ruhig auf 10 bis 15 Minuten erweitern und mit den einzelnen Schritten jeden Zentimeter des Körper durchgehen und entspannen.

Zeitlupen-Achtsamkeit

Achtsame Bewegung hilft den Schülerinnen, ihr entspanntes Körpergewahrsein auf Alltagserfahrungen auszudehnen. Übung in Stille ist sehr wichtig, doch das Ziel der Achtsamkeit ist es, inmitten der Forderungen und Aktivitäten unseres alltäglichen Lebens präsent zu bleiben. Zeitlupen-Achtsamkeit ist eine erste Übung, um irgendwann achtsam Sport betreiben, zur Schule gehen oder an unserem Schreibtisch arbeiten zu können.

LERNZIELE

Stressreduktion, fokussierte Aufmerksamkeit, Impulskontrolle, Metakognition

Vorbereitung und Hinweise

Abhängig von der jeweiligen Gruppe wählen wir Alltagsgegenstände wie Bleistift, Papier, einen Schuh oder Knetmasse.

Möglicherweise fangen die Schüler an „um die Wette zu üben“, schauen, wer sich am langsamsten bewegen kann und beginnen ihre Bewegungen mit denen der anderen zu vergleichen. Bitten Sie die Kinder, mit ihrer Aufmerksamkeit so weit wie möglich bei den eigenen Bewegungen zu bleiben.

Übung

Die Schülerinnen legen eine Hand auf den Schreibtisch oder auf ihr Knie. Sagen Sie ihnen, dass sie die andere Hand im Zeitlupentempo bis zum Himmel und wieder zurück bewegen werden. Dabei schauen sie, wie langsam sie diese Bewegung machen können. Erklären Sie, dass der Sinn der Übung darin besteht, festzustellen, wie es sich anfühlt, seine Hand so langsam zu bewegen. Wie fühlen sich die Knochen, die Haut, die Sehnen und der ganze Mechanismus der Hand an? Nachdem sie die Übung beendet haben, berichten die Kinder, wie sie die Bewegung erlebt haben.

Gehen Sie dann zu einer etwas komplexeren Bewegung über. Die Schüler nehmen ein Stück Papier und einen Bleistift. Ganz bewusst nehmen sie wahr, wie sie ihre Hand langsam heben und ihre Finger in Richtung Bleistift bewegen, ihn schließlich berühren, nehmen und aufheben. Dabei achten sie auf jede Empfindung in den Fingern, auf das Gewicht des Bleistifts, während sie ihn aufheben und die Position der Finger, während sie den Bleistift halten.

Schlagen Sie den Schülerinnen nun vor, einige Male, sehr langsam, ihren Namen zu schreiben. Dabei richten sie ihre Aufmerksamkeit auf den Druck, den der Bleistift auf das Papier ausübt, auf die Muskeln und Sehnen, die sich in der Hand bewegen, und die Berührung der Finger auf dem Bleistift. Auf dieselbe Art kann man viele andere alltägliche Bewegungen erkunden, wie das Binden der Schuhe, das Öffnen eines Buches oder einfaches Daumendrehen.

Sagen Sie den Schülern, dass sie nun im Zeitlupentempo aufstehen werden. Zwischen Sitzen und Stehen gilt es viele Entscheidungen zu treffen: Welches Bein soll ich mehr belasten, soll ich meine Hände einsetzen, um mich abzustützen, in welche Richtung werde ich meinen Körper beugen? Die meisten dieser Entscheidungen treffen wir unbewusst. Laden Sie die Schülerinnen ein, dieses Mal so bewusst wie möglich langsam aufzustehen und jede Empfindung, jede Bewegung, jede Position und jedes subtile Ausbalancieren bewusst wahrzunehmen.

Wenn es genug Platz gibt und Sie das Gefühl haben, dass die Schüler ihre Konzentration halten können, üben Sie mit ihnen achtsames Gehen. Dazu gehen die Kinder hintereinander langsam im Kreis. Falls die Platzverhältnisse es erlauben, können sie auch beliebig im Raum umhergehen. Dabei nehmen sie das Heben und Senken der Füße wahr. Machen Sie diese Übung wenn möglich auch draußen: achtsames Gehen im Freien ist eine besonders feine Sache.

Fragen für den Dialog

Wie hat sich Euer Körper angefühlt, während Ihr euch so langsam bewegt habt?

Ist euch beim Gehen irgendetwas an dieser Bewegung aufgefallen, was ihr normalerweise nicht bemerkt?

Zitat und Inspiration

Alles was zählt, ist dieser eine Augenblick in Bewegung. Mach den Augenblick bedeutend, vital und lebenswert. Lass ihn nicht unbemerkt und ungenutzt entwischen.

Martha Graham

Achtsamkeitstagebuch

- **Zeichnen:** Zeichnet euch selbst, wie ihr etwas Alltägliches besonders achtsam tut.
- **Schreiben:** Macht eine Liste von alltäglichen Bewegungen, denen ihr mehr Achtsamkeit entgegenbringen könntet.

Achtsame Lebenspraxis

Bitten Sie die Schülerinnen, sich irgendeine Routinetätigkeit ihres alltäglichen Lebens auszusuchen, wie Zähneputzen, die Haustür zu öffnen oder sich abends ins Bett zu legen. Die Schüler sollen sich täglich daran erinnern, dieser Tätigkeit ihre besondere Aufmerksamkeit zu widmen und darauf achten, wie ihre Körper sich in diesem Moment anfühlt. Das ist ein wichtiger Schritt, um langsam mehr Achtsamkeit in ihr Leben zu bringen.

Alter und Entwicklungsstufe

- **5- bis 11-Jährige:** Für diese Altersgruppe muss die Übung Spaß machen. Sie können in Zeitlupe mit Knetmasse oder Schachfiguren spielen, sie können ein Faultier spielen, das mit den Pfoten ganz langsam nach einem Ast greift. Sobald die Slow-Motion-Bewegungen den Schülerinnen Spaß machen, können wir sie auf ihren Atem aufmerksam machen, sie bitten auch einmal langsam und ruhig zu atmen und die Atembewegungen in ihrem Körper wahrzunehmen. Selbst wenn es nur zehn Sekunden sind, ist es ein großartiger Weg, den Kindern zu zeigen, wie man entschleunigt und nach innen blickt.
- **11- bis 17-Jährige:** Sprechen Sie mit den Schülerinnen darüber, wie leicht wir auf Autopilot schalten und dass es allen unseren alltäglichen Aktivitäten gut tut, wenn wir die Dinge langsamer und achtsamer tun. Man kann ältere Schüler an Bord holen, indem man ihnen bewusst macht, dass ihnen das beim Autofahren, Sport, beim Musik-

machen, Computerspiele spielen oder wofür sie sich sonst interessieren, helfen kann. Finden Sie Alltagsaktivitäten, die die Schülerinnen in Zeitlupe üben können, wie am Computer oder Handy zu tippen oder einen Fußball zu schießen.

Übungen zur geistigen Kompetenz

Die Kognitionswissenschaft unterstreicht die positiven Effekte einer Achtsamkeitspraxis auf exekutive Funktionen, Arbeitsgedächtnis, Aufmerksamkeitssteuerung und viele anderen geistigen Fähigkeiten. Durch erkenntnisreiche Spiele stärken Schüler ihren Fokus-Muskel. Sie öffnen den Deckel zu ihrem eigenen Geist und experimentieren, um die Mechanik ihres Geistes zu optimieren. In den nun folgenden Übungen lernen sie über das Phänomen der Ablenkung, über Aufmerksamkeit, das Beobachten der Gedanken und das Einstimmen der Sinne. Die Schülerinnen bekommen die Möglichkeit ihre Aufmerksamkeit zu entwickeln und damit in der Schule, im Sport, in der Musik oder was immer sie inspiriert, besser zu werden.

Der Atemanker

Der achtsame Atemanker ist eine der wichtigsten Übungen einer Achtsamkeitspraxis. Wir nennen diese Praxis so, weil uns der Atem ein Anker sein kann, ein Heimathafen, zu dem wir jederzeit zurückkehren können. Selbst wenn unser Leben stürmische Wellen schlägt, gibt es dort unten, tief auf dem Meeresboden, eine Stille, die uns Zuflucht gibt. Der Atem-Anker kann die Verbindung zu dieser tiefen Ruhe in unserem Körper sein.

LERNZIELE

exekutive Funktionen, emotionale Selbstregulation, Metakognition, fokussierte Aufmerksamkeit, Stressreduktion, Impulskontrolle

Vorbereitung und Hinweise

Sorgen Sie für ein Minimum an Ablenkung. Es mag sinnvoll sein, die Schüler auf ihren Stühlen im Raum verteilt sitzen zu lassen, so das genügend Raum zwischen ihnen ist und sie einander nicht ablenken. Bei jüngeren Kindern helfen Requisiten, um die Vorstellung eines Bootes mit einem Ankers zu veranschaulichen. Sagen Sie den Kindern, dass es keine richtige oder falsche Art gibt, wie der Atem sich anfühlen sollte. Der Sinn der Übung besteht darin, Bewusstsein für die sensorische Erfahrung des Atems zu entwickeln, wie immer er sich auch für den einzelnen anfühlt.

Übung

Bitten Sie die Schülerinnen eine Hand zu heben und sie dann wieder zu senken, so dass sie auf ihrem Bauch zu liegen kommt. Was passiert unter ihrer Hand, während sie atmen? Die Übung weckt die Neugier auf die körperliche Erfahrung des Atmens, ohne dass man auf irgendeine bestimmte Art atmen soll.

Bitten Sie die Schüler jetzt, ganz still zu sitzen und zu schauen, ob sie trotzdem die Bewegung des Atems durch den Körper wahrnehmen können. Machen Sie sie auf die vier Punkten jedes Atemzugs aufmerksam, was wir den „Diamantenatem" nennen: das Einatmen, der volle Punkt, das Ausatmen, der leere Punkt.

Beim achtsamen Atmen ist es immer hilfreich zu erklären, dass wir bei jedem Atemzug unseren Aufmerksamkeitsmuskel stärken. Empfehlen Sie den Schülerinnen, ihren Geist ganz sanft zum Atem zurückzubringen, wann immer sie merken, dass sie in Gedanken abschweifen. Was immer sich zeigt – Gedanken, Emotionen, Empfindungen – Sie heißen es willkommen, ohne zu bewerten und bringen ihre Aufmerksamkeit zurück zum Atem.

Nach ungefähr einer Minute, oder auch länger, falls Sie den Eindruck haben, dass die Kinder noch länger bequem sitzen können, öffnen die Kinder die Augen, falls sie sie geschlossen haben. Wenn sie bereit sind, erzählen sie von ihrer Erfahrung und wie sie sich jetzt nach der Atemübung fühlen. Die Fragen zielen darauf ab, dass die Kinder ihre Erfahrung beim Beobachten ihres Atems zum Ausdruck bringen und reflektieren, was sie an ihrem abgelenkten Geist bemerkt haben.

Fragen für den Dialog

Was ist euch in Bezug auf euren Geist aufgefallen?

Wie könnte der achtsame Atem euch helfen?

Zitat und Inspiration

Dein Verstand ist wie dieses Wasser hier mein Freund, wenn es aufgewühlt ist, wird es schwer, etwas zu erkennen. Wenn du aber zulässt, dass es sich beruhigt, liegt die Antwort klar vor deinen Augen.

Oogway, Kung Fu Panda

Achtsamkeitstagebuch

- **Zeichnen:** Zeichnet ein Bild eines Ankers, der still unter den wilden Wellen des Meeres liegt.
- **Schreiben:** Auf welche Weise wird Euer Geist abgelenkt und wie könnt ihr ihn zurück zu einem Ort der Stille bringen?

Achtsame Lebenspraxis

Schlagen Sie den Kindern vor, den Atemanker jeden Tag einige Minuten lang zu üben und ihn einzusetzen, wann immer sie verärgert sind, sich nervös oder traurig fühlen oder irgendein anderes unangenehmes Gefühl empfinden.

Erklären Sie, dass Dinge, die uns aufregen oder durcheinander bringen, einen kleinen Sturm in unserem Leben verursachen. Wenn Sie diesen Sturm bewusst wahrnehmen, ist das eine Gelegenheit, um an ihren Atem zu denken. Selbst wenn die Wellen verrückt spielen, gibt es Stille tief unter den Wellen und in ihrem Körper.

Alter und Entwicklungsstufe

- **Für 5- bis 10-Jährige** muss diese Übung spielerisch angeleitet werden. Fragen Sie die Kinder, ob sie wissen, was ein Anker ist. Lassen Sie sie einige Sturmgeräusche machen und erklären Sie, dass ihr Boot einen Anker braucht, damit es nicht hinaus auf die See geblasen wird, wenn ein Sturm aufzieht. Requisiten veranschaulichen, dass ein Anker selbst dann noch still unter den Wellen ruht, wenn das Boot an der Oberfläche hin -und hergeworfen wird. Statt dem Diamantenatem eignet sich für jüngere Schüler die Vorstellung, ihr Bauch sei ein Ballon, der beim Atmen größer und kleiner wird. Kleinere Kinder können sich auf den Rücken legen, einen Teddybären auf ihren Bauch setzen und beobachten, wie der Bär sich beim Atmen hebt und senkt.
- **11- bis 17-Jährige** brauchen in der Regel keine Beschreibung, um zu wissen was ein Anker ist, doch es ist wichtig, mit ihnen über die Stürme zu sprechen, die sie erleben, und wie es wäre in schwierigen Zeiten einen Anker zu haben. Mit älteren Schülerinnen kann man auch ausführlich über den abgelenkten Geist sprechen und wie fokussierte Aufmerksamkeit ihnen helfen kann.

Achtsames Sehen

Bei der Achtsamkeit nutzen wir einen Anker, um unsere Aufmerksamkeit zu stabilisieren. Der Atem eignet sich gut dazu, doch es gibt auch viele andere Ankerpunkte. Einer der besten Ankerpunkte, um unseren Aufmerksamkeitsmuskel zu kräftigen, sind die Augen und die Praxis des achtsamen Sehens. Unsere Augen auf einen einzigen Punkt zu fokussieren, hilft unser Bewusstsein zu verankern. Wenn die Augen abgelenkt werden und herumzuwandern beginnen, wird den Schülern schnell bewusst, dass sie abgedriftet sind und ihren Fokus jetzt auf etwas anderes richten.

LERNZIELE

fokussierte Aufmerksamkeit, exekutive Funktionen, Impulskontrolle, Motivation, Resilienz

Vorbereitung und Hinweise

An der Wand der Klasse hängen oft Poster, Bilder oder ähnliches, das man dazu nutzen kann, seine Augen zu fokussieren. Sie können die Schülerinnen alle auf einen Punkt schauen lassen, auf einen Ball auf dem Boden zum Beispiel, oder irgendeinen Fleck an der Wand. Wenn Sie im Freien sind, lassen Sie die Kinder auf einen Punkt an der Baumrinde, einen Stein oder ein anderes unbewegliches Objekt schauen.

Obwohl es bei unserer Arbeit um das Phänomen der Ablenkung geht, ist es am besten, mit so wenig externer Ablenkung wie möglich zu beginnen. Stellen Sie sicher, dass niemand während der Übung ins Klassenzimmer kommt und die Schüler einander nicht ablenkten. Sagen Sie den Kindern, dass sie sich keine beweglichen Objekte aussuchen sollen, insbesondere nicht irgendwelche Mitschülerinnen.

Wir versuchen den Kindern dabei zu helfen, eine Balance zwischen Konzentration und Entspannung zu finden. Wenn Sie bemerken, dass einigen Kindern vor lauter Starren schon die Augen aus den Köpfen treten, dann erinnern Sie sie daran, ihre Augen zu entspannen.

Übung

Malen Sie einen Punkt an die Tafel oder wählen Sie irgendeinen anderen Punkt, den jede sehen kann. Alle Schüler sehen diesen Punkt 30 Sekunden lang an, ohne sich ablenken zu lassen.

Dann bitten Sie die Schülerinnen, das Ganze zu wiederholen und sagen ihnen, dass Sie diesmal versuchen werden sie abzulenken. Beginnen Sie nach ein paar Sekunden neben dem Punkt mit der Hand zu winken, Gegenstände hochzuhalten und lustige Bewegungen zu machen. Fragen Sie anschließend, wie es war, ihre Augen auf den Punkt zu halten und die Ablenkung zu ignorieren.

Lassen Sie die Klasse noch einmal 30 Sekunden lang auf den Punkt fokussieren. Dieses Mal bitten Sie sie, ihren Fokus zu entspannen, so dass sie nicht mehr auf irgendetwas Bestimmtes starren, sondern den ganzen Raum auf einmal wahrnehmen. Wechseln Sie einige Male zwischen Fokus und Entspannung des Gesichtsfelds. Fragen Sie, wie es war, zwischen fokussiertem und entspanntem Blick hin -und herzuwechseln.

Laden Sie die Schüler ein, die Welt mit neuen Augen zu sehen: die Augen einige Augenblicke lang zu schließen und den Raum danach so wahrzunehmen, als ob sie ihn zum ersten Male sehen würden.

Fragen für den Dialog

Was ist euch in Bezug auf Aufmerksamkeit und Ablenkung aufgefallen, als ihr versucht habt, zu fokussieren?

Wo in eurem Leben könntet Ihr sonst üben, die Dinge mit neuen Augen zu sehen?

Zitat und Inspiration

Alles hat seine ureigene Schönheit,
aber nicht jeder bemerkt sie.

Konfuzius

Achtsamkeitstagebuch

- **Zeichnen:** Seht euch im Klassenzimmer um und zeichnet so viele Dinge, wie ihr entdecken könnt.
- **Schreiben:** Welchen Dingen in eurem Leben würdet ihr gerne mehr Aufmerksamkeit schenken?

Achtsame Lebenspraxis

Laden Sie die Schülerinnen ein, ihre achtsamen Augen mehrmals täglich einzusetzen, um ihre Aufmerksamkeit eine Minute lang auf einem Gegenstand zu halten. Erklären Sie ihnen, dass sie besser werden, je mehr sie das Fokussieren üben. Als achtsame Detektive können sie sich zu Hause, in der Schule und in der Natur umsehen, um Dinge zu entdecken, die sie nie zuvor gesehen haben.

Alter und Entwicklungsstufe

- **5- bis 10-Jährigen** macht diese Übung besonderen Spaß, wenn sie in ein Spiel verwandelt wird. Fragen Sie die Schüler, welche Tiere besonders gute Augen haben. Dann können sie sich in diese Tiere hineinversetzen und genau wie diese Tiere im Raum umherschauen und jeden Gegenstand so genau wie möglich inspizieren. Selbst Kindergartenkinder können sich Ablenkungen bereits bewusst machen, indem sie versuchen, sich auf einen Punkt zu konzentrieren und mit ihrer Aufmerksamkeit dorthin zurückkehren, wenn ihnen auffällt, dass sie abgeschweift sind. Diese Übung kann bis zu 15 oder 20 Minuten dauern. Lassen Sie sich von einigen jüngeren Schülerinnen die Objekte nennen, die sie sich ausgesucht haben, damit Sie sicher sein können, dass sie die Anweisungen verstanden haben.
- **11- bis 17-Jährige** nutzen diese Praxis, um sich ihres unruhigen Geistes bewusst zu werden. Sie können etwas fragen wie: „Ist euch je aufgefallen, dass man beim Lesen die Augen über eine Seite gleiten lässt, ohne die Worte wirklich aufzunehmen?" Das ist ein geläufiges Beispiel für Ablenkung, mit dem die Schüler sich vielleicht identifizieren können. Machen Sie den Jugendlichen klar, dass sie ihren Aufmerksamkeitsmuskel jedes Mal trainieren, wenn sie mit ihrer Aufmerksamkeit an einen visuellen Punkt zurückkehren.

Achtsames Hören

Es gibt viele Wege, um unser Bewusstsein im gegenwärtigen Moment zu verankern. Wir können unserem Atem nachspüren, an einer Blume riechen, auf die Geräusche oder auf irgendetwas anderes achten, das jetzt gerade passiert. In der nun folgenden Übung wollten wir die Geräusche um uns herum bewusst wahrnehmen. Aktives Zuhören ist genug, um unsere volle Aufmerksamkeit in Anspruch zu nehmen. Wir lehnen uns einfach zurück und empfangen die Klangwellen, fast so, als ob wir an einem Strand sitzen und der Brandung zuhören, dem Rauschen der Wellen, die auf den Sand treffen und sich wieder zurückziehen.

LERNZIELE

exekutive Funktionen, Metakognition, fokussierte Aufmerksamkeit, Impulskontrolle, Offenheit, kognitive Flexibilität, besseres Gedächtnis

Vorbereitung und Hinweise

Für diese Übung brauchen wir eine Glocke oder ein anderes Instrument, das sanft aber lange nachklingt. Sie können auch einen Gong oder eine

Klangschale verwenden, wenn Sie die Übung wiederholen auch verschiedene Schlaginstrumente, Rasseln, ein Regenholz und unterschiedliche Glocken. Später können Sie mit den Schülern auch ins Freie gehen und dort auf unterschiedliche Geräuschen hören, doch zunächst ist ein ruhiger Raum, in dem man sich wirklich auf bestimmte Klänge konzentrieren kann, hilfreich.

Übung

Sagen Sie den Kindern zu Beginn, dass sie heute mit den Ohren fokussieren werden. Schon während sie Ihren Anweisungen zuhören, nutzen sie ihre Fähigkeit achtsam zuzuhören. Durch diese Übung werden wir ihr Gehör weiter entwickeln.

Stellen Sie den Kindern das Instrument vor, das Sie verwenden werden. Die Kinder sitzen aufrecht und entspannt mit ihrem achtsamen Körper und hören auf den Klang. Sie hören dem Klang solange zu, wie sie ihn erkennen können, und heben die Hand, wenn sie ihn nicht mehr hören.

Beim nächsten Durchgang, schließen sie zusätzlich ihre Augen und versuchen ganz still zu sein. Vielleicht können sie den Klang so sogar ein wenig länger hören.

Jetzt hören sie den Klang noch einmal, doch dieses Mal heben sie die Hand nicht, wenn sie nichts mehr hören, sondern achten darauf, welche anderen Geräusche sie entdecken können. Da gibt es die Geräusche in der Ferne, wie Flugzeuge und Verkehrslärm, der von Weitem kommt. Dann achten sie auf die Geräusche in ihrer Nähe, wie das Brummen des Heizkörpers oder das Knarren eines Stuhles.

Erinnern Sie die Schülerinnen daran, auftauchende Gedanken genauso zu behandeln wie das Geräusch eines vorbeifahrenden Autos, das von selbst wieder verschwindet, und mit ihrer Aufmerksamkeit immer wieder zum Hören zurückzukehren.

Sie können die Übung auch in ein Spiel verwandeln. Zuerst hören die Schüler mit geschlossenen Augen in den Raum. Dann machen Sie einige

Geräusche – Sie klopfen mit den Fingern auf den Tisch, reiben die Hände aneinander, schütteln einen Schlüsselbund – und lassen die Schülerinnen raten, was für ein Geräusch das war.

Fragen für den Dialog

Wie fühlt ihr euch nach dieser Übung?

Was ist euch in Bezug auf euren Geist aufgefallen, als ihr versucht habt, aufmerksam zu sein?

Zitat und Inspiration

Der Mensch hat zwei Ohren und einen Mund, damit er doppelt soviel hören kann, wie er spricht.

Epiktet

Achtsamkeitstagebuch

- **Zeichnen:** Zeichnet ein Bild von den Geräuschen, die ihr gerade hört, so als ob ihr sie sehen könntet.
- **Schreiben:** Was fällt euch an eurer Aufmerksamkeit auf, wenn ihr euch auf Geräusche konzentriert?

Achtsame Lebenspraxis

Bitten Sie die Schüler, ihre achtsamen Ohren in den nächsten Tagen offen zu halten und zu schauen, ob ihnen irgendwelche Geräusche auffallen, die sie normalerweise nicht hören. Wenn man einige Zeit lang vergessen hat, wirklich hinzuhören, dann ist man möglicherweise überrascht, wie viele Geräusche man entdecken kann. Lassen Sie die Schülerinnen in der nächsten Stunde über drei Geräusche berichten, die ihnen vorher nicht aufgefallen sind.

Alter und Entwicklungsstufe

- **5- bis 10-jährige** Schüler genießen diese Praxis, wenn sie spielerisch ausgeführt wird. Lassen Sie die Kinder zählen, wie viele verschiedene Geräusche sie erkennen können. Nehmen Sie verschiedene Glocken und lassen Sie die Kinder mit geschlossenen Augen raten, in welcher Reihenfolge Sie die Glocken geläutet haben. Ein junger Geist schweift in der Regel leichter ab, wenn es nichts gibt, worauf die Kinder ihre Aufmerksamkeit richten können, also ist eine Glocke, die lange nachklingt, für jüngere Kinder hilfreich. Den Klang zu verfolgen, solange sie ihn hören können, und aufzuzeigen, wenn sie ihn nicht mehr hören, hilft ihnen im gegenwärtigen Moment verankert zu bleiben.
- **11- bis 17-Jährige** können sich fünf Minuten oder länger wirklich auf ein Geräusch konzentrieren. Dies ist ein weiterer Weg, um den „Aufmerksamkeitsmuskel" zu trainieren. Machen Sie sie darauf aufmerksam, dass sie in dem Moment, in dem sie merken, dass ihr Geist zu wandern beginnt und sie die Klänge nicht mehr wahrnehmen, sondern den Gedanken in ihrem Kopf zuhören, die Musik der Welt verpassen. Es ist eine großartige Übung für den Beginn und Abschluss einer Stunde. Ältere Schüler können beobachten, wie ihr Körper und ihre Emotionen auf die einzelnen Geräusche und Klänge reagieren.

Popcorn-Gedanken

Diese Übung eignet sich für alle Altersgruppen. Sie verbessert die Fähigkeit der Kinder, ihre Gedanken zu beobachten und Raum zwischen Denken und Handeln zu schaffen, den Raum zwischen einem Gedanken wie: „Ich mag diesen Kerl nicht." und dem Handeln, ihn aus der Gruppe auszuschließen oder, noch schlimmer, ihm tatsächlich eine reinzuhauen. Dieser kurze reflexive Moment ermöglicht den Schülerinnen eine gewisse Objektivität ihren Gedanken gegenüber und in Folge sind sie in der Lage, bessere Entscheidungen zu treffen. Wenn wir den Kindern helfen, diesen Raum auszuweiten, geben wir ihnen die Chance zur Selbstregulation.

LERNZIELE

exekutive Funktionen, Metakognition, fokussierte Aufmerksamkeit, Impulskontrolle, Offenheit, Resilienz, kognitive Flexibilität

Vorbereitung und Hinweise

Wenn die Schüler die Fähigkeit, ihre Aufmerksamkeit durch den Atemanker zu stabilisieren, einmal entwickelt haben, dann sind sie bereit, diese

Übung zu versuchen. Bevor sie ihre Gedanken beobachten können, müssen die Schülerinnen das Konzept, mit der Aufmerksamkeit zu einem Anker zurückzukehren, bereits kennengelernt haben. Stellen Sie sicher, dass der Raum so ruhig und ungestört wie möglich ist.

Denken Sie daran, einzelne Gedanken nicht als gut oder schlecht zu bewerten. Glückliche Gedanken, verstörende Gedanken, kreative Gedanken, sie alle können einfach als auftauchende Gedanken zur Kenntnis genommen werden.

Übung

Die Schüler sitzen aufrecht und entspannt. Sagen Sie ihnen, dass sie heute etwas über ihr Gehirn lernen werden: „Euer Geist ist wie eine Popcorn-Maschine, doch statt Popcorn macht er Gedanken. Links und rechts poppen Gedanken auf, und das ununterbrochen."

Bitten Sie die Schülerinnen, 20 Sekunden mit geschlossenen Augen achtsam zu sitzen und zu versuchen, keine Gedanken zu haben.

Dann legen die Schüler eine Hand auf ihren Bauch und bringen so ihre Aufmerksamkeit zurück zu ihrem Atem, sie nutzen also den Atemanker. Wann immer ein Gedanke auftaucht, heben sie die Hand. Dann legen sie ihre Hand zurück auf ihren Bauch und richten ihre Aufmerksamkeit wieder auf ihren Atem.

Fragen für den Dialog

Wo denkt ihr, kommen eure Gedanken her?

Wie beeinflussen die einzelnen Gedanken euren Körper, euren Atem und eure Gefühle?

Zitat und Inspiration

Glaube nicht alles, was du denkst.

Unbekannt

Achtsamkeitstagebuch

- **Zeichnen:** Zeichnet ein paar poppende Popcorns. In jedes einzelne Popcorn kommt ein kleines Bild von dem, was ihr während der Achtsamkeitsübung gedacht habt.
- **Schreiben:** Wo glaubt ihr, kommen unsere Gedanken her?

Achtsame Lebenspraxis

Schlagen Sie den Schülerinnen vor, ihre Gedanken wahrzunehmen, wo immer sie sind, und daran zu arbeiten, sie als vorbeiziehende, aufpoppende Gedanken zu sehen und immer wieder zu ihrem Atem zurückzukehren. Ob auf dem Spielplatz oder zu Hause, sie können ihre

Gedanken beobachten und sich entscheiden, was sie damit tun wollen. Vielleicht finden sie mehr innere Ruhe und Entspannung, wenn sie ihre Gedanken wahrnehmen. Statt im Sturm der Gedanken gefangen zu sein, können sie wütende, aufgeregte oder traurige Gedanken einfach wahrnehmen und zu ihrem Atem zurückkehren.

Alter und Entwicklungsstufe

- **5- bis 10-Jährige** verbessern ihre Fähigkeit zur Selbstreflexion durch lustige Gedankenspiele. Bringen Sie eine Schneekugel mit in die Klasse, schütteln Sie sie, so dass die Schneeflocken aufgewirbelt werden und stellen Sie sie auf den Tisch, damit der Schneesturm sich langsam beruhigen kann. Erklären Sie den Kindern, dass die Gedanken in ihrem Kopf sich beim Üben genauso beruhigen, wie die Schneeflocken in der Kugel. Die Übung veranschaulicht ihnen, was sich in ihrem Geist tatsächlich abspielt. Solche einfachen Übungen ermöglichen es kleineren Kindern, sich ihrer eigenen Gedankenprozesse bewusst zu werden.
- **11- bis 17-jährige** Schülerinnen können ihre Gedanken bereits bewusst wahrnehmen und ein oder zwei Schritte weiter gehen. Abhängig von ihrem Alter und ihren Möglichkeiten können sie lernen, ihre Gedanken zu beobachten und erkennen, welche Emotionen mit den Gedanken einher gehen. Einige Gedanken begeistern sie vielleicht, andere machen sie wütend. Vielleicht merken sie, dass sie sich freuen, wenn sie an Essen denken und angespannt sind, wenn sie an eine Prüfung denken. Sobald sie diesen Prozess nachvollziehen können, haben sie ein hohes Maß an Selbstreflexion und Selbstregulation gewonnen.

Das Ablenkungsspiel

Diese Praxis vermittelt den Schülern ein klares Verständnis davon, wie ihr Geist wandert, während sie versuchen sich zu konzentrieren. Wenn die Schülerinnen in der Lage sind, über ihre Aufmerksamkeit, Gefühle und ihren Körper zu reflektieren, wie sie es in den vorhergehenden Übungen gelernt haben, können wir beginnen, uns mit der Ablenkung unseres Geists zu beschäftigen. Dieses Spiel ist besonders hilfreich, wenn die Schüler abgelenkt sind, zum Beispiel durch Freunde oder Geräusche von draußen; Sie zeigen ihnen, wie man mit dieser Art von Ablenkung umgehen kann. Achtsam sein zu können, wenn alles ruhig ist, ist eine Sache; diese Übung jedoch hilft uns, auch inmitten unseres Alltagschaos achtsam zu sein.

LERNZIELE

exekutive Funktionen, Metakognition, fokussierte Aufmerksamkeit, Resilienz, Motivation, Impulskontrolle

Vorbereitung und Hinweise

Während dieser Übung machen Sie Geräusche und brauchen Platz, um sich im Raum zu bewegen. In vielen Klassenzimmern gibt es Schachteln mit Stiften, Büchern und andere Gegenständen, mit denen man Geräusche machen kann. Rasseln, Glocken oder Instrumente eignen sich ebenso. Es ist wichtig, dass den Schülerinnen andere Übungen, die den Körper involvieren, der Ankeratem und das Wahrnehmen von Gedanken bereits geläufig sind.

Denken Sie bei dieser Übung daran, dass manche Schüler empfindlichere Nervensysteme haben als andere. Vermeiden Sie deshalb zu laute oder abrupte Geräusche und behalten Sie die Klasse besonders wachsam im Auge.

Übung

Fragen Sie die Klasse zu Beginn, was das Wort *Ablenkung* bedeutet. Sagen Sie ihnen dann, dass Sie heute zusammen das Ablenkungsspiel spielen werden, und fragen Sie, wer glaubt, dass es ihr gelingt, mit ihrem Ankeratem achtsam zu sitzen, selbst wenn Sie versuchen, ihn abzulenken. Laden Sie eine Schülerin ein, still zu sitzen, die Augen zu schließen und sich auf den Atem zu konzentrieren. Auch die anderen können sich auf den Atem konzentrieren und die Freiwillige unterstützen, indem sie achtsam und ruhig sind.

Machen Sie nun alle möglichen ablenkenden Geräusche, schütteln Sie eine Büchse mit Stiften, klopfen Sie mit den Fingern auf den Tisch oder trampeln Sie laut durchs Zimmer. Nach einer Minute loben Sie den Freiwilligen, selbst wenn er sich hat ablenken lassen.

Schauen Sie, ob es noch andere Kinder gibt, die das Ablenkungsspiel versuchen wollen, und wiederholen Sie das Ganze. Bitten Sie alle, sich auf ihren Atem zu konzentrieren, während Sie durch den Raum gehen und Geräusche machen. Machen Sie das einige Minuten lang und erinnern Sie die Schüler daran, sich auf den Atem zu konzentrieren und von den Geräuschen nicht ablenken zu lassen.

Suchen Sie nun eine Freiwillige, die den Assistenten des Ablenkers spielt. Normalerweise melden sich die Störenfriede der Klasse, Sie können diese aber auch bewusst auswählen. So spielen die Kinder, die die anderen normalerweise ablenken und diejenigen, die sich konzentrieren wollen, ihre Rolle einmal aktiv und bewusst.

Die Ablenkerin darf dabei niemanden berühren und keine Geräusche machen, die zu laut sind. Gehen Sie mit dem Ablenker durch den Raum und versuchen Sie die Schülerinnen abzulenken, während diese achtsames Atmen praktizieren. Nehmen Sie sich genug Zeit, um mit Ablenkungen zu spielen – vielleicht im Laufe mehrerer Stunden – damit jeder Schüler die Gelegenheit bekommt, zu spüren, wie es ist, abgelenkt zu werden und selbst abzulenken. So können sie verstehen, wie sich Ablenkung und Impulsivität anfühlen und besser damit umgehen.

Fragen für den Dialog

Auf welche Weise lenkt ihr eure Mitschülerinnen ab?

Wie spürt ihr Ablenkung in eurem Körper?

Zitat und Inspiration

Wie willst du dein Ziel erreichen, wenn du bei jedem kläffendem Hund stehen bleibst, um ihm einen Stein hinterher zu werfen.

Winston S. Churchill

Achtsamkeitstagebuch

- **Zeichnen:** Zeichnet euch selbst in der Mitte des Bildes und viele Ablenkungen um euch herum.
- **Schreiben:** Schreibt, wovon ihr euch ablenken lasst und was euch helfen könnte, euren Fokus zu behalten.

Achtsame Lebenspraxis

Sagen Sie den Schülern, dass sie das Ablenkungsspiel auch in ihrem Leben nutzen können, um ihre Aufmerksamkeit zu stärken. Schlagen Sie vor, alltägliche Momente festzusetzen, zum Beispiel wenn die Schulglocke oder ein Telefon läutet, um drei achtsame Atemzüge zu nehmen. Jedes Mal wenn sie ein lautes Geräusch hören oder jemand ins Zimmer kommt, haben sie die Möglichkeit, die Ablenkung zur Kenntnis zu nehmen und zu ihrem Atemanker zurückzukehren. Das bedeutet nicht, dass sie das Geräusch ignorieren, nur dass sie sich nicht darüber in Gedanken verlieren. Sie können das jederzeit und überall üben, besonders wenn sie lesen, Klavier üben oder etwas anderes tun, das Konzentration erfordert. Ermutigen Sie sie, wahrzunehmen, wie Ablenkungen sich auf sie auswirken und sie als Training für ihren Aufmerksamkeitsmuskel zu nutzen.

Alter und Entwicklungsstufe

- **Die meisten 5- bis 10-Jährigen** lieben dieses Spiel, das man beliebig variieren und immer wieder spielen kann. Fragen Sie die Kinder, ob sie das Ablenkungsspiel spielen wollen, wenn einzelne Schülerinnen oder eine ganz Klasse besonders unkonzentriert ist.
- **Für 11- bis 17-Jährige** können Sie dieses Spiel erweitern. Sie oder einige Schüler können lustige Dinge sagen, während die Schülerinnen sich konzentrieren und versuchen, mit ihrer Aufmerksamkeit bei ihrem Atem zu bleiben und sich nicht in den Worten zu verlieren. So kann man wunderbar gemeinsam üben.

Übungen zur emotionalen Kompetenz

Emotionsregulation ist erwiesenermaßen ein verlässlicher Indikator für akademische Leistungen und Erfolg in vielen Lebensbereichen. Sollte dann die emotionale Gesundheit unserer Schüler nicht ein Hauptanliegen unserer Erziehung und Bildung sein? In den folgenden Übungen helfen wir den Schülerinnen, mit ihren Gefühlen umzugehen, die schwierigen zu regulieren und die gesunden zu fördern. Sie lernen, wie sich schwierige Emotionen im Körper anfühlen und entwickeln Impulskontrolle und die Fähigkeit zur Selbstregulation. Sie können Gefühle wie Dankbarkeit, Zufriedenheit und Empathie bewusst erzeugen und ihre Emotionen einsetzen, um sich gut zu fühlen und gut zu sein. Man kann diese Übungen auch Übungen zur Herzensöffnung nennen, denn sie stärken und regulieren das Herz.

Liebevolle Sätze

Liebevolle Sätze zu sagen erzeugt liebevolle Güte uns selbst und anderen gegenüber. Wir wollen Großzügigkeit und Wohlwollen in uns entwickeln. Wenn wir sagen „Mögest du glücklich sein“, empfinden wir in unserem Herzen das aufrichtige Gefühl der Zuwendung für andere und uns selbst. Selbst wenn wir uns gerade nicht glücklich fühlen, so existiert in uns doch fast immer der Wunsch danach glücklich zu sein. Dieser Wunsch nach Glück und Zufriedenheit ist es, der die liebevollen Sätze nährt. „Möge ich glücklich sein“ können wir ganz aufrichtig sagen, *besonders* wenn wir uns nicht gut fühlen. Auf diese Weise für uns selbst zu sorgen verlangt Mut und dieser Mut ist es, der die Atmosphäre unseres Klassenzimmers verwandelt.

LERNZIELE

Zufriedenheit, Empathie, Selbstmitgefühl, prosoziales Verhalten, fokussierte Aufmerksamkeit, Offenheit, kognitive Flexibilität

Vorbereitung und Hinweise

Die Sprache der Empfindungen und Popcorn-Gedanken müssen bereits geübt worden sein. Ein verankertes Bewusstsein und das Verständnis für die Empfindungen in unserem Körper sind der Grundstein für ein besseres Verständnis davon, wie unsere Emotionen funktionieren. Es ist hilfreich, diese Übungen in einem sicheren, geschlossenen Raum durchzuführen. Erinnern Sie die Schüler noch einmal daran, dass alles, was in diesem Raum besprochen wird, vertraulich ist.

Übung

Sagen Sie den Schülerinnen, dass sie heute eine neue Art von Übung kennenlernen werden, die wir Herzensöffnung nennen. Bei Achtsamkeit geht es darum, unseren Geist so einzusetzen, dass wir unsere Sinne, unsere Gedanken, unseren Atem und die Welt um uns herum aufmerksam wahrnehmen können. Fragen Sie, was Herzensöffnung bedeuten könnte. Sagen Sie ihnen dann, dass sie die Landschaft ihres Herzens betreten und ihre emotionale Intelligenz erkunden werden.

Zu Beginn legen die Schüler ihre Hände auf ihr Herz und schauen, wie es sich da drin anfühlt. Sie nehmen einige tiefe Atemzüge und achten darauf, was sie in ihrer Brust spüren.

Jetzt senden die Schülerinnen sich selbst einige positive Gedanken. Dabei lassen sie ihre Hände auf ihrem Herzen, sie können sich aber auch selbst umarmen und senden sich gute Wünsche. Geben Sie einige Beispiele, wie „möge ich heute glücklich sein", „möge ich mich stark und gesund fühlen" und „möge ich mich heute ganz sicher fühlen." Laden Sie die Schüler ein, eigene positive Wünsche für sich zu finden und sie leise zu sich oder der Gruppe zu sagen.

Von da ausgehend beginnen wir, gute Wünsche an andere zu senden. Bitten Sie die Schülerinnen, einige Mitschüler anzusehen und ihnen gute Wünsche zu senden. Sie können mit Sätzen beginnen wie „mögest du heute einen guten Tag haben", „mögest du viele Freunde haben" und „mögest du dich großartig fühlen!" Die Schülerinnen sehen sich um und wünschen sich gegenseitig Gutes.

Dann öffnen wir unsere Arme weit oder nehmen uns einen Moment Zeit, um an die unterschiedlichen Menschen in unserer weiten Welt zu denken und ihnen gute Wünsche zu senden. Wir können an Kinder, Erwachsene, ja sogar Tiere denken und etwas sagen wie: „möge es Essen geben, für diejenigen, die hungrig sind", „möge es Freude im Herzen derer geben, die in Sorge sind" und „mögen die Meere, die Wälder und alle Tiere gesund sein."

Fragen für den Dialog:

Warum ist es wichtig, freundliche Gedanken über andere zu denken?

Was spürt ihr bei dieser Übung in eurem Körper?

Zitat und Inspiration

Liebe zu geben ist bereits eine Art von Bildung.

Eleanor Roosevelt

Achtsamkeitstagebuch

- **Zeichnen:** Zeichnet ein Bild davon, wie Glück sich über die ganze Welt ausbreitet.
- **Schreiben:** Schreibt eine Liste von Wünschen, die ihr für euch selbst, die Menschen in eurer Nähe und die Welt habt.

Achtsame Lebenspraxis

Es ist wichtig, Herzensöffnung zuallererst für sich selbst zu entwickeln. Die Schüler können sich selbst jeden Abend vor dem Zubettgehen und jeden Morgen nach dem Aufstehen gute Wünsche sagen und liebevoll zu sich sein. Diese Sätze können ihre Einstellung für den ganzen kommenden Tag verändern. So wie wir uns beim Zähneputzen um unseren Zähne kümmern, nutzen wir diese Zeit, um unser Herz zu pflegen und zu stärken. Bitten Sie die Kinder, es zu versuchen und zu schauen, welche Wirkung es auf sie hat.

Alter und Entwicklungsstufe

- **5- bis 10-Jährigen** macht es Spaß, sich Wünsche einfallen zu lassen, die sie sich selbst und anderen senden können, deswegen wiederholen sie dieses Spiel gerne regelmäßig. Die Schülerinnen können sich selbst umarmen, während sie sich gute Wünsche senden. Wenn sie sich dann im Raum umsehen und den anderen gute Wünsche senden, strecken sie ihre Arme nach vorne. Schließlich breiten sie ihre Arme aus, damit sie ihre Wünsche um die ganze Welt senden können. Jüngere Schüler wiederholen die Sätze auch gerne vor der Klasse.
- **11- bis 17-Jährige** finden es oft nicht so cool, nett zu sich selbst und anderen zu sein. Mit Teenagern könnten Sie darüber sprechen, dass wir doch alle einfach glücklich sein und nett behandelt werden möchten. Weil es uns aber an emotionaler Intelligenz mangelt, sind wir manch-

mal gemein zu uns und anderen. Wenn ältere Schülerinnen einmal gelernt haben, liebevolle und fürsorgliche Gedanken an sich selbst und an Menschen, die ihnen wichtig sind, zu senden, können sie das auch bei denjenigen üben, die ihnen auf die Nerven gehen oder mit denen sie Streit hatten. So wird die Praxis der Herzensöffnung auch zu einer Praxis der Vergebung.

Die Wurzeln unserer Emotionen

In dieser Übung geht es um das Verhältnis zwischen Gedanken, Emotionen und Empfindungen. Zu Beginn zeigen wir den Schülern eine Entspannungsübung, die wir Staubsaugeratem nennen. Sobald sie gelernt haben, Spannungen abzubauen, erkunden wir, was in uns vorgeht, wenn wir negative Emotionen empfinden, damit wir wissen, wann wir den Staubsaugeratem einsetzen können. Wir vermitteln ein Verständnis für die Art und Weise, wie unsere Emotionen funktionieren, zeigen, wie man die emotionale Wurzel finden kann, wenn unser Geist wieder einmal im Gedankenkarussel rotiert. Die Schülerinnen lernen die Emotionen in ihrem Körper zu fühlen und wie sie aufhören können sich Sorgen zu machen oder grün und blau zu ärgern. Wenn sie diesen unangenehmen Empfindungen ihren beruhigenden Atem entgegenbringen, befreien sie sich selbst von quälenden Gedanken und Geisteshaltungen.

LERNZIELE

Empathie, exekutive Funktionen, Emotionsregulation, Metakognition, fokussierte Aufmerksamkeit, Stressreduktion, Resilienz, Selbstmitgefühl, Offenheit, Zufriedenheit, kognitive Flexibilität

Vorbereitung und Hinweise

Bei dieser Übung können Emotionen hochkommen. Stellen Sie sicher, dass die Stunde in einem geschützten Raum stattfindet, und erinnern Sie die Klasse daran, dass alles, was hier passiert, vertraulich ist. Wenn sich Emotionen zeigen, ist das eine wunderbare Gelegenheit, der Klasse zu sagen, dass in dieser Stunde alles willkommen ist und dass Emotionen nicht bewertet oder verurteilt werden. Die Sprache der Empfindungen und Popcorn-Gedanken sind Vorraussetzungen für diese Übung. Die Schüler sollten wissen, wie sie die Emotionen in ihrem Körper spüren können und sollten in der Lage sein, ihre Gedanken zu beobachten.

Übung

Diese Übung hilft uns dabei, mit unseren Emotionen umzugehen, indem wir unsere Gedanken und Gefühle verfolgen, erkennen, wodurch sie ausgelöst werden, und lernen, uns zu entspannen und loszulassen.

Die Schülerinnen sitzen in einer achtsamen Position. Wenn möglich sind ihre Augen geschlossen und sie konzentrieren sich auf die Empfindungen in ihrem Körper. Die Schüler richten ihre Aufmerksamkeit auf verschiedene Bereiche ihres Körpers und nehmen wahr, ob sie dort irgendwelche Spannungen oder Stress entdecken. Sie atmen ein und nehmen die innere Wetterlage wahr: im Kopf, in den Schultern, in den Händen, ihrem Magen und anderen Bereichen, die oft angespannt sind.

Dann führen Sie den Staubsaugeratem ein. Die Schülerinnen stellen sich vor, sie hätten einen Staubsauger in ihrem Bauch, mit dem man jegliche Spannung oder Stress aufsaugen kann. Während sie tief einatmen, stellen sie sich vor, dass aller Stress aus ihrem Kopf, den Schultern, der Brust hinunter in ihrem Bauch gesaugt wird. Dann halten die den Atem drei Sekunden lang im Bauch an und wenn sie loslassen stellen sie sich vor, dass alles Unnötige und Schmutzige mit dem Ausatmen in den Boden gespült wird.

Nachdem sie den Staubsaugeratem geübt haben, können sie an eine Situation denken, in der sie sich genervt oder frustriert gefühlt haben. Während sie sich diese Szene vorstellen, sollen sie beobachten, was sich in ihrem Körper verändert. Halten sie ihre Schultern fest? Wird der Atem schneller? Ist ihr Gesicht heiß?

Wenn sie wahrnehmen, wie die frustrierende Erfahrung ihren Körper beeinflusst, beginnen sie mit dem Staubsaugeratem, ziehen die Spannung aus ihrem Körper in den Bauch und entlassen sie in die Erde. Laden Sie die Schüler ein, Spannungen aus ihrem ganzen Körper wahrzunehmen, in den Bauch zu atmen, den Atem drei Sekunden lang anzuhalten und dann loszulassen.

Fragen für den Dialog

Warum glaubt ihr, dass wir manchmal Dinge sagen, die wir im Nachhinein bereuen?

Fühlt ihr euch jetzt anders als vor der Übung? Inwiefern?

Zitat und Inspiration

Eine Brotrinde in Frieden genossen,
ist besser als ein Festmahl voller Furcht.

Äsop

Achtsamkeitstagebuch

- **Zeichnen:** Zeichnet ein Bild, das zeigt, wie ihr allen Stress loslasst.
- **Schreiben:** Schreibt darüber, wann ihr diese Übung in eurem Leben anwenden könntet.

Achtsame Lebenspraxis

Nachdem die Schülerinnen den Staubsauger-Atem kennengelernt haben, können sie ihn überall anwenden. Erinnern Sie sie daran, ihn auszuprobieren, wenn sie wütend auf ein Geschwisterteil sind oder wenn die Eltern etwas nicht erlauben, was sie unbedingt tun wollen, oder wenn sie vor einer neuen Herausforderung Angst haben. Bitten Sie sie, es sie in den nächsten Tagen auszuprobieren und in der nächsten Achtsamkeitsstunde darüber zu berichten.

Alter und Entwicklungsstufe

- **5- bis 10-Jährige** können eine verkürzte Variante der Übung machen. Das Bild eines Staubsaugers im Bauch, der alle unangenehmen Gefühle aufsaugt, ist hilfreich für Schüler dieses Alters. Die Übung kann von großem Nutzen für einzelne Schülerinnen und die ganze Klasse sein, wenn im Raum große Anspannung herrscht, vor einem Test oder nachdem irgendetwas vorgefallen ist. Wenn man den Body-Scan mit jüngeren Kindern durchführt, reicht eine Minute, um den ganzen Körper zu erkunden und unangenehme Gefühle ausfindig zu machen.
- **11- bis 17-Jährige** können bereits im Detail erforschen, wie Emotionen sich als Körperempfindungen bemerkbar machen. Es kann für die Schüler sehr befreiend sein, ihre emotionsgeladenen Gedanken bis in den Körper zurückzuverfolgen, um sie dann dort zu entspannen und loszulassen. Bei älteren Schülerinnen kann man sich beim Body-Scan

Zeit lassen und in jeden Bereich des Körpers hinein spüren, um dort Stress, Schmerz und unangenehme Emotionen wahrzunehmen und sie mit dem Atem zu versorgen.

Schwierige Emotionen

Wenn wir das Tor zu unseren Emotionen einmal geöffnet haben, können wir beginnen, nicht nur mit angenehmen, sondern auch mit schwierigen Gefühlen zu arbeiten. Wenn wir nicht wissen, wie wir mit Emotionen wie Wut, Traurigkeit und Angst umgehen sollen, können diese sehr destruktiv werden. Wir gehen einmal davon aus, dass diese Gefühle unserem Herzen irgendwann einmal einen Besuch abstatten werden und nutzen die Herzensöffnung, um uns darauf vorzubereiten, aus der Erfahrung zu lernen und daran zu wachsen, statt uns von ihnen durcheinander bringen zu lassen.

LERNZIELE

Emotionsregulation, fokussierte Aufmerksamkeit, Stressreduktion, Resilienz, Offenheit, Zufriedenheit, kognitive Flexibilität

Vorbereitung und Hinweise

Diese Übung sollte nach der Sprache des Körpers, dem Atemanker und den Wurzeln unserer Emotionen durchgenommen werden. Die Schülerinnen sollten bereits einen Anker haben, zu dem sie sich zurückziehen können. Auch hier ist es unumgänglich, dass Sie für einen emotional und physisch sicheren Raum sorgen, die Schüler an die Vertraulichkeit erinnern und wissen, an wen Sie sich wenden können, falls bei einer Schülerin starke Emotionen hochkommen sollten. Wir wollen vorsichtig sein, um keine zu intensiven Emotionen an die Oberfläche zu befördern. Wann immer sich starke Gefühle zeigen, erinnern Sie die Schüler daran, dass ihr Atemanker immer für sie bereit steht.

Übung

Erzählen Sie den Schülerinnen, dass sie heute eine Reise zu ihren Gefühlen machen werden. Sie beginnt bei unserem Basislager, dem achtsamen Atem. Von dort aus erforschen wir verschiedene emotionale Zustände. Dabei haben wir immer die Möglichkeit, wieder zum Basislager zurückzukehren, wenn wir das möchten. Beginnen Sie mit den Schülern etwa eine Minute lang den achtsamen Staubsaugeratem zu üben.

Sprechen Sie darüber, dass jeder von uns hier und da Angst, Wut, Trauer und andere schwierige Gefühle erlebt. Wir gehen davon aus, dass uns diese unangenehmen Gefühle manchmal aufsuchen werden. Deswegen sollten wir wissen, was wir tun, wenn sie an unsere Tür klopfen.

Bitten Sie die Schüler, während sie achtsam atmen, sich vorzustellen, sie würden aufstehen und zur Tür hinausgehen, um ihr Lieblingsspiel zu spielen oder ihrer Lieblingsbeschäftigung nachzugehen. Sie stellen sich diese Szene vor, als ob sie sie in einem Film sehen würden. Fragen Sie die Schülerinnen nach dem Visualisieren, was sie während der Szene in ihrem Körper gespürt haben.

Dann stellen sie sich vor, dass jemand wütend auf sie zukommt und ihnen sagt, dass sie mit dem, was sie gerade tun, aufhören müssen. Dabei nehmen sie wahr, was diese Vorstellung in ihrem Körper auslöst. Nach dem Visualisieren nehmen sie einige Staubsaugeratemzüge.

Nun stellen sich die Schüler vor, sie kommen zurück in die Schule und es gibt einen unangekündigten Test, für den sie nicht vorbereitet sind. Sie sehen vor ihrem inneren Auge, wie sie sich an den Tisch setzen, um diesen Test zu machen. Was spüren sie in ihrem Körper? Danach machen sie wieder einige Staubsauger-Atemzüge.

Dann stellen die Schülerinnen sich vor, sie bekommen einen Test zurück und haben die Höchstpunktezahl erreicht! Dabei achten sie darauf, wie sie sich fühlen. Dann stellen sie sich vor, dass ihr Freund ihnen erzählt, dass er ebenfalls die Höchstpunktezahl erreicht har. Die Schülerinnen schauen, ob sie sich mit dem Freund freuen können. Was spüren sie in ihrem Körper, wenn sie sich über den Erfolg von jemandem anderen freuen?

Fragen für den Dialog

Was habt ihr in eurem Körper gespürt, als ihr euch vorgestellt habt, den unangekündigten Test machen zu müssen?

Was habt ihr in eurem Körper gespürt, als ihr euch vorgestellt habt, dass ihr euer Lieblingsspiel spielen werdet?

Zitat und Inspiration

Man soll sein Herz festhalten, denn lässt man es gehen, wie bald geht einem dann der Kopf durch.

Friedrich Nietzsche

Achtsamkeitstagebuch

- **Zeichnen:** Stellt euch vor ihr müsst einen unangekündigten Test machen oder seid in irgendeiner anderen unangenehmen Situation. Zeichnet die Konturen eures Körpers und füllt ihn mit Farben und Formen, die die Emotionen darstellen, die ihr in eurem Körper wahrnehmt.
- **Schreiben:** Schreibt eine Reihe von Adjektiven auf, die beschreiben, wie euer Körper sich anfühlt, wenn ihr gestresst seid, und findet für jedes Adjektiv etwas, das euch helfen könnte, diesen Stress abzubauen.

Achtsame Lebenspraxis

Nun da die Schüler wissen, wie sie die Emotionen in ihrem Körper wahrnehmen können, haben sie überall und jederzeit ein bemerkenswertes Instrument zur Hand. Wenn sie sich ängstlich, traurig oder unwohl fühlen, können Sie sich dieses Gefühl bewusst machen und einige achtsame Atemzüge nehmen. Sie können auch beobachten, wie sie sich in unterschiedlichen Umgebungen und mit unterschiedlichen Leuten fühlen. Erklären Sie, dass sie lernen können, sich für Erfahrungen zu entscheiden, die sie glücklich machen, sobald sie einmal herausgefunden haben, wie ihr Körper auf Plätze und Menschen reagiert.

Alter und Entwicklungsstufe

- **5- bis 10-Jährige** gehen gerne auf eine imaginäre Reise. Sie können alle möglichen Szenarios entwickeln. Manche Lehrerinnen unternehmen eine Fantasiereise durch den Dschungel oder ins Weltall. Sagen Sie den Schülern, dass sie gemeinsam auf eine Safari in eine andere Welt gehen werden und sich unterwegs für verschiedene Abenteuer entscheiden können. Erinnern Sie die Schülerinnen immer wieder daran, die Empfindungen in ihrem Körper zu spüren. Diese Übung hilft jungen Kindern dabei, sich bewusst zu werden, mit welchen Emotionen sie auf bestimmte Situationen reagieren und wie sie damit umgehen können.

- **11- bis 17-Jährige** können eine Menge von dieser Übung lernen. Statt einer imaginären Safari, nehmen wir hier besser Metaphern für frustrierende Erlebnisse. Wenn die Schüler die Empfindungen beobachten, die in schwierigen Momenten auftauchen, dann beginnen sie die Kontrolle über ihre Reaktionen zu erlangen. Darüber kann man faszinierende Gespräche führen. Sie können auch eine Liste von Situationen machen, die sie beängstigend, frustrierend, aufregend oder fröhlich finden, und diese für eine Visualisierungsübung nutzen.

Dankbarkeit erzeugen

Wofür sind Sie dankbar? Diese Frage fördert eine Einstellung der Wertschätzung für das, was die Welt uns bereits geschenkt hat, statt uns darauf zu konzentrieren, was uns fehlt. Jeder Atemzug wird uns von Bäumen und Pflanzen geschenkt. Unsere Nahrung ist ein Geschenk der Pflanzen und Tiere. Das Leben als Phänomen voller Wunder zu betrachten weckt Dankbarkeit, Liebe und Mitgefühl in uns.

LERNZIELE

Empathie, exekutive Funktionen,
emotionale Selbstregulation, Metakognition,
fokussierte Aufmerksamkeit, Resilienz,
Selbstmitgefühl, Zufriedenheit, kognitive Flexibilität

Vorbereitung und Hinweise

Bereiten Sie Dankbarkeitstagebücher für die Klasse vor oder lassen Sie sie selbst welche basteln. Feingefühl im Umgang mit der Diversität Ihrer Schülerinnen ist unumgänglich. Manche haben vielleicht keine Eltern, in diesem Fall eignen sich Eltern natürlich nicht als Beispiel für etwas, für das man dankbar sein kann. Finden Sie elementare Dinge, wie die Dankbarkeit für unseren Atem, unser Trinkwasser und Sonnenschein.

Eine Dankbarkeitspraxis in der Gruppe abzuhalten, ist besonders wirksam. Am Beginn des Tages sagen die Kinder, für welche Dinge in ihrem Leben sie besonders dankbar sind, und bevor die Kinder nach Hause gehen, sagen sie wofür sie an diesem Tag besonders dankbar waren.

Übung

In der heutigen Übung lernen die Kinder über die Macht der Dankbarkeit. Wenn wir dankbar sind, dann konzentrieren wir uns nicht mehr auf die Dinge in unserem Leben, die nicht gut genug sind, sondern richten unsere Aufmerksamkeit auf die zahllosen kleinen Dinge, die uns in diesem Augenblick am Leben erhalten.

Erklären Sie, dass wir oft auf die Dinge in unserem Leben vergessen, für die wir dankbar sein können. Diese Art von Vergesslichkeit gleicht einem Stein an der Spitze einer Pyramide, der all die Steine vergisst, auf denen er liegt. Wir verdanken die Tatsache, dass wir am Leben sind, den vielen Vorfahren, die überlebt und sich verliebt haben und all die Dinge getan haben, auf Grund derer wir jetzt hier sein dürfen. Sprechen Sie darüber, dass die Sonne jeden Tag aufgeht, um den Pflanzen Leben einzuhauchen, ohne die wir nicht atmen und essen können. Erinnern Sie sie an die Menschen, die die Toiletten putzen, das Essen an die Geschäfte liefern, in denen wir es kaufen und die Häuser bauen, in denen wir lernen.

Bitten Sie die Kinder die Augen zu schließen und ihren achtsamen Körper aufzuwecken. Sie richten ihre Aufmerksamkeit auf ihren Atem. Sobald sie sich ruhig fühlen, stellen sie sich vor ihrem inneren Auge einen ihrer Helden vor oder jemanden anderen, der sie richtig glücklich macht. Sie stellen sich vor, diese Person würde neben ihnen sitzen. Wie fühlt sich das an?

Danach stellen die Schülerinnen sich noch weitere Helden oder besondere Menschen in ihrem Leben vor, die alle um sie herum sitzen und sie mit einem großen Lächeln und voll Ermutigung ansehen. Lassen Sie sie erzählen, wie sich das anfühlt.

Jetzt stellen die Schüler sich ihr Lieblingsessen vor. Es steht genau vor ihnen und sie sehen die Farben, stellen sich vor, wie das Essen riecht, und achten darauf, wie sich ihr Körper dabei anfühlt.

Jetzt stellen sie sich das alles auf einmal vor: ihre Lieblingssachen, ihre Lieblingsmenschen, die Dinge in ihrem Leben, für die sie besonders dankbar sind, all das um sie herum versammelt. Wie fühlt es sich an, sich das vorzustellen?

Nun nehmen wir einen tiefen Atemzug, lassen alles los, wofür wir dankbar sind und nehmen einfach war, wie sich unser Körper nach dieser Dankbarkeitsübung anfühlt.

Fragen für den Dialog

Wofür seid ihr besonders dankbar?

Welche Dinge, wie zum Beispiel die Sonne und den Regen, braucht ihr zum Leben?

Zitat und Inspiration

Die Menschen murren, dass keine Rose ohne Dornen wächst, warum danken sie eigentlich nicht dafür, dass Gott auf dornigen Stängeln so schöne Rosen wachsen lässt?

Abraham Lincoln

Achtsamkeitstagebuch

- **Zeichnen:** Zeichnet ein Bild von euch, umgeben von all den Menschen, für die ihr besonders dankbar seid.
- **Schreiben:** Macht eine Liste von Dingen, für die Aspekte in euch selbst, für die ihr dankbar seid.

Achtsame Lebenspraxis

Sobald die Kinder die Dankbarkeitspraxis kennengelernt haben, können sie ihr eigenes Dankbarkeitstagebuch beginnen. Dieses Tagebuch kann auf unbestimmte oder bestimmte Zeit geführt werden. Ermutigen Sie sie, jeden Tag einen Eintrag zu machen und die Dinge und Menschen, für die sie dankbar sind, darin festzuhalten. Sprechen Sie zu irgendeinem späteren Zeitpunkt darüber, welche Veränderungen an sich selbst und an ihrer Umgebung ihnen aufgefallen sind, seit sie das Tagebuch begonnen haben.

Alter und Entwicklungsstufe

- **5- bis 10-jährigen** Schülern fällt es leicht, Dinge zu visualisieren, für die sie dankbar sind, und das der Klasse mitzuteilen. Man kann diese Übung jeden Morgen zur Begrüßung in einem Kreis machen oder am Nachmittag, um festzustellen, wofür man heute dankbar war. Dankbarkeit schafft eine Atmosphäre der Wertschätzung und Güte im Klassenzimmern.
- **Mit 11- bis 17-Jährigen** kann man faszinierende Gespräche über die positive Gemütslage führen, die diese Praxis nach sich zieht. Dass wir selbst entscheiden, ob wir uns auf die Dinge konzentrieren für die wir dankbar sind oder auf die, die uns ärgern und stören ist ein gutes und ergiebiges Thema für Gruppendiskussionen. Die neurowissenschaftlichen Auswirkungen eines positiven Gemütszustands zu beschreiben, kann ebenfalls sehr lohnend sein.

Positive Eigenschaften

Wir können unseren Schülerinnen sagen, sie sollen besser aufpassen, freundlich zueinander sein und ihre Impulse kontrollieren, doch diese Konzepte sind manchmal schwer nachvollziehbar. Durch Achtsamkeit haben die Kinder die Möglichkeit, die Eigenschaften zu entwickeln, die sie für eine positive Entwicklung brauchen. Wir bieten die direkte Erfahrung, wie es sich im Körper anfühlt, wenn man sehr aufmerksam oder aufrichtig freundlich zu Menschen ist. Die Schüler können wählen, welche Eigenschaften sie entwickeln wollen, und einen für sie zugänglichen Weg erkunden, um zu wachsen.

LERNZIELE

Emotionsregulation, exekutive Funktionen, Metakognition, Empathie, fokussierte Aufmerksamkeit, Stressreduktion, Residenz, Offenheit, Zufriedenheit, kognitive Flexibilität

Vorbereitung und Hinweise

Entscheiden Sie sich vor Beginn der Übung für einige positive Eigenschaften, die sie während der Übung beleuchten möchten. Für jüngere Kinder könnte man Bilder von Tieren mitbringen, die Eigenschaften wie Fokus, Freundlichkeit oder Motivation veranschaulichen. Bei älteren Schülern eignen sich Bilder oder Videos von Menschen, die positive Eigenschaften verkörpern, ein Seiltänzer für Fokus oder ein Bild von Mutter Teresa, die Essen an Kinder verteilt, für liebevolle Güte. Laden Sie die Schülerinnen ein, sich darüber Gedanken zu machen, welche Eigenschaften sie selbst entwickeln wollen, statt ihnen vorzugeben, welche sie unserer Meinung nach entwicklen sollten.

Übung

Sprechen Sie mit den Schülern über die wundervollen Eigenschaften, die uns innewohnen, wie Güte und Freundlichkeit, Motivation und Friedlichkeit. Erzählen Sie einige Geschichten von Menschen oder Tieren, die für diese Eigenschaften stehen.

Beginnen Sie mit Motivation. Fragen Sie die Schülerinnen, wer von den Menschen, die sie kennen, ein gutes Beispiel für Motivation ist. Geben Sie selbst einige Beispiele von Bergsteigern oder passionierten Balletttänzern.

Dann wecken die Schüler ihren achtsamen Körper auf und stellen sich jemanden vor, der für sie Motivation verkörpert. Bitten Sie sie, ihre Augen zu schließen und sich vorzustellen, dieser Mensch würde etwas mit absoluter Entschlossenheit und Motivation tun. Dann treten die Schülerinnen selbst in die Schuhe dieses Menschen. Sie sind nun die personifizierte Motivation. Was spüren sie in ihrem Körper, wenn sie so motiviert sind?

Dann laden Sie die Schüler ein an jemanden zu denken, der besondere Freundlichkeit verkörpert. Sie stellen sich vor, wie dieser Mensch liebevolle Taten vollbringt und seinen Tag mit liebevoller Güte füllt. Dann versetzen sie sich an dessen Stelle und stellen sich vor, sie seien so liebevoll und großzügig. Was spüren sie jetzt in ihrem Körper?

Die Schüler denken jetzt an jemanden, der besonders friedlich ist. Ob sein Leben nun gerade chaotisch oder ruhig verläuft, dieser Mensch ist stets ausgeglichen. Wie verhält sich dieser Mensch und was spüren sie, wenn sie sich in ihn hineinversetzen?

So kann man etliche positive Eigenschaften durchgehen und die Schülerinnen an die Eigenschaften denken lassen, die sie selbst kultivieren wollen. Dann denken sie an jemanden, der diese Eigenschaft verkörpert, und nutzen diesen Menschen, um ihre eigenen Batterien mit genau dieser Eigenschaft aufzuladen. Wenn eine Schülerin zum Beispiel fokussierter sein möchte, stellt sie sich ihren Fokus-Mentor vor. Wenn ein Kind liebevoller sein will, stellt es sich seinen liebevolle-Güte-Mentor vor.

Fragen für den Dialog

Welche Eigenschaften wollt ihr am meisten kultivieren?

Wie hat sich Euer Körper bei den unterschiedlichen Eigenschaften angefühlt?

Zitat und Inspiration

Nähre deine Seele mit großen Gedanken.
An Helden zu glauben macht uns zu Helden.

BENJAMIN DISRAELI

Achtsamkeitstagebuch

- **Zeichnen:** Zeichnet ein Bild von euch als Superhelden, dessen besondere Kraft eine positive Eigenschaft ist.
- **Schreiben:** Schreibt eine Liste von positiven Eigenschaften. Überlegt welche davon ihr bereits verkörpert und bei welchen ihr ein wenig mehr Übung benötigt.

Achtsame Lebenspraxis

Wir können die Schüler bei der Entwicklung der positiven Eigenschaften, die sie sich ausgesucht haben, unterstützen. Wenn ein Schüler sich mehr Motivation wünscht, schlagen wir ihm vor, sich einmal täglich seinen Motivationsmentor zu vergegenwärtigen, sich an seine Stelle zu versetzen und die Motivation dann in seinem Körper zu spüren. Erklären Sie, dass sie diese Übung immer anwenden können, wenn sie ihre Aufmerksamkeit, ihr Mitgefühl, ihren inneren Frieden oder jede andere positive Eigenschaft stärken wollen.

Alter und Entwicklungsstufe

- **Beziehen Sie 5- bis 10-Jährige** Schülerinnen in die Gestaltung der Übung mit ein, indem Sie sie erzählen lassen, welche Tiere oder Superhelden die unterschiedlichen Eigenschaften verkörpern. Dann versetzen sich die Kinder in diese Tiere oder Superheldinnen hinein. Lassen Sie sie Charaktere zeichnen oder nachspielen, die diese Eigenschaften verkörpern. Es ist wichtig, die Schüler nach einiger Zeit daran zu erinnern, in sich hinein zu spüren und zu schauen, was sie entdecken. So lernen sie, wie es sich konkret anfühlt, aufmerksam, liebevoll ect. zu sein.

- **11- bis 17-Jährige** sind in der Lage, eingehender zu reflektieren, um herauszufinden, welche Eigenschaften sie entwickeln möchten. Gehen Sie mit ihnen etliche Eigenschaften durch und sprechen sie darüber. Dann erforschen sie, auf welche Weise sie sich entwickeln müssen und welche Übungen dazu nötig sind. Bei älteren Schülerinnen kann man auch Prominente und Führungspersönlichkeiten ins Spiel bringen, um die Eigenschaften zu veranschaulichen.

Soziale Kompetenz

Mobbing, soziale Ausgrenzung und andere Formen sozialer Grobheit wirken äußerst verstörend auf die Betroffenen und die Gemeinschaft als Ganzes. Durch die folgenden Übungen wollen wir Offenheit, Empathie und Kommunikationsfähigkeit der Schüler stärken und eine achtsame Gemeinschaft schaffen. Wir nutzen Eigenschaften, die wir durch das Beobachten unserer Gedanken und Emotionen bereits entwickelt haben, um unbewusste Vorurteile bewusst zu machen, einander mit Verständnis zu begegnen und liebevolle Güte zu entwickeln. Durch diese Praktiken motivieren wir die Schülerinnen, die wundervollen Eigenschaften, die sie entwickelt haben, in die Welt zu tragen und positive Veränderungen zu bewirken.

Genau wie ich

Wenn Schüler lernen, Herzenswärme zu entwickeln, beginnen sie ihr Herz für andere zu öffnen. Dazu brauchen sie emphatisches Verständnis für die Welt dieses anderen Menschen. Statt ihnen einfach zu sagen: Seid nett zueinander, bieten wir ihnen einen Einblick in das Herz anderer Schülerinnen. So können sie zukünftige Lebensentscheidungen von einem Ort des Mitgefühls und des Verständnisses aus treffen.

LERNZIELE

Empathie, exekutive Funktionen, Emotionsregulation, fokussierte Aufmerksamkeit, Selbstmitgefühl, Offenheit, Zufriedenheit, kognitive Flexibilität

Vorbereitung und Hinweise

Wenn wir Herzensöffnung praktizieren, brauchen wir einen geschützten, ungestörten Raum. Erinnern Sie die Schüler daran, dass alles, worüber hier gesprochen wird, vertraulich ist und mit niemandem außerhalb der Gruppe besprochen werden darf. Wir wollen einen Raum schaffen, der den Schülerinnen die Sicherheit vermittelt, die sie brauchen, um sich wohl zu fühlen und Verletzlichkeit zuzulassen.

Übung

Die Schüler richten ihre Aufmerksamkeit auf ihren Atem, spüren die Bewegung in ihrem Körper. Sagen Sie ihnen, dass die Herzensöffnung-Übung ihren Empathie-Muskel kräftigt.

Nun senden die Schülerinnen sich selbst einige der guten Wünsche, die sie in einer vorhergehenden Stunde gelernt haben. Geben Sie einige Beispiele, wie „möge ich glücklich sein", „möge ich sicher sein" und „möge ich stark und gesund sein". Die Schüler wählen die guten Gedanken selbst aus.

Nun denken sie an jemanden, die sie sehr mögen: eine Freundin, ein Familienmitglied oder auch ein Haustier. Dann senden sie dieselben Wünsche an diesen Menschen oder diesem Tier: „Genau wie ich, möchte diese Person glücklich sein", „genau wie ich möchte diese Person sicher sein", „genau wie ich möchte diese Person stark und gesund sein." Sie denken weiter an diese Person und senden alleine weitere „Genau wie ich"-Sätze.

Schließlich bitten wir sie, sich jemanden vorzustellen, der ihnen ein bisschen auf die Nerven geht. Das kann jemand aus der Klasse sind, ein Geschwisterteil oder auch eine Lehrerin. Während sie sich diesen Menschen vorstellen, sagen sie dieselben Sätze und schauen, ob sie es wirklich empfinden können: „Genau wie ich, möchte diese Person glücklich sein", „genau wie ich möchte diese Person sicher sein", „genau wie ich möchte diese Person stark und gesund sein." Sie denken weiter an diese Person und senden weitere „Genau wie ich"-Sätze.

Fragen für den Dialog

Warum glaubst du, ist es wichtig Empathie zu üben?

Wie fühlt es sich an, Menschen, die Dir auf die Nerven gehen, gute Wünsche zu senden?

Zitat und Inspiration

Drei Dinge sind wichtig im Leben des Menschen. Das erste ist freundlich zu sein. das zweite ist freundlich zu sein und das dritte ist freundlich zu sein.

HENRY JAMES

Achtsamkeitstagebuch

- **Zeichnen:** Zeichnet ein Bild von euch, wie ihr etwas Freundliches für andere tut.
- **Schreiben:** Schreibt über jemanden, die ihr kennt und macht eine Liste von Dingen, die ihr sagen oder tun könntet, um ihn/sie glücklich zu machen.

Achtsame Lebenspraxis

Bitten Sie die Schüler, sich etwas Freundliches zu überlegen, das sie tun können: jemandem die Tür aufzuhalten zum Beispiel, oder freundlich zu einer Schülerin zu sein, die oft alleine sitzt, oder einen Tag lang niemanden abfällig zu behandeln und über niemanden schlecht zu reden. Schauen Sie, welche kreative Ideen den Kindern einfallen.

Alter und Entwicklungsstufe

- **Bei 5- bis 10-Jährigen** darf man bei dieser Übung nicht zu viel Zeit in Stille einplanen. Schlagen Sie liebevolle Sätze vor und lassen sie sie wiederholen. Kindern dieses Alters macht es auch Spaß, sich ihre eigenen freundlichen Wünsche an andere einfallen zu lassen.
- **Bei 11- bis 17-Jährigen** mag es hilfreich sein, zu thematisieren, dass es leicht ist, sich selbst und anderen gegenüber kritisch und abschätzig zu sein. Warum glauben die Schüler, sind wir gemein zu uns selbst und anderen? Welche Auswirkungen haben diese Boshaftigkeiten auf uns und unsere Gemeinschaft? Glauben sie, dass die Dinge so bleiben sollten, wie sie sind? Es ist ein unglaublich großer Schritt in die richtige Richtung, wenn es Ihnen gelingt, die Schülerinnen zur Herzensöffnung zu bewegen, statt ihnen immer nur zu sagen, sie sollen nett zueinander sein.

Achtsam kommunizieren

Achtsames Zuhören bedeutet, unsere vorgefassten Vorstellungen und Meinungen aufzugeben, um die Sichtweise des anderen wirklich zu verstehen. Oft haben wir eine sehr starre Meinung davon, wen wir mögen und wen nicht. Es kann harte Arbeit sein, unsere eigenen Werturteile durchschauen zu lernen, doch es hilft uns, freundlicher und positiver zu sein.

Der andere Teil der achtsamen Kommunikation ist achtsames oder authentisches Sprechen. Das bedeutet, achtsam zu sein und wahrzunehmen, was gerade in uns vor sich geht, und mutig genug zu sein, das den anderen auch mitzuteilen. Wenn wir unsere Wahrheit wirklich ausdrücken und dem anderen wirklich zuhören können, entsteht wahre Freundschaft und Verbundenheit.

LERNZIELE

Empathie, Emotionsregulation, Metakognition, fokussierte Aufmerksamkeit, Selbstmitgefühl, Offenheit

Vorbereitung und Hinweise

Diese Übung funktioniert am besten, wenn alle im Kreis sitzen. Verwenden Sie ein Sprechsymbol, das herumgereicht wird und jeder Schülerin die Gelegenheit gibt, sich mitzuteilen. Wenn die Schüler paarweise zusammengehen, ist es wichtig, dass die einzelnen Paare nicht zu eng beieinander sitzen.

Authentisch zu sprechen kann für Schülerinnen eine heikle Erfahrung sein. Der direkte Dialog mit einem anderen kann Unsicherheiten auslösen. Diese Übung sollte von keiner Schülerin gemacht werden, die sich dabei nicht wohl fühlt.

Übung

Sagen Sie den Schülern, dass das Thema der heutigen Stunde achtsame Kommunikation ist und dass sie lernen werden, vom gegenwärtigen Augenblick aus zu kommunizieren, statt vergangene Erfahrungen oder Vorstellungen von der Zukunft mitzuteilen. Eine Jetzt-Aussage zu machen bedeutet einfach, festzustellen, was jetzt gerade in unserem Körper vorgeht. Wir können darüber sprechen, was wir in unserem Körper spüren, was wir sehen, hören, riechen oder schmecken. Wir können auch über unsere Gefühle sprechen, darüber, dass wir nervös, glücklich oder aufgeregt sind. Statt „Show and Tell"* üben wir „Flow and Tell" („Im Fluss sein und Erzählen") und erzählen den anderen, was gerade durch unser Bewusstsein fließt.

Zuerst wecken die Schüler ihren achtsamen Körper auf und hören in etwa eine Minute lang achtsam auf alle Geräusche, die sie wahrnehmen.

Dann spüren sie eine Minute lang den Empfindungen in ihrem Körper nach.

Nun nehmen sie eine Minute lang ihre Emotionen wahr.

* „Zeige und Erzähle", eine übliche Grundschulpraxis im englischsprachigen Raum, bei der die Kinder etwas über einen mitgebrachten Gegenstand erzählen und so schon früh üben, vor einem Publikum zu sprechen (Anm. d. Übers.).

Nun weiten die Schülerinnen ihr Bewusstsein, so dass sie alle Empfindungen, ihren Atem, ihre Gedanken und ihre Emotionen zugleich wahrnehmen.

Bitten Sie sie, ihre Augen geschlossen zu halten und weiter zu üben. Während sie das tun, werden sie lernen, wie man achtsam spricht. Der Reihenfolge nach wirft jede im Kreis Sitzende einen Blick nach innen und sagt, was sie gerade in diesem Augenblick erlebt.

Wir können unsere Sätze so beginnen: „Jetzt gerade nehme ich wahr…". Zum Beispiel:

- "Jetzt gerade nehme ich ein Jucken an meiner linken Hand wahr."
- „Jetzt gerade nehme ich das Geräusch eines vorbeifahrenden Lastwagens wahr."
- „Jetzt gerade merke ich, dass ich nervös bin."
- „Jetzt gerade merke ich, dass mein Geist unruhig ist."

Wir können mehrere solche Runden machen und jeder sagt, was er im gegenwärtigen Moment erlebt. Erinnern Sie die Schülerinnen daran, ihre Augen geschlossen zu halten und ihren Blick nach innen zu richten, und auch, keine Geschichten zu erzählen oder Vorstellungen zu beschreiben, sondern darüber zu sprechen, was gerade jetzt passiert. Gleichzeitig üben sie, den anderen zuzuhören, ohne zu bewerten oder sich zu überlegen, was sie sagen werden.

Fragen für den Dialog

Habt ihr manchmal das Gefühl, beurteilt zu werden oder etwas vorspielen zu müssen?

Fühlt ihr euch unwohl oder nervös, wenn ihr vor anderen sprechen müsst?

Zitat und Inspiration

Sei du selbst; alle anderen sind bereits vergeben.

Oscar Wilde

Achtsamkeitstagebuch

- **Zeichnen:** Zeichnet, wie ihr euch jetzt gerade fühlt. Zeigt es einer Klassenkameradin und erzählt ihr, was ihr gezeichnet habt. Bittet sie, euch ihre Zeichnung zu erklären.
- **Schreiben:** Schreibt, was ihr in eurem Inneren bemerkt habt, während ihr gesprochen und zugehört habt.

Achtsame Lebenspraxis

Bitten Sie die Schüler, daran zu arbeiten, achtsam zuzuhören, wirklich zuzuhören, wenn jemand mit ihnen spricht und nicht einfach abzuwarten, bis man an der Reihe ist. Sie können jemanden fragen wie es ihr geht und diese Frage wirklich ehrlich meinen und danach achtsam zuhören, was die andere antwortet. Sie können sich dafür auch jemanden aussuchen, mit der sie normalerweise nicht sprechen, und sie vielleicht besser kennenlernen, indem Sie Fragen stellen und den Antworten achtsam zuhören.

Alter und Entwicklungsstufe

- **5- bis 10-Jährige** können lernen, vom gegenwärtigen Augenblick aus zu sprechen, doch manchmal brauchen sie nähere Erklärungen. Es kann hilfreich sein, sie zuerst darüber sprechen zu lassen, was sie sehen, was sie riechen und was sie fühlen, und so alle Sinne durchzugehen, damit sie verstehen, worum es geht. Das ist eine Übung, die man gut mehrmals am Tag praktizieren kann, um die Schülerinnen zu Beginn des Schultags, in Übergangszeiten oder wenn sie unruhig werden, in den gegenwärtigen Augenblick zurück zu führen.

- **11- bis 17-Jährige** können diese Übung dazu nutzen, um neue Perspektiven darüber zu gewinnen, wie sie mit Freunden und Familie kommunizieren. Wenn Sie die Zeit haben, kann man die Übung zuerst im Kreis und dann paarweise durchführen. Viele Jugendliche kämpfen mit einem Konflikt, der aus einem tiefen Wunsch nach Authentizität und dem gleichzeitigen Bedürfnis entsteht, dazuzugehören. Da kommt dieser Übung besondere Bedeutung zu, denn sie legt den Schülerinnen nahe, dass man genauso akzeptiert werden kann, wie man ist, und es unnötig ist irgendwelche Masken aufzusetzen.

Rose und Dorn

Wenn wir unsere emotionale Intelligenz für unsere soziale Interaktion nutzen, dann lernen wir über unsere Freuden und unseren Kummer zu sprechen. Beziehungen und ein soziales Umfeld zu fördern, in dem wir verletzlich und authentisch sein können, hilft uns dabei, wir selbst zu sein, und unseren Stress loszulassen. In dieser Übung lernen wir authentisch zu kommunizieren und achtsam zuzuhören. Achtsames Zuhören setzt voraus, dass wir wirklich aufmerksam sind und wiedergeben, was wir gehört haben. Das schafft ein Gefühl der Zusammengehörigkeit und des Vertrauens in der Klasse.

LERNZIELE

Empathie, Emotionsregulation, Metakognition, fokussierte Aufmerksamkeit, Stressreduktion, kognitive Flexibilität, Selbstmitgefühl, Offenheit

Vorbereitung und Hinweise

Wann immer wir die Schüler einladen über ihre Gefühle zu sprechen, müssen wir sehr genau darauf achten, was sich in dieser Diskussion zeigen könnte. Sprechen Sie noch einmal mit den Kindern über die Vertraulichkeit und bitten Sie alle, sich darauf zu einigen, dass alles, was gesagt wird, in diesem Zimmer verbleibt. Machen Sie den Schülerinnen auch klar, dass sie nichts preisgeben müssen und immer auch passen können. Falls irgendein Schüler jemals über einen Missbrauch oder etwas anderes, das den Rahmen der Klasse sprengt, berichten sollte, unterbrechen Sie ihn, lassen Sie ihn wissen, dass das, worüber er eben gesprochen hat, wirklich wichtig ist und dass Sie mit ihm nach der Stunde darüber sprechen wollen. Stellen Sie sicher, dass Sie für solche Fälle das passende Netzwerk zur Hand haben.

Übung

Zu Beginn der Übung sitzen die Schülerinnen einfach mit ihrem achtsamen Körper und nehmen wahr, was in ihrem Herzen vorgeht. Sie prüfen einfach die emotionale Wetterlage in ihrem Körper und schauen, ob sie sich glücklich, gestresst, wütend, oder aufgeregt fühlen oder eine Mischung aus verschiedenen Gefühlen wahrnehmen.

Sagen Sie den Schülern, dass wir darüber sprechen werden, was in unserem Leben gerade vorgeht. Das machen wir, indem wir über eine Rose und einen Dorn sprechen. Das heißt, wir gehen der Reihe nach ringsum und jede, die an der Reihe ist, erzählt eine Sache, die vor Kurzem passiert ist, die sich gut anfühlt, und eine, die sich nicht so gut anfühlt. Erinnern Sie sie daran, dass sie nichts sagen müssen und auch nur über eine Rose oder einen Dorn berichten können.

Sie als Lehrer können den Anfang machen und über eine Rose und einen Dorn aus ihrem eigenen Leben berichten. Wählen Sie dafür etwas Authentisches aber nicht übermäßig Emotionales und zeigen Sie den Schülerinnen, dass sie von ganz einfachen Dingen erzählen können – eine Rose könnte zum Beispiel eine Pizza sein, die sie zum Essen bekommen haben, und ein Dorn könnte sein, kein Eis bekommen zu haben.

Jedesmal nachdem ein Schüler etwas gesagt hat, gibt eine andere Schülerin wieder, was sie gehört hat – einfach indem sie die Rose und den Dorn wiederholt.

Lassen Sie die Schüler zwischendurch immer wieder innehalten und wahrnehmen, wie es sich anfühlt, zu erzählen und zuzuhören.

Fragen für den Dialog

Was spürt ihr, bevor und nachdem ihr euren Dorn erzählt habt?

Was denkt ihr normalerweise darüber, anderen eure Dornen mitzuteilen?

Zitat und Inspiration

Du öffnest Dein Herz in dem Wissen, dass es möglicherweise eines Tages gebrochen wird und weil Du Dein Herz geöffnet hast, erlebst Du eine Liebe, die Du nie für möglich gehalten hast.

Bob Marley

Achtsamkeitstagebuch

- **Zeichnen:** Zeichnet eine Rose und schreibt oder zeichnet in jedes Blütenblatt Dinge, über die ihr glücklich seid.
- **Schreiben:** Schreibt eine Liste von Eigenschaften einer Rose und einem Dorn und während ihr von einem zum anderen wechselt, beobachtet, wie ihr euch fühlt.

Achtsame Lebenspraxis

Bitten Sie die Schülerinnen, sich zu Hause oder in der Schule einen Menschen zu suchen, der jeden Tag eine Rose und einen Dorn mit ihnen teilen möchte. Eine Partnerin zu haben, mit der man diese Übung machen kann, ermöglicht uns, Verbundenheit mit anderen zu üben und zu vertiefen. Das ist auch eine wunderbare Praxis während eines gemeinsamen Essens.

Alter und Entwicklungsstufe

- **5- bis 10-jährige** Schüler brauchen möglicherweise mehrere Beispiele für Rosen und Dornen, um die Übung zu verstehen. Es mag auch notwendig sein, dass die Lehrerin den Schülern die Rosen und Dornen widerspiegelt bis sie verstehen, wie man es macht. Erinnern Sie die Schülerinnen daran, immer nur von einer Rose und einem Dorn zu erzählen. Bei besonders gesprächigen Schülern eignet sich vielleicht eine Zeituhr oder eine Glocke, um anzuzeigen, dass die Sprechzeit abgelaufen ist.
- **6- bis 12-Jährige:** Für ältere Schülerinnen kann diese Übung eine echte Hilfe sein, um zu lernen sich authentisch mitzuteilen und emphatisch zuzuhören. Wenn sie bereits einige Übung gesammelt haben, können sie auch zu zweit üben, der eine teilt mit, die andere spiegelt, was sie gehört hat. Diese Übung ist auch eine gute Möglichkeit um über Verletzlichkeit, Authentizität und Freundschaft zu sprechen.

Annahmen hinterfragen

In dieser Übung nutzen wir unsere mentale und emotionale Intelligenz und beginnen unsere Annahmen zu hinterfragen. Das hilft uns unsere Weltsicht zu erweitern, andere Perspektiven zu verstehen und Empathie zu entwickeln. Die Schüler lernen ihre einschränkenden Überzeugungen und unbewussten Vorurteile kennen und entwickeln mehr Selbstbewusstsein und emphatische Wertschätzung für andere.

LERNZIELE

Empathie, exekutive Funktionen, Emotionsregulation, Metakognition, fokussierte Aufmerksamkeit, Stressreduktion, kognitive Flexibilität, Selbstmitgefühl, Offenheit

Vorbereitung und Hinweise

Bei dieser Übung benützen wir Alltagsgegenstände, um unsere Annahmen zu überprüfen. Abhängig von den Schülerinnen kann das ein Spielzeug, ein Handy oder irgendwelche anderen Gegenstände mit bestimmter

Bedeutung sein. Eine andere Möglichkeit wäre, einige Dias oder Folien mit Bildern zu zeigen, die gerade für Schüler bestimmte Bedeutung haben, eine Gruppe von Freundinnen zum Beispiel, zwei Kinder, die streiten, oder eine glückliche Familie.

Übung

Bitten Sie die Schüler, ihre achtsamen Körper aufzuwecken und etwa eine Minute lang Popcorn-Gedanken zu üben. Sie können eine Hand auf ihren Bauch legen und die Bewegung ihres Atems spüren und jedesmal die Hand heben, wenn ihnen ein Gedanke durch den Kopf geht.

Nun geht es darum, die auftauchenden Gedanken in unserem Alltag zu beobachten. Erklären Sie, dass jede von uns unbewusste Annahmen mit sich herumträgt, die uns daran hindern, andere Menschen und Dinge wirklich zu verstehen. Wenn wir zum Beispiel einmal ein Essen probiert haben und beschließen, dass wir das nicht mögen und es nie wieder probieren werden, obwohl sich unsere Geschmacksnerven ja verändern und Gerichte, die wir einmal gehasst haben, sich durchaus auch zu unserem Lieblingsessen entwickeln können.

Die Schüler wecken ihrem achtsamen Körper auf, lassen ihre Augen jedoch offen, damit sie die Gegenstände oder Bilder sehen können. Während sie achtsam atmen, zeigen wir ihnen einen Gegenstand und laden sie ein, etwa eine Minute lang auf die Gedanken und Annahmen zu achten, die sie beim Betrachten des Gegenstands bemerken.

Dann fragen wir, was ihnen durch den Kopf gegangen ist, während sie den Gegenstand angesehen haben. Es ist wichtig aufzuzeigen, dass die Assoziationen zu einer Sache von Mensch zu Mensch sehr unterschiedlich sein können. Zeigen Sie weitere Bilder oder Gegenstände und die Schülerinnen beobachten, wie sie darauf reagieren. Erinnern Sie sie, auf ihre emotionale Reaktion zu achten. Mögen sie den Gegenstand oder nicht? Spüren sie in ihrem Körper Aufregung, Anspannung, Freude oder irgendeine andere Reaktion auf den Gegenstand?

Schließlich bitten Sie die Schüler einen weiteren Gegenstand anzusehen, ohne dabei irgendwelche Gedanken oder Annahmen zu haben, also einfach nur die Farben und Formen zu betrachten. Lassen Sie sie nun eine Minute lang an ihre Klassenkameradinnen denken und beobachten, welche Annahmen dabei auftauchen. Laden Sie die Schüler ein, die Menschen in ihrer Umgebung einmal mit anderen Augen zu betrachten und die Annahmen, die sie ihnen gegenüber hegen, in Frage zu stellen.

Fragen für den Dialog

Fallen euch andere unbewusste Annahmen ein, die ihr habt?

Wie wäre es, wenn ihr gar keine Annahmen hättet?

Zitat und Inspiration

Wie sehen die Dinge nicht, wie sie sind, wir sehen sie, wie wir sind.

Anaïs Nin

Achtsamkeitstagebuch

- **Zeichnen:** Zeichnet Dinge, die ihr wirklich gern habt auf die eine Seite und Dinge, die ihr nicht mögt auf die andere Seite des Blattes.
- **Schreiben:** Schreibt über eine Sache, die ihr nicht mögt und eine Sache, die ihr mögt. Fragt euch, warum ihr so für diese Dinge empfindet, und schreibt auf, was euch aufgefallen ist.

Achtsame Lebenspraxis

In den nächsten Tagen versuchen die Schülerinnen ihre Annahmen über Essen, das sie normalerweise mögen, über Musik, die sie normalerweise mögen, und über Menschen, die sie normalerweise mögen, bewusst wahrzunehmen. Sie schauen, ob sie diese Annahmen hinterfragen können und versuchen die Dinge mit neuen Augen zu sehen.

Alter und Entwicklungsstufe

- **Für 5- bis 10-Jährige** muss man diese Übung spielerisch gestalten. Bringen Sie Spielzeug mit, aber auch Brokkoli oder andere Dinge, von denen die Kinder vielleicht weniger begeistert sind. Statt einer Minute, lassen Sie die Kinder den Gegenstand fünf Sekunden lang anschauen und sprechen dann darüber, welches Gefühl er auslöst. Selbst wenn man den Gegenstand nur ganz kurz zeigt, kann sich daraus ein tolles Gespräch über positive, negative und von Mensch zu Mensch unterschiedliche Reaktionen auf verschiedene Gegenstände entwickeln.
- **11- bis 17-Jährige:** Ältere Schüler können die Popcorn-Gedankenübung vertiefen und auf die Annahmen achten, die ihr Geist produziert. Aus einer Reihe von Bildern: von einem Surfer, einem Stapel Geld, einer Stadt nach einem Erdbeben und anderen unterschiedlichen Bildern, können sich erstaunliche Diskussionen ergeben. Auch Gespräche über Rassismus und Vorurteile können hilfreich sein und zeigen, dass jeder von uns Annahmen in sich trägt und dass bestimmte Annahmen echte Probleme nach sich ziehen können.

Achtsames Engagement

Diese letzte Übung soll den Schülerinnen helfen, ihre Achtsamkeitspraxis in den Alltag zu integrieren, indem sie sich gegenseitig die Übungen beibringen. Es ist besonders motivierend für die Schüler, sich Wege auszudenken, wie sie Achtsamkeit in die Welt bringen können. Ihr Mitgefühl, ihre Aufmerksamkeit und ihr Körperbewusstsein sind ein Geschenk an die Welt und ihre Mitmenschen.

LERNZIELE

Empathie, Selbstmitgefühl,
Offenheit, Zufriedenheit

Vorbereitung und Hinweise

Die Schülerinnen arbeiten in Gruppen und brauchen für diese Übung ihr Achtsamkeitstagebuch. Es ist immer wichtig, über Belange, die die kulturelle Diversität der Klasse betreffen, Bescheid zu wissen. Jeder Schüler hat unterschiedliche Probleme und Ressourcen. Bedenken Sie bei der Planung der Achtsamkeitsprojekte die Umstände, unter denen die einzelnen Kinder leben.

Übung

Sprechen Sie mit den Schülerinnen darüber, dass wir in allen Lebensbereichen achtsam sein können: wenn wir die Zähne putzen, die Straße hinunter gehen oder mit einem Freund sprechen. Wenn wir der Welt achtsam begegnen, beginnen wir die Menschen, die Tiere und die Umwelt zu verstehen. Mit einem offenen Herzen spüren wir besser, was andere fühlen und brauchen. So sind wir in der Lage, die Motivation zu entwickeln, um denen, die in Not sind, zu helfen.

Bitten Sie die Schüler, ihren achtsamen Körper aufzuwecken und einige achtsame Atemzüge zu nehmen. Danach rufen sich die Schülerinnen eine Begebenheit in Erinnerung, in der jemand besonders lieb zu ihnen war. Das kann ein Lehrer, eine Freundin oder jemand anderer sein, die ihnen etwas geschenkt, etwas Nettes zu ihnen gesagt oder sie auch einfach nur umarmt hat. Die Schüler sehen diesen Moment vor ihrem inneren Auge, als ob er auf einem Fernsehgerät ablaufen würde. Was spüren sie, wenn sie sich diese Szene vorstellen?

Nun lassen die Schülerinnen dieses Bild los und stellen sich vor, dass dieses Mal sie es sind, die etwas Nettes zu einem Freund sagen oder eine Blume pflücken um sie ihrer Lehrerin zu geben. Sie können sich noch einige andere Szenen vorstellen, in denen sie etwas Liebevolles tun und wahrnehmen, was sie dabei in ihrem Körper spüren. Sie stellen sich vor, sie seien der liebevollste, großzügigste Mensch auf der Welt, und schauen, wie sich das anfühlt.

Dann nimmt jeder Schüler sich vor, eine liebevolle Tat in seinem Leben zu vollbringen. Sie können einer Partnerin oder der Gruppe mitteilen, was sie sich vorgenommen haben, oder es in ihrem Achtsamkeitstagebuch festhalten.

Fragen für den Dialog

Welche liebevollen Taten habt ihr euch vorgenommen?

Wie hat es sich angefühlt, in Euer Vorstellung nett zu jemandem zu sein?

Zitat und Inspiration

Der beste Weg, um zu sich selbst zu finden, ist sich im Dienst an anderen zu verlieren.

MAHATMA GANDHI

Achtsamkeitstagebuch

- **Zeichnen:** Zeichnet ein Bild, auf dem ihr gerade eine liebevolle Tat vollbringt.
- **Schreiben:** Schreibt auf, wie ihr Achtsamkeit in die Welt bringen könntet.

Achtsame Lebenspraxis

Die Schüler wählen ein Achtsamkeitsprojekt, das sowohl ihnen als auch der Gemeinschaft dient. Zuerst können sie in Ruhe überlegen, welche inneren Eigenschaften sie entwickelt haben, die sie mit der Welt teilen möchten. Sie könnten zum Beispiel in unterere Klassen gehen und dort Dankbarkeitsstunden geben oder sich verpflichten, netter zu ihren Geschwistern zu sein. Diese Achtsamkeitsarbeit kann aus einem einfachen Entschluss bestehen, sich selbst anders zu verhalten oder ein richtiges Projekt sein, für das sie sich alleine oder in einer größeren Gruppe engagieren.

Alter und Entwicklungsstufe

- **5- bis 10-Jährige** können visualisieren, wie sie sich achtsam verhalten und dann darüber schreiben. Es macht ihnen Spaß, sich an Situationen zu erinnern, in denen sie etwas Nettes getan haben, oder sich zu überlegen, wie sie in Zukunft liebevoll sein können. Das stärkt ihre Fähigkeit, später tatsächlich so zu reagieren, wie sie es sich vorgestellt haben.
- **11- bis 17-jährige** Schülerinnen visualisieren, wie sie sich in zukünftigen Situationen verhalten wollen, und sprechen darüber, warum wir so oft vergessen nett zueinander zu sein. Die Schüler überlegen, wie sie in ihrem Leben achtsam sein können, auch die ganze Klasse kann ein gemeinsames Achtsamkeitsprojekt planen. Ältere Schülerinnen lernen viel, wenn sie Jüngeren Achtsamkeit beibringen und sich an Projekten beteiligen, mit denen sie etwas in der Welt bewirken können.

Globale Kompetenz

Die Luft, die wir atmen, das Wasser, das wir trinken, das Essen, das wir essen, die Sonne, die alles gedeihen lässt, der Boden, auf dem wir stehen, all das sind die Geschenke, die wir jeden Tag erhalten und von denen unser gesamtes Leben abhängt. Durch diese Übungen helfen wir den Schülern, die Verflechtungen in der Welt zu verstehen. Anhand der Fähigkeiten, die sie in den vorhergehenden Übungen erlernt haben, erkennen die Schülerinnen, wie ihr Körper, ihr Geist und ihr Herz von unterschiedlichen Umgebungen beeinflusst wird.

Sie lernen über ihren Körper, die Gegenstände um sie herum und das Ökosystem, dessen Teil wir sind. Durch dieses direkte Bewusstsein sind die Schüler dann in der Lage, achtsam mit ihrer Umwelt umzugehen und Mitgefühl für alle Lebewesen zu empfinden.

Achtsames Essen

Wenn wir achtsam essen, verändert das die Art und Weise, wie wir die Welt wahrnehmen. Im Allgemeinen essen wir, ohne diesem Vorgang viel Aufmerksamkeit zu widmen. Unsere Intention in dieser Praxis ist es, den Genuss und die Schönheit, die in einer ganz alltäglichen Erfahrung liegen, bewusst wahrzunehmen.

In dieser Übung geht es keineswegs nur darum, auf den Geschmack zu achten, sondern um eine umfassende Sinneswahrnehmung, bei der wir mit Augen, Ohren, Geruchs-, Geschmacks- und Tastsinn erkunden. Die Praxis des achtsamen Essens hilft uns und unseren Schülerinnen dabei, alles in unserem Leben mit unseren fünf Sinnen wahrzunehmen, egal ob es sich um das Frühstück, unseren Sport oder Unternehmungen mit unseren Freunden handelt.

LERNZIELE

Empathie, fokussierte Aufmerksamkeit, Offenheit, Zufriedenheit

Vorbereitung und Hinweise

Die idealen Lebensmittel für diese Übung sind klein, schmackhaft und natürlich. Rosinen, Aprikosen, Mandarinen oder ähnliche Früchte eignen sich gut. Schokolade oder andere Süßigkeiten scheinen die Kinder eher abzulenken und machen es schwieriger für sie, sich zu konzentrieren.

Finden Sie vorher heraus, ob es in der Klasse Kinder mit Lebensmittelunverträglichkeiten gibt. Es kann auch sein, dass manche Kinder keine Rosinen mögen oder sehr spezielle Vorlieben haben. Sorgen Sie in dem Fall für eine Alternative. Denken Sie daran, dass alle sich die Hände waschen müssen, bevor Sie mit der Übung beginnen.

Übung

Ein Gespräch über Verbundenheit ist ein guter Einstieg für diese Übung. Halten Sie eine Frucht in die Höhe und fragen Sie die Schüler, was das ist. Woher kommt es? Rekonstruieren Sie mit den Schülerinnen den Weg, den das Obst von dem Anbaubetrieb über den Lastwagen oder das Schiff in das Geschäft genommen hat. Erinnern Sie sie daran, dass der Geschäftsinhaber, die Lastwagenfahrerin und die Arbeiter auf der Obstplantage alle eine wichtige Rolle dabei spielen, das Obst in unsere Hände zu befördern.

Reden Sie mit den Schülerinnen darüber, wie die Frucht entsteht. Der Samen, das Wasser, die Sonne und die Erde haben alle etwas zu der Frucht in ihrer jetzigen Form beigetragen. Wenn die Schüler sagen, dass die Rosine das Sonnenlicht braucht, um zu wachsen, können Sie sagen: „Also muss diese Rosine auch Sonnenlicht enthalten!" Vielleicht möchten Sie auch darüber sprechen, woher diese Art von Pflanze stammt – ist es Asien? Südamerika? Afrika? Wie ist sie hierher gekommen?

Die Schülerinnen wecken ihren achtsamen Körper auf und nehmen einige achtsame Atemzüge, während wir die Früchte austeilen. Sobald jeder Schüler etwas bekommen hat, bitten wir sie, ihre Augen zu öffnen und die Früchte wie achtsame Wissenschaftler zu untersuchen. Dazu nutzen sie ihre Augen, um jede Farbe und Linie zu erkennen, so als ob sie so etwas noch nie zuvor gesehen hätten. Lassen Sie sie erzählen, was sie entdecken.

Dann spüren die Schülerinnen die Frucht in ihrem Fingern, rollen sie hin und her. Dazu können sie die Augen auch schließen und sich wirklich auf das Gefühl der Frucht in ihrer Hand konzentrieren. Sie erzählen, was sie gespürt haben.

Dann halten sie die Frucht an ihre Nase und riechen gut und lange daran. Wie riecht sie?

Fragen Sie die Schüler, ob sie je davon gehört haben, dass Obst ein Geräusch machen kann. Die Kinder halten die Frucht an ihr Ohr, dabei sind sie ganz leise und reiben sie mit den Fingern. Rosinen machen in der Regel ein knisterndes Geräusch, während Mandarinen rutschiger klingen. Was haben sie gehört?

Nun bitten Sie die Schülerinnen, die Frucht in ihrer Hand nach vorne zu strecken und im Zeitlupentempo zu ihrem Mund und an ihre Lippen zu führen. Sie schließen die Augen und essen die Frucht ganz langsam. Dabei nehmen sie die Konsistenz und das Gefühl auf ihrer Zunge und an ihren Zähnen wahr. Ermuntern Sie sie, so achtsam zu sein, dass sie jeden Augenblick schmecken können.

Fragen für den Dialog

Wäre euer Leben anders, wenn ihr alles so aufmerksam tun würdet?

Habt ihr etwas bemerkt, was euch vorher noch nie aufgefallen ist?

Zitat und Inspiration

Um die Welt in einem Sandkorn zu sehen und den Himmel in einer wilden Blume, halte die Unendlichkeit auf deiner flachen Hand und die Stunde rückt in die Ewigkeit.

William Blake

Achtsamkeitstagebuch

- **Zeichnen:** Zeichnet ein Bild von dem, was ihr gegessen habt, in die Mitte eines leeren Blatts Papier und zeichnet darum herum alle Elemente und Menschen, die zu dem Gedeihen dieses Lebensmittels beigetragen haben.
- **Schreiben:** Schreibt euer Lieblingsessen auf, beschreibt alle Elemente und Menschen, die notwendig waren, damit dieses Essen bis zu euch kommen konnte.

Achtsame Lebenspraxis

Die Schüler können sich entscheiden, jedesmal wenn sie essen, ein paar Atemzüge lang innezuhalten, um das Essen bewusst wahrzunehmen (und die Verdauung zu verbessern!). Sie können auch eine Mahlzeit am Tag wählen, die sie wirklich langsam und bewusst zu sich nehmen und über alle Komponenten nachdenken, die notwendig waren, damit sie dieses Essen jetzt genießen können.

Alter und Entwicklungsstufe

- **5- bis 10-Jährige** genießen die sinnliche Erfahrung des achtsamen Essens. Jüngere Kinder lieben es, darüber zu sprechen, was sie gerochen, gespürt, gesehen, gehört und geschmeckt haben. Man kann das Spiel vor dem ersten Bissen jedes Vespers machen. Es ist ein wunderbarer Weg, um sie dazu zu bekommen, langsamer und genussvoller zu essen. Nehmen Sie sich für jedes einzelne sinnliche Erkunden Zeit und erinnern Sie jüngere Kinder daran, die Rosinen nicht sofort zu essen, wenn sie sie bekommen.
- **11- bis 17-Jährige** können diese Übung dazu nutzen, ihre Sinne zu schärfen und ihre Aufmerksamkeit zu fokussieren. Sie können sich mit Feinheiten beschäftigen und zum Beispiel beobachten, wie ihr Mund Speichel produziert bevor sie zu essen beginnen, oder welche Bewegungen der Mund beim Kauen macht. Diese Übung kann auch als Erweiterung einer Geschichts- oder Biologiestunde über den Ursprung bestimmter Lebensmittel dienen.

Achtsamer Raum

Wenn Schüler beginnen, sowohl ihre Innenwelt als auch die Welt um sich herum achtsam wahrzunehmen, dann erkennen sie auch, dass die jeweilige Umgebung unterschiedliche Auswirkungen auf sie hat. Die Zusammenhänge zwischen Lärm, Licht, Menschenmengen und anderen externen Phänomenen und unserem Befinden zu verstehen, kann als sehr bestärkend erlebt werden. Sobald die Schülerinnen verstanden haben, wie die Außenwelt auf sie wirkt, sind sie wesentlich eher in der Lage, sich selbst zu regulieren und Entscheidungen zu treffen, die mehr Ausgeglichenheit in ihr Leben bringen.

LERNZIELE

Emotionsregulation, Metakognition, kognitive Flexibilität, Offenheit

Vorbereitung und Hinweise

Diese Übung erfordert einige Ortswechsel. Wenn Sie im Klassenzimmer beginnen, dann gehen Sie danach auf den Flur oder hinaus auf den Spielplatz. Wenn es nicht möglich ist, das Klassenzimmer zu verlassen, verändern Sie es, indem Sie das Licht an- oder ausschalten, unterschiedliche Musik auflegen oder die Sitzordnung wechseln. Überlegen Sie genau, wozu diese Klasse in der Lage ist, ohne dass die Schüler zu sehr abgelenkt werden oder sich beobachtet fühlen. Für diese Übung benötigen die Schülerinnen bereits eine starke Konzentrationspraxis und ein Verständnis für ihre Emotionen und Empfindungen.

Übung

Laden Sie die Schüler zu Beginn ein, sich kurz auf den Atem zu konzentrieren und ihren Blick nach innen auf ihre Empfindungen, Gedanken und Gefühle zu richten. Dann richten sie ihre Aufmerksamkeit nach außen auf die Geräusche um sie herum. Laden Sie sie nun ein, innere und äußere Welt gleichzeitig wahrzunehmen. Inwieweit wird die innere Welt von der äußeren beeinflusst?

Erklären Sie der Klasse, dass Sie nun den Raum wechseln bzw. verändern werden, damit sie erkennen können, wie Veränderungen im Außen auf ihre Innenwelt wirken. Lassen Sie die Schülerinnen achtsam sitzen und schalten Sie das Licht ab, so dass sie sehen können, wie das ihren Geist, ihren Körper und ihr Herz beeinflusst. Was bewirkt es, wenn Sie sanfte Musik spielen? Oder flotte, funkige Musik?

Am Ende der Übung schalten Sie das Licht wieder ein und die Schülerinnen beobachten, wie sich das anfühlt. Laden Sie sie ein, die Veränderungen in Geist, Körper und Herz weiter wahrzunehmen, während sie über die Übung sprechen. Schlagen Sie ihnen vor, diese Achtsamkeit auch im Laufe der nächsten Stunde beizubehalten.

Fragen für den Dialog

Wie hat sich eure innere Wetterlage verändert, wenn die äußeren Bedingungen gewechselt haben?

Was ist gleichgeblieben, obwohl sich die äußeren Bedingungen geändert haben?

Zitat und Inspiration

Man kann nicht zweimal in denselben Fluss steigen.

HERAKLIT

Achtsamkeitstagebuch

- **Zeichnen:** Zeichnet euch in die Mitte des Blatts. Dann zeichnet um euch herum all die Dinge, die sich den ganzen Tag lang verändern.
- **Schreiben:** Macht eine Liste von Dingen in eurem Leben, die sich ständig verändern, und eine andere Liste von Dingen, die gleich bleiben.

Achtsame Lebenspraxis

Bitten Sie die Schüler auch nach der Schule auf ihre innere Wetterlage zu achten. Empfehlen Sie ihnen die tatsächliche Wetterlage zu beobachten und zu schauen, wie sich sich fühlen, wenn es regnet und wenn es sonnig ist. Wie fühlen sie sich, wenn sie an einem Schultag wach werden, und wie am Wochenende? Laden Sie sie ein, die Auswirkungen zu erkunden, die unterschiedliche Orte, unterschiedliche Musik, ja selbst unterschiedliche Menschen auf sie haben.

Alter und Entwicklungsstufe

- **5- bis 10-Jährige:** Machen Sie diese Übung zu einem Spiel. Lassen Sie die Kinder einige Augenblicke lang auf ihren Atem achten, nehmen Sie einige Veränderungen im Raum vor. Wie fühlen sich die Kinder, nachdem diese Dinge verändert wurden? Spielen Sie fröhliche Musik und dann entspannende Ozeanklänge, fragen Sie, wie die beiden auf sie wirken. Solche kurzen Pausen zur Überprüfung der inneren Wetterlage kann man jederzeit unterbringen, zum Beispiel während einer Unterrichtsstunde, während eines Spieles oder während des Essens.
- **11- bis 17-Jährige:** Schülerinnen dieser Altersgruppe verstehen bereits, welche Auswirkungen die äußere Welt auf ihre innere Wetterlage hat. Wenn es möglich ist das Klassenzimmer zu verlassen, können die Kinder beobachten, wie sich diese Wetterlage auf dem Gang, im Garten oder im Wald verändert. Sprechen Sie mit den Schülern über die Auswirkungen unterschiedlicher Umgebung und wie die Schülerinnen in den jeweiligen Räumen auf sich achten können.

Die Welt der Natur

Einer der besten Orte, um Achtsamkeit zu praktizieren, ist in der Natur. Die Welt der Natur lehrt uns eine Menge über Achtsamkeit. Von einem Baum können wir viel über Stille lernen. Einen Falken beim Fliegen zu beobachten hilft uns zu verstehen, was Fokus ist. Wenn wir die Verbindung zur Natur verloren haben, vergessen wir manchmal, dass wir alle ein Teil von ihr sind. Wenn wir unsere Achtsamkeit auf die Natur ausdehnen, dann werden wir sie weniger verschmutzen oder gar die Welt schädigen. Ganz im Gegenteil, wenn wir spüren, dass wir ein Teil dieser Erde sind, werden wir auch auf sie aufpassen wollen.

Wir können auch mit den Elementen der Natur in unserem eigenen Körper Verbindung aufnehmen. Selbst wenn es in der Nähe keine Bäume oder Tiere gibt, können wir die Natur in unserem Bewusstsein erforschen. Erde, Feuer, Wasser, Luft und Äther haben alle entsprechende Gefühle in unserem Körper. Eine Natur-Praxis hilft den Kindern ihre Festigkeit, ihre Kreativität, ihre innere Ruhe und das Fließen und die Weite in sich selbst zu spüren.

LERNZIELE

exekutive Funktionen, Emotionsregulation, fokussierte Aufmerksamkeit, Stressreduktion, Offenheit, Zufriedenheit, kognitive Flexibilität

Vorbereitung und Hinweise

Gehen Sie mit den Kindern in die freie Natur, wenn Sie die Möglichkeit dazu haben. Setzen Sie sich irgendwohin und nehmen Sie sich Zeit, um auf die Geräusche zu hören, die Gerüche zu riechen und die wunderbaren Farben zu sehen. Idealerweise macht man diese Übung unter freiem Himmel, doch wenn das nicht möglich ist, kann sie auch drinnen ausgeführt werden. Bringen Sie Bilder der klassischen Elemente oder Sie können tatsächlich Wasser und Erde mitbringen, um die Elemente für die Kinder anschaulich und greifbar zu machen. Weisen Sie auf die klassischen Elemente hin, die uns umgeben: die Sonne als Feuer, das Meer als Wasser, den Boden als Erde, den Wind als Luft und den Raum, der alles erfüllt, als Äther.

Übung

Sagen Sie den Schülern, dass sie von den klassischen Elementen der Natur viel lernen können. Erde, Feuer, Wasser, Luft sind vier Elemente, die wir in unserer Welt sehen, doch wir können sie auch in unserem Körper spüren. In dieser Achtsamkeitsübung werden wir uns bewusst machen, wie sich diese vier Elemente in unserem Körper anfühlen, und auch das fünfte Element – den Raum oder Äther – kennenlernen.

Die Schülerinnen setzen sich aufrecht und entspannt hin und konzentrieren sich auf den Atem. Mit jedem Einatmen nehmen wir den Sauerstoff in uns auf, den die Bäume ausgeatmet haben. Dann atmen wir Kohlendioxid aus und die Bäume danken uns, während sie es wieder in sich aufnehmen.

Vor ihrem inneren Auge stellen die Schüler sich jetzt einen Berg vor, dabei fühlen sie sich selbst stark und stabil wie ein Berg. Mit jedem Atemzug fühlen sie, wie sie stabiler auf der Erde ruhen und spüren gleichzeitig das Erdelement in ihrem Körper.

Nun lassen sie vor ihrem inneren Auge einen ruhigen See entstehen und fühlen auch in sich, die Ruhe, die dieses Wasser ausstrahlt. Mit jedem Atemzug fühlen sie sich weich und klar wie das Element des Wassers.

Als nächstes stellen sie sich vor ihrem inneren Auge die Sonne vor und spüren, wie ihr Körper in alle Richtungen strahlt. Bei jedem Atemzug strahlt ihr Körper wie das Element des Feuers.

Nun stellen sie sich vor ihrem inneren Auge Blätter vor, die im Wind flattern, und nehmen die unterschiedlichen Empfindungen wahr, die sich durch den Körper bewegen. Mit jedem Atemzug nehmen sie die sich stetig wandelnden Empfindungen des Wind-Elements wahr.

Schließlich stellen Sie sich vor, sie würden im Weltraum schweben und spüren, dass da nichts um sie herum ist außer weitem Raum. Mit jedem Atemzug fühlen sie sich, als ob sie schweben würden und spüren das Element des Äthers.

Langsam nehmen sie nun wieder den Raum wahr, in dem sie sich befinden, und spüren den Boden unter sich. Wenn sie bereit sind, öffnen sie langsam ihre Augen.

Fragen für den Dialog

Aus welchen Elementen besteht ein Bleistift?

Was war euer Lieblingselement und wie hat es sich angefühlt?

Zitat und Inspiration

In der lebendigen Natur geschieht nichts, was nicht in der Verbindung mit dem Ganzen steht.

JOHANN WOLFGANG VON GOETHE

Achtsamkeitstagebuch

- **Zeichnen:** Zeichnet ein Bild von euch als euer Lieblingselement.
- **Schreiben:** Schreibt einige Adjektive auf, die beschreiben, wie die einzelnen Elemente sich anfühlen.

Achtsame Lebenspraxis

Schlagen Sie den Schülern vor, sich ein ruhiges Plätzchen in der Natur oder in einem Raum neben einer Pflanze zu suchen und sich dort ganz still hinzusetzen. Dann öffnen sie ihre Sinne und nehmen wahr, was die Welt der Natur zu sagen hat. Das ist ihr Sitz-Platz und dorthin können sie immer gehen, wenn sie sich entspannen und achtsam sein wollen. Sie können jeden Tag dorthin gehen, selbst wenn es nur für eine Minute ist, und der Natur zuhören.

Alter und Entwicklungsstufe

- **5- bis 10-Jährige** lieben diese elementare Praxis. Anschauungsmaterial und Bilder sind hier sehr hilfreich. Jüngere Kinder können ihrer Fantasie freien Lauf lassen und sich wirklich in Tiere, Berge und Elemente der Natur hineinversetzen und schauen, wie sich das anfühlt. Als kleine Mäuse fühlen sie sich oft sicher, als Löwe hingegen fühlen sie sich stark.

  Kinder lieben Ausflüge in die Natur. Lassen Sie sie Listen von verschiedenen Dingen, Blumen, Bäumen, Farben oder Geräuschen machen, die sie abhaken können, wenn sie sie entdeckt haben. Im Gegensatz zum Frontalunterricht oder computerbasiertem Lernen, ist es interaktiv, die Kinder mit der Natur zu beschäftigen. Von der Natur als interaktiver Lehrerin lässt sich eine Menge lernen.
- **11- 17-jährige** Schüler erkennen durch diese Übung die verschiedenen Aspekte ihres Bewusstseins. Im Rahmen des Biologieunterrichts

kann man die Elemente besprechen, die im Körper wirken und sich in dem Zusammenhang damit beschäftigen, welche Gefühle und Empfindungen mit diesen unterschiedlichen Elementen einhergehen. Ältere Schülerinnen lernen, wie schnell sie ihren Geisteszustand durch die verschiedenen Elemente verändern können: durch die Erde fühlen sie sich besser verwurzelt, durch das Wasser flexibler und durch das Feuer voller Energie.

Kenne deine Welt

Wenn wir achtsam sind, öffnen wir uns für eine Neugier, die uns verstehen lässt, wie wir mit der Welt verbunden sind. Diese Übung ist eine etwas andere Erkundung der Welt. Wir helfen den Schülern ihre Verbindung zur Umwelt und der Geschichte und Kultur der Gegend, in der sie leben, zu verstehen. So können sie Mitgefühl für ihre Mitmenschen und die Welt der Natur entwickeln. Es hilft ihnen auch sich zu orientieren und gibt ihnen das Gefühl, etwas bewirken zu können.

LERNZIELE

Empathie, Metakognition,
fokussierte Aufmerksamkeit, Offenheit

Vorbereitung und Hinweise

Um die Welt um uns besser kennenzulernen, beginnen wir bei uns selbst. Überlegen Sie sich eine Reihe von Fragen für die Schülerinnen und stellen Sie sich selbst diese Fragen, bevor Sie diese Übung unterrichten. Bedenken Sie bei der Auswahl der Fragen auch die Diversität der Klasse, so dass sich niemand ausgeschlossen fühlt.

Übung

Die Schüler wecken ihren achtsamen Körper auf und achten einige Momente nur auf ihren Atem, ihre Körperempfindungen und alles, was in ihrem Inneren passiert. Dann richten sie ihre Aufmerksamkeit auf die Geräusche, Gerüche und anderen äußeren Dinge. Sie wechseln einige Male zwischen innerer und äußerer Wahrnehmung und versuchen dann, beides gleichzeitig in ihrem Bewusstsein zu halten.

Sagen Sie den Schülerinnen, dass Sie heute ihr Bewusstsein öffnen werden, um achtsam gegenüber dem zu sein, was um uns herum vorgeht. Stellen Sie den Schülern einige der folgenden Fragen und schauen Sie, ob sie Antworten darauf haben. Wenn nicht, teilen Sie mit ihnen, was Sie wissen.

Dann geben Sie ihnen eine Liste von Fragen, die sie in kleinen Gruppen ausarbeiten sollen.

- In welche Richtung schaust du gerade?
  (Norden, Süden, Osten, Westen)
- Woraus besteht der Boden, auf dem du dich gerade befindest?
- In welchem Teil des Mondzyklus befinden wir uns gerade?
- Woher kommt das Wasser in der Wasserleitung?
- Woher kommt der Strom in den Lampen in diesem Raum?
- Wenn du etwas in den Müll wirfst, wohin wird es gebracht?
- Was ist die Geschichte dieser Schule?
- Wer lebte vor 1000 Jahren an dieser Stelle
  und wie lebten diese Menschen damals?
- Woher kamen deine Vorfahren?
- In welchem Klima leben wir?

Fragen für den Dialog

Welche anderen Fragen habt ihr über die Welt, in der ihr lebt?

Ihr habt jetzt herausgefunden, woher euer Strom und euer Wasser kommen und wohin euer Müll gebracht wird. Was könnte das an eurem Verhalten ändern?

Zitat und Inspiration

Unsere Aufgabe muss es sein, unser Mitgefühl auszuweiten, um alle lebenden Kreaturen und die Schönheit der Natur in ihrer Ganzheit zu umfassen.

Albert Einstein

Achtsamkeitstagebuch

- **Zeichnen:** Zeichnet ein Bild vom Wasser im Waschbecken und in der Leitung und allen Wasserrohren bis zu dem See oder der Wasserquelle, von der es kommt.
- **Schreiben:** Macht eine Liste von Fragen, die ihr über eure Welt habt, zum Beispiel, wer eure Schule gebaut hat oder wie der nächste Fluss heißt und wo er ist.

Achtsame Lebenspraxis

Bitten Sie die Schüler, sich für ihre Welt zu interessieren. Dazu suchen sie sich einige Themen aus und gehen in die Bücherei oder sprechen mit Menschen in der Stadt, um mehr darüber herauszufinden. Dann berichten sie der Klasse, was sie erfahren haben.

Alter und Entwicklungsstufe

- **5- bis 11-Jährige** wissen vielleicht viele der Antworten noch nicht. Verpacken Sie die Information in Geschichten, wie der Regen fällt zum Beispiel, sich im Stausee sammelt und dann in Wasserleitungen zur Schule gebracht wird, oder über die Müllmänner, die den Müll zu riesigen Müllhalden und Entsorgungsanlagen bringen. Erzählen Sie den Schülerinnen über unsere Welt, stellen Sie dann weitere Fragen, so das diese ein Verständnis für ihren Platz in der Welt entwickeln können.
- **11- bis 17-Jährige:** Für Jugendliche ist das eine wirklich nützliche Praxis. Sie stellen Fragen über die Welt und erkunden mit uns zusammen, wie sie es empfinden, dass die Dinge so sind, wie sie sind. Wenn den Schülern bewusst wird, dass ihr Müll mit Frachtschiffen im Ozean entsorgt wird, können sie ihr Handeln überdenken und sich vielleicht gemeinsam für ein Recycling-Projekt einsetzen. Mehr Verständnis für die Welt, bringt oft auch mehr Wertschätzung und die Bereitschaft, sich für Dinge einzusetzen, die man verändern möchte.

Der Kreislauf des Lebens

Achtsam zu sein hilft uns unseren Körper, unseren Geist und unser Herz kennenzulernen. Es hilft uns auch, die Welt, in der wir leben, die Menschen und die Natur zu verstehen. Wir betrachten Mensch und Tier, unser Essen und die Gegenstände in unserer Welt durch die Augen des Mitgefühls und versuchen ihre Ursprünge zu verstehen. Wenn wir verstehen, woher die Dinge kommen, vertieft das unsere Beziehung zur Welt und die Art und Weise, wie wir leben möchten.

LERNZIELE

Empathie, exekutive Funktionen,
fokussierte Aufmerksamkeit, Selbstmitgefühl,
Offenheit, kognitive Flexibilität

Vorbereitung und Hinweise

Natürlich kann man die Herkunft von allem und jedem erkunden, doch es ist wichtig, mit einfachen, natürlichen Dingen zu beginnen, wie Blättern zum Beispiel, oder Steinen. Dann wählt man komplexere Dinge, die produziert werden, wie Bleistifte oder Löffel. Erforschen Sie Dinge, die sich bereits im Raum befinden und recherchieren Sie über deren Lebenskreislauf, falls Sie sich sie für den Unterricht verwenden möchten.

Auch über die Schule, die Region und das Land kann man recherchieren und die Übung mit einer Erklärung der Geschichte des Ortes, an dem wir uns befinden, einleiten.

Übung

Sagen Sie den Schülerinnen, dass sie in dieser Übung lernen werden, woher die Dinge kommen. Wir nutzen Achtsamkeit, um die Herkunft der Dinge zu erkunden und ihren Lebenskreislauf zu verstehen. Um zu veranschaulichen, was Sie damit meinen, können Sie über die Entstehung und Geschichte des Gebäudes und des Landes sprechen, in dem Sie sich befinden.

Verteilen Sie Gegenstände aus der Natur, Kieselsteine, Eicheln, Muscheln oder irgendwelche anderen kleinen Dinge, die man leicht in der Hand halten kann. Mit dem jeweiligen Gegenstand in der Hand nehmen die Kinder einige achtsamen Atemzüge. Sie nehmen sich einige Minuten Zeit, um die Beschaffenheit des Gegenstandes mit geschlossenen Augen zu erkunden. Dann öffnen sie die Augen und betrachten den Gegenstand genau, untersuchen all seine Farben und Formen. Nun können sie auch daran riechen und schauen, ob der Gegenstand irgendeinen Geruch hat. Sie können auch hören, welches Geräusch der Gegenstand macht, indem sie darauf klopfen oder ihn schütteln.

Bitten Sie die Schüler, zusammen den Lebenskreislauf des Gegenstandes zu ergründen. Woher kommt er? Welche Elemente haben ihn zu dem gemacht, was er ist? Was könnte als Nächstes mit dem Gegenstand geschehen?

Nachdem die Schülerinnen ihre erste Aufgabe erfüllt haben, gehen Sie zu etwas komplexeren Erkundungen über. Bitten Sie die Schüler, sich einen einfachen produzierten Gegenstand zu suchen, ein Lineal oder einen Stift zum Beispiel. Nachdem sie ihn, wie zuvor, mit allen Sinnen eingehend untersucht haben, versuchen sie herauszufinden, woraus dieser Gegenstand gemacht ist.

Sobald sie die Komponenten herausgefunden haben, befassen sie sich mit dem Lebenskreislauf dieser Materialien, woher sie stammen, wie sie entstanden und schließlich hierher gekommen sind. Was denken sie wird mit dem Gegenstand und dem Material, aus dem er besteht, als Nächstes geschehen?

Als nächster Schritt könnte man sich mit der eigenen CO^2-Bilanz beschäftigen, also mit dem individuellen Verbrauch von Ressourcen, sowie mit den Entscheidungen, die zu diesem ökologischen Fußabdruck führen.

Fragen für den Dialog

Wäre es schwierig, dieselben Fragen für einen Gegenstand wie einen Computer zu beantworten?

Hat sich Euer Verhältnis zu den Dingen nach dieser Erkundung auf irgendeine Weise verändert?

Zitat und Inspiration

Eine Gesellschaft gedeiht großartig, wenn alte Männer Bäume pflanzen, obwohl sie wissen, dass sie in deren Schatten nie sitzen werden.

Griechisches Sprichwort

Achtsamkeitstagebuch

- **Zeichnen:** Zeichnet ein Bild von einem Gegenstand der Natur inmitten eines Kreises. Zeichnet um den Kreis herum, wie dieser Gegenstand vorher ausgesehen hat und wie er später aussehen könnte.
- **Schreiben:** Schreibt über den Lebenszyklus, Vergangenheit und Zukunft eines Gegenstandes, den ihr jetzt gerade sehen könnt.

Achtsame Lebenspraxis

Bitten Sie die Schüler, sich da, wo sie leben, einen Gegenstand zu suchen und seinen Lebenszyklus herauszufinden. Sie können über die unterschiedlichen Materialien recherchieren, wo sie ihren Ursprung haben und wie lange diese Materialien brauchen, um sich zu zersetzen. Einen vollen Lebenszyklus zu ergründen kann eine faszinierende Aufgabe sein.

Alter und Entwicklungsstufe

- **5- bis 10-Jährige** Schülerinnen interessiert die sensorische Erfahrung der jeweiligen Objekte. Sie können zum Beispiel Gegenstände mit geschlossen Augen erkunden und erraten, um was es sich handelt. Sie können überlegen, was die Vergangenheit und Zukunft des Gegenstandes sein könnte. Auch eine Geschichte über einen Baum oder eine Muschel kann hilfreich sein: Erzählen Sie, wie sie groß geworden sind und wie ihr Leben ausgesehen hat. Jüngeren Schülern mag es schwer fallen, die unterschiedlichen Komponenten und die Geschichte eines Bleistiftes herauszufinden, aber sie hören gerne eine Geschichte über einen Baum und die Mine und wie diese in einer Fabrik zusammengesetzt wurden.
- **Bei 11- bis 17-Jährigen** Schülern kann diese Übung auch zur Erweiterung ihres akademischen Wissens beitragen. Biologie, Geschichte, Mathematik, aktuelle Ereignisse und viele andere Bereiche können

hier erkundet werden. Wenn die Schülerinnen den Ursprung verschiedener Metalle und Erdölprodukte zurückverfolgen, lernen sie viel darüber, wo und unter welchen Arbeitsbedingungen diese Dinge abgebaut werden.

Integrationsübungen

Die nun folgenden Übungen können in den Alltag der Schüler eingebaut werden. Sie nutzen die Grundlagen der fünf Achtsamkeitskompetenzen und helfen den Schülerinnen, bei allem, was sie tun, achtsam zu sein. Wir versuchen auf kreative Art und Weise an Themen wie Stress und Prüfungsvorbereitung heranzugehen und die Schüler zu ermuntern selbst Übungen anzuleiten. Diese Beispiele zeigen uns, wie man Übungen zu verschiedenen aktuellen akademischen, sozialen und emotionalen Themen gestaltet. Wir nennen sie Integrationsübungen, weil sie in den Schulalltag integriert werden sollten und weil sie dazu beitragen sollen, die Inhalte, die die Schülerinnen bis jetzt gelernt und die Transformation, die sie erfahren haben, in ihr Leben zu integrieren.

Wetterbericht

Nachdem die Schüler die fünf Achtsamkeitskompetenzen kennengelernt haben, können wir sie nun verbinden und im Alltag einsetzen. Im Laufe des Tages können die Schülerinnen nun immer wieder einen Blick auf ihren Körper, ihren Geist, ihr Herz, ihre Beziehungen und ihre Umwelt werfen. Sie lernen schnell, sich den Zustand ihrer inneren und äußeren Welt bewusst zu machen. Diese Fähigkeit, alle Aspekte unseres Bewusstseins gleichzeitig zu reflektieren, ist ein erstaunliches Hilfsmittel für Regulation, Aufmerksamkeit und prosoziales Verhalten.

Laden Sie die Schüler ein, erst einmal ihren Körper wahrzunehmen. Genau wie man den Wetterbericht prüft, schauen wir hier, wo die Empfindungen sind und wie sie sich anfühlen. Wir wollen in der Lage sein, die Empfindungen und Energien in unserem Körper wahrzunehmen, ohne eine der anderen vorzuziehen. Wir scannen einfach eine Minute lang unseren Körper und nehmen wahr, was da ist.

Dann wenden wir uns dem Geist zu. Auch hier prüfen wir die Wetterlage unserer Gedanken und unseres Gemütszustandes. Wie konzentriert sind wir, wie geschäftig sind unsere Gedanken und wie ist unser Geisteszustand ganz allgemein? Beobachten wir die Gedanken wie vorüberziehende Wolken.

Dann richten die Schülerinnen ihre Aufmerksamkeit auf ihr Herz. Wie sieht die Wetterlage ihrer Gefühle aus? Vielleicht sind sie in der Lage, anzunehmen, was immer sie vorfinden, ohne es verändern zu wollen. Laden Sie sie ein, wahrzunehmen, welche Emotionen gerade da sind, wie gestresst sie sich fühlen und wie weit sie ihr Herz geöffnet haben.

Als Nächstes betrachten die Schüler die Wetterlage ihrer Beziehungen. Wie sieht die Dynamik im Klassenzimmer gerade aus, wie ihre Beziehung zu den Klassenkameradinnen und Lehrern? Wie viel Drama, wie viel Freundlichkeit und Zuwendung sind gerade da? Wie sieht es mit der eigenen Empathie, Wut und anderen Emotionen aus?

Nun untersuchen die Schülerinnen die Wetterlage der Welt um sie herum. Dazu gehört die Temperatur, die tatsächliche visuelle Umgebung und Geräusche. Die Schüler öffnen ihr Bewusstsein so weit sie können und schauen, ob sie die Wetterlage ihres momentanen Umfelds wahrnehmen können.

Schließlich lehnen sie sich zurück wie in einem Kinositz und nehmen alle fünf Bereiche gleichzeitig wahr, wie mit einem 360-Grad-Blick, mit dem man sein Bewusstsein für alles öffnen kann. Je mehr man das übt, desto leichter wird es gelingen, sich in einen Zustand der entspannten, achtsamen Präsenz fallen zu lassen.

Wie schnell die Schülerinnen sich durch diese fünf Bereiche der Achtsamkeit bewegen können, hängt auch vom Alter ab. Bei kleineren Kindern können 15 Sekunden pro Bereich genügen, wohingegen ältere Schüler zumindest eine Minute brauchen, um die einzelnen Bereiche tiefer zu erkunden. Man wiederholt diese Übung am besten regelmäßig, zum Beispiel zu Unterrichtsbeginn oder einige Male im Laufe des Tages.

Stress-Check

Hier ist eine Übung, mit der die Schülerinnen ihr Stresslevel überprüfen können. Statt die Schüler zur Ordnung zu rufen, wenn sie vor lauter Stress außer Rand und Band geraten sind, können wir ihnen beibringen, die Lage bei sich selbst zu erkennen, bevor sie den Siedepunkt erreichen. Dann sind sie in der Lage, sich selbst mit Achtsamkeitsübungen zu regulieren oder um Hilfe zu bitten, wenn sie bemerken, dass sie an einem maximalen Stresslevel angelangt sind.

Dazu schätzen die Schülerinnen ihr momentanes Stresslevel auf einer Skala von 1 (chillig) und 10 (siedend heiß) ein. Sie können eine Abbildung eines Thermometers zeigen, damit sie sehen, dass es unten kühl und oben heiß ist. Wenn wir unsere Emotionen überprüfen, dann fühlen wir uns manchmal ruhig, also irgendwo zwischen 1 und 3, aber manchmal auch sehr gestresst, also zwischen 7 und 10.

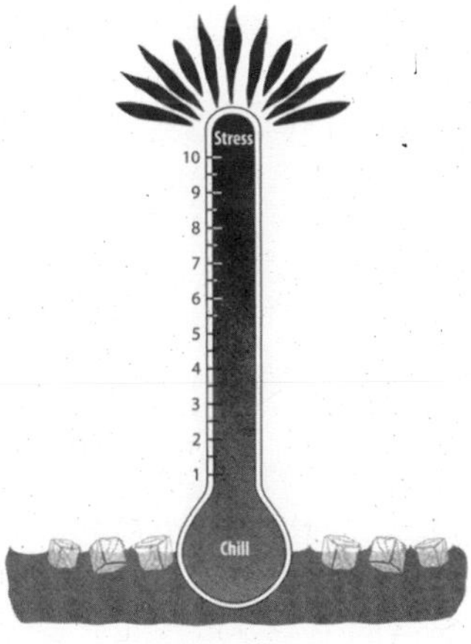

Erklären Sie den Schülern, dass ein wenig Stress durchaus nützlich ist, damit wir Dinge erledigt bekommen. Ein optimaler Bereich für eine Prüfung oder die Arbeit an einem Projekt wäre zwischen 4 und 6.

Lassen Sie die Schülerinnen jeden Knochen und Muskel in ihrem Körper entspannen und schauen, ob das ihr Stresslevel reduziert. Dann lassen Sie sie an die schwierigste Prüfung denken, die sie je gemacht haben. In welchem Bereich befindet sich ihr Stresslevel jetzt? Schließlich versuchen sie sich auf ein mittleres Stressniveau einzupendeln, bei dem sie entspannt und doch auch sehr konzentriert sein können.

Diese Skala können wir regelmäßig heranziehen, wenn wir bemerken, dass es in der Klasse zu brodeln beginnt. Wenn die Schüler ein Stresslevel von 7 oder darüber bemerken, können sie einige beruhigende Atemzüge nehmen oder es uns einfach wissen lassen, damit wir sie unterstützen können.

Sie können auch die ganze Klasse fragen, wie hoch sie das Gruppen-Stresslevel einschätzen. So kann man die „Klassentemperatur“ messen. Wenn das Klassenzimmer zu heiß scheint, laden wir alle ein, zusammen einige ruhige Atemzüge zu nehmen.

Achtsame Prüfungsvorbereitung

Prüfungstermine, Leistungskontrollen und ähnliche Termine bringen für viele Schülerinnen große Anspannung mit sich. Wir wollen sie unterstützen und die unangenehmen Auswirkungen des Stresses lindern helfen. Abgesehen davon ist man leistungsfähiger, wenn man sich entspannt und sicher fühlt.

Bitten Sie die Schüler, sich an ihren schwierigsten Test oder Wettbewerb zu erinnern. Sie lassen diese Situation in allen Einzelheiten vor ihrem inneren Auge entstehen, die Farben im Raum, die Menschen, die dabei waren, und andere Details. Dann scannen sie ihren Körper und schauen, wie sich der Stress bemerkbar macht, wenn sie sich in die damalige Situation zurückversetzen und wo sie diesen Stress auf der Stress-Skala einordnen würden.

Nachdem die Schülerinnen den Stress aus einer bereits vergangenen Situation durchlebt haben, nehmen sie einige Staubsauger-Atemzüge bis sie sich ein wenig entspannt haben. Dann begeben sie sich in ihrer Vorstellung wieder zu dieser Prüfung, diesmal aber mit Ruhe und Zuversicht. Diesmal schaffen sie die Prüfung mit links oder absolvieren ihren Auftritt mit Bravour.

Ein anderer Weg um das Stresslevel schnell zu senken, wäre folgender: Wieder stellen die Schüler sich eine schwierige Prüfung vor. Sie nehmen einen Stift oder einen anderen einfachen Gegenstand und halten ihn fest in der Hand. Während sie sich das stressige Ereignisse vorstellen, projizieren sie allen Stress in ihre Hand und drücken den Stift ganz fest. Während sie ihn festhalten, nehmen sie einige Vakuum-Atemzüge. Wenn sie bereit sind, sagen sie zu sich selbst: „Ich lasse meinen Stress los." und öffnen währenddessen ihre Hand, lassen den Gegenstand fallen und entspannen ihren ganzen Körper.

Diese Übung kann man vor jeder Prüfung oder Exkursion machen oder wann immer wir merken, dass die Anspannung der Klasse steigt. Ermuntern Sie die Schülerinnen diese Übung auch selbst anzuwenden, auch während einer Prüfung oder wenn sie merken, dass sie gestresst sind. Selbst wenn sie das 10 Sekunden Zeit kostet, hilft es ihnen, die restliche Zeit selbstbewusster und präsenter zu nutzen.

Wer sitzt am Steuer?

Wenn wir den Schülern erklären, dass wir alle mehrere Anteile in uns tragen, ist das für viele ein faszinierendes Konzept. Wir haben einen ängstlichen Anteil, einen albernen Spaßmacher, einen ernsten Teil und viel andere innere Charaktere. Geben Sie reichlich Beispiele, um den Kindern verständlich zu machen, was sie mit „inneren Anteilen" meinen. Sie können eine Liste der möglichen Anteile machen, die Kinder schließen ihre Augen und schauen, ob sie sich mit den einzelnen Anteilen identifizieren können und wie sie sich anfühlen. Ein wunderschönes Beispiel dafür stammt aus dem Film „Alles steht Kopf". Sprechen Sie über die verschiedenen Emotionen, über Freude, Traurigkeit, Abscheu, Angst und Wut. Bringen Sie Beispiele aus der Tierwelt oder von anderen Figuren, die für Mut, Güte, Impulsivität, Gelassenheit und andere Persönlichkeitsmerkmale stehen. Lassen Sie die Schülerinnen berichten, wie sie die einzelnen Anteile in ihrem Körper empfinden.

Danach können die Schüler eine Liste aller Anteile machen und jeden Anteil beschreiben. Oder sie zeichnen ein Bild von all den verschiedenen Aspekten in ihnen. Sobald sie ein Gefühl für die verschiedenen Anteile entwickelt haben, erklären Sie ihnen, dass es einen weiteren Anteil in ihnen gibt, der sehr mitfühlend ist und all die anderen Anteile wahrnimmt – den achtsamen Anteil. Die Kinder stellen sich alle verschiedenen Anteile vor und nehmen sie mit Mitgefühl und Akzeptanz wahr.

Erzählen Sie den Kindern, dass es sich mit diesen verschiedenen Anteilen wie mit einem Auto verhält, in dem verschiedene Personen sitzen. Das Problem ist, dass wir manchmal den wütenden Anteil ans Steuer lassen. Dann explodieren wir und tun Dinge, von denen wir uns später wünschen, dass wir sie nicht getan hätten. Achtsamkeit versetzt uns in die Lage, den wütenden Anteil sicher auf der Hinterbank zu verstauen und den achtsamen Anteil ans Steuer zu lassen. Wir schmeißen niemanden aus dem Wagen; wir bieten ihnen einfach einen bequemen Platz hinten im Wagen an und lassen den achtsamen Teil den Wagen lenken. Wenn uns unser ängstlicher oder wütender Anteil etwas zu sagen hat, dann sollten wir ihm zuhören, denn manchmal haben sie uns etwas Wichtiges zu sagen. Wir sollten ihnen aber nicht das Steuer überlassen.

Laden Sie die Kinder ein während des restlichen Unterrichtstages ihre verschiedenen Anteile zu beobachten und später zusammen zu besprechen, was sie entdeckt haben. Fordern Sie sie auf, im Besonderen darauf zu achten, wenn einzelne Anteile versuchen das Steuer an sich zu reißen, und ob es ihrem achtsamen Anteil in so einem Fall gelingt, die Kontrolle zu behalten.

Wer will eine Übung anleiten?

Die Schüler lernen unheimlich viel, wenn sie selbst eine Übung anleiten. Erklären Sie ihnen zu Beginn, dass sie nun lernen werden, wie man anderen etwas über Achtsamkeit beibringt. Fragen Sie, wer denkt, dass sie eine Übung für achtsames Atmen anleiten möchte.

Wenn sich ein Kind meldet, dann fragen Sie, ob es Hilfe dabei braucht oder es einfach mal alleine versuchen möchte. Sie können ihm jederzeit mit einzelnen Formulierungen zur Seite stehen.

Danach fragen Sie, wer eine Übung zum achtsamen Hören, zur achtsamen Bewegung oder anderen Bereichen anleiten möchte. Fragen Sie, ob ihnen noch irgendeine andere Achtsamkeitsübung einfällt, die sie gerne anleiten möchten.

Manchmal erfinden die Schülerinnen kreative neue Übungen. Unterstützen Sie sie dabei und greifen Sie nur ein, falls sie völlig vom Thema abkommen oder den Faden verlieren.

Nun können die Kinder beginnen, die Übungen an andere in ihrem Umfeld weiterzugeben. Um diese Fähigkeit zu fördern, empfiehlt es sich, die Schülerinnen immer wieder auch innerhalb der Klasse Übungen anleiten zu lassen und immer neue Wege zu finden, um sich zu konzentrieren und zu entspannen.

IV

Empfehlungen zur Integration

Ich habe meiner Mama eine Menge über Achtsamkeit beigebracht, weil sie sehr leicht wütend wird. Ich sage: „Du scheinst ein bisschen wütend zu sein. Möchtest du mit mir zusammen ein bisschen Achtsamkeit machen?" und sie sagt immer ja und danach ist sie froh.

Schüler einer dritten Klasse, San Francisco

Das Ideal von Achtsamkeit in der Schule wäre es, die Praxis irgendwann nahtlos in den normalen Schulalltag einfließen zu lassen. Sobald die Schülerinnen die Grundkompetenzen des Körpers, des Geistes, des Herzens, der Gesellschaft und der Welt erlernt haben, ist ihnen Achtsamkeit geläufig und sie können beginnen, sie in ihrem ganzen Leben zu nutzen. Im Folgenden erkunden wir, wie Achtsamkeit in den alltäglichen Unterricht eingebaut werden kann. So wird Achtsamkeit zur Grundlage des Lernens und Lehrens, ohne dass wir jedesmal eine Pause machen und uns Zeit für eine Übung nehmen müssen. Das Folgende sind Empfehlungen, wie man Achtsamkeit in unsere Unterrichtsarbeit einbauen kann.

Ein Tag im Leben einer achtsamen Klasse

Achtsame Momente

Achtsame Momente in den Schultag einzubauen, fördert den Gruppenzusammenhalt und hilft allen, sich sicherer zu fühlen und aufmerksamer zu sein. Beginnen Sie den Unterricht mit einem kurzen achtsamen Hören, einigen Bauchatemzügen oder einer tiefen Entspannung. Dafür eignet sich auch die Übung *Achtsame Kommunikation* gut, denn sie stärkt die Verbindung zwischen den Schülern und bringt alle in den gegenwärtigen Augenblick. Es kann auch hilfreich sein, die Schülerinnen morgens jeden Tag eine Zeitlang in Stille sitzen zu lassen, so das jeder für sich üben kann. Schließlich besteht auch die Möglichkeit, dass eine Schülerin eine Achtsamkeitsübung anleitet und man so in den Tag startet. Das bestärkt die Schüler und ist ein guter Weg, um alle miteinzubeziehen.

Waren es anfangs vielleicht gerade mal 30 Sekunden, die die Schülerinnen gut und bequem still sitzen konnten, so sind es nach einiger Zeit vielleicht schon fünf Minuten. Finden Sie am Beginn, am Ende und mindestens einmal im Laufe des Tages Zeit für eine kleine Übung. Planen Sie kurze Achtsamkeitsübungen zu Übergangszeiten ein, denn sie hilft die Kinder zurück zu einem Ort der Stille zu bringen. Wenn die gesamte Schule, Schüler und Lehrerinnen und alle anderen gelegentlich zusammen sitzen können oder ein achtsames Zusammentreffen abhalten können, umso besser.

Inzeit

Lehrer und Schülerinnen lernen, um eine „Inzeit" zu bitten, wenn es sehr unruhig wird oder eine Situation sehr emotional ist, eine Meinungsverschiedenheit oder ein Streit zwischen zwei Schülern zum Beispiel. So wie eine Auszeit, ist eine „Inzeit" eine Möglichkeit für die ganze Klasse innezuhalten und wahrzunehmen, was gerade geschieht und wie man die Sache regeln könnte.

Wenn die Lehrerin wahrnimmt, dass die Klasse unruhig wird, kann sie eine „Inzeit" ausrufen und etwas sagen wie: „Ich bemerke, dass es hier gerade ziemlich chaotisch ist. Können wir uns alle einen Moment Zeit nehmen, um nachzuspüren, was wir in diesem Raum spüren?" Ermuntern Sie die Schüler, selbst eine „Inzeit" zu verlangen, wenn sie das Gefühl haben, dass die Klasse einen Augenblick der Reflexion braucht. Dies ist der perfekte Zeitpunkt für einige Vakuum-Atemzüge und stärkt die Emotionsregulation der Schülerinnen.

Achtsamkeits-Erinnerungen

Setzen Sie sich und den Schülern Achtsamkeits-Erinnerungen, die ein achtsames Umfeld fördern. Schlagen Sie den Schülerinnen vor, bei jedem Läuten oder bei anderen Anlässen drei tiefe Atemzüge zu nehmen. Man kann die kurze Strecke zum Mittagessen zum Anlass für ein paar achtsame Schritte nehmen oder sich vornehmen jeden Tag den ersten und letzten Bissen des Essens besonders achtsam zu essen. Sie können spezielle Gegenstände im Klassenzimmer verteilen, die die Kinder im Laufe des Schultags immer wieder daran erinnern im gegenwärtigen Moment präsent zu sein.

Machen Sie den Schülern bewusst, dass sie das Ablenkungsspiel eigentlich immer spielen können. Sie bemerken, dass sie abgelenkt sind, wenn sich die Tür öffnet, wenn Schülerinnen Lärm machen oder ihre Aufmerksamkeit von anderen Dingen an sich gerissen wird, und nutzen es, um ihren Aufmerksamkeitsmuskel zu stärken. Sie bemerken, wenn das, was sie denken eine Annahme ist, und versuchen liebevoll zu handeln. Helfen Sie ihnen zu verstehen, dass die Achtsamkeitsübungen, die sie gemeinsam durchgenommen haben, eine Art zu leben sind.

Ein Platz zum Chillen

Einen Platz zum Chillen kann man innerhalb des Klassenzimmers oder in einem anderen Raum der Schule einrichten. Er hilft den Schülern sich sicher und geborgen zu fühlen. Am besten gestalten Sie diesen Ort gemeinsam mit den Schülerinnen. Dafür eignen sich kleine Gegenstände, die man in die Hand nehmen kann, Stifte oder Malsachen oder ein Gerät, auf dem man sanfte Musik abspielen kann, bunte Kissen und Decken und Gegenstände aus der Natur.

Die Schüler entscheiden selbst, wann sie dorthin gehen möchten, sie werden nicht von der Lehrerin geschickt. Sie können an diesen Chill-Platz gehen, wenn sie sich unruhig, unausgeglichen oder unwohl fühlen, und kommen zurück, wenn sie wieder bereit sind zu lernen. Die meisten Lehrer sagen, dass die Schülerinnen sich dorthin zurückziehen kurz bevor sie normalerweise die Beherrschung verlieren würden und nicht sehr lange dort bleiben.

Einige Schulen nutzen eine Ecke im Klassenzimmer als „Friedensecke“. Andere haben ein extra Zimmer mit einem eigenen Achtsamkeitslehrer oder einer Beraterin, die den Schülern Raum gibt, um Stress abzuladen und zur Ruhe zu kommen.

Achtsame Sprache

Ein Achtsamkeits-Wortschatz hilft den Schülerinnen klar über ihr Innenleben zu sprechen und dient der Gruppe als gemeinsame Sprache. Während wir unsere Aufmerksamkeit, unser Mitgefühl und unsere Regulationsfähigkeit weiterentwickeln, können wir uns auf die folgenden Ausdrücke einigen, damit Lehrer, Schülerinnen, Administratoren und

Eltern wissen, wovon die andere spricht. Die Schulleitung kann vor großen Prüfungen per Lautsprecher zu einigen Staubsauger-Atemzügen aufrufen oder einige Zeilen der Dankbarkeit vorlesen, die von Schülern verfasst wurden. Im Folgenden finden Sie eine Liste der wichtigsten Grundbegriffe und Konzepte, mit denen wir in unseren Achtsamkeitsstunden arbeiten. Stellen Sie sie vor und gehen Sie die Definitionen gemeinsam durch.

- **Ablenkung:** Das, was den Geist davon abhält sich auf eine Sache zu konzentrieren. Indem wir Ablenkungen bewusst wahrnehmen, stärken wir unsere Fähigkeit, über einen längeren Zeitraum hinweg aufmerksam zu sein.
- **Amygdala:** Ein Bereich im Gehirn, dem Emotionen, Angst und Aggression zugeordnet werden. Erklären Sie, dass Achtsamkeit helfen kann die Amygdala zu entspannen und vorschnelle Reaktionen einzudämmen.
- **Annahmen:** Ein Gedanke, der für wahr gehalten wird, ohne dass es dafür Beweise gibt. Achtsamkeit hilft uns, hinter unsere Annahmen zu blicken und größere Klarheit über uns selbst und andere zu gewinnen.
- **Dankbarkeit:** Eine wertschätzende Haltung und die Bereitschaft, diese zum Ausdruck zu bringen. Wir schaffen eine Atmosphäre der Dankbarkeit, indem wir sie zu einem wesentlichen Thema im Klassenzimmer machen.
- **Emotionale Intelligenz:** Die Fähigkeit, sich seiner Emotionen bewusst zu sein und Beziehungen mit Empathie und Wahrnehmungsvermögen zu führen. Wir wollen den Schülern klar machen, dass emotionale Intelligenz genau so wichtig ist wie die Intelligenz, die wir für Mathematik und Auswendiglernen einsetzen.
- **Emotionsregulation:** Die Fähigkeit, Gefühle und Emotionen in uns bewusst und wohlwollend wahrzunehmen und entsprechend zu reagieren. Egal ob es nun Freude oder Kummer ist, die Schülerinnen lernen mit den aufsteigenden Gefühlen präsent zu bleiben, ohne aus dem Gleichgewicht zu geraten.

- **Empathie:** Die Bereitschaft und Fähigkeit, die Gefühle anderer zu verstehen und mit Wohlwollen zu betrachten. Statt die Schüler dazu anzuhalten, nett zueinander zu sein, bringen wir ihnen bei, nachzuvollziehen, was im Herzen des anderen vor sich geht.
- **Entspannung:** Ein Zustand, in dem man ruhig und frei von Spannung und Stress ist. Die Fähigkeit, sich zu entspannen bedeutet auch besser lernen zu können und ist deswegen eine der grundlegendsten Fähigkeiten.
- **Fokus:** Die Fähigkeit, die Aufmerksamkeit auf einen Gegenstand der Wahl gerichtet zu halten. Wir kräftigen den Aufmerksamkeitsmuskel der Schülerinnen durch verschiedene Fokus-Übungen.
- **Fußabdruck:** Die Auswirkung eines Menschen oder einer Gesellschaft auf die Umwelt. Zusammen mit den Schülern lernen wir unseren ökologischen Fußabdruck kennen und befassen uns mit einigen schwierigen Tatsachen, wie wir unsere Erde beeinflussen.
- **Handabdruck:** Er steht für die positiven Auswirkungen, die wir auf unsere Umwelt haben. Gleichzeitig lernen wir die negativen Auswirkungen zu verringern und bestärken die Schülerinnen darin, umweltbewusst zu leben.
- **Impulsivität:** Ein Verhalten, das durch Reaktivität und unüberlegtes Handeln gekennzeichnet ist. Die Schüler erfahren, wie sich solche Impulse im Körper anfühlen, und werden von uns in Non-Reaktivität und Selbstreflexion bestärkt.
- **Neokortex:** Eine Gehirnregion, die für exekutive Funktionen zuständig ist. Man nimmt an, dass dies der jüngste Teil unseres Gehirns ist. Wir vermitteln den Schülern, wie sie die Aktivität in dieser Gehirnregion fördern können, denn das ermöglicht ihnen, ihre Aufgaben erfolgreich zu erledigen.
- **Stress:** Ein Zustand sozialer, emotionaler oder mentaler Spannung. Die Schülerinnen lernen, das Stresslevel, das sie in ihrem Körper empfinden, zu benennen und die Spannungen in ihrer Umgebung wahrzunehmen.

- **Verbundenheit:** Das Verständnis, dass alles durch ein Netz von Beziehungen miteinander verwoben ist. Wenn wir tief genug blicken, sehen wir, dass jeder Mensch und jede Sache in gewisser Weise voneinander abhängt.
- **Ursache und Wirkung:** Der Bezug zwischen Ereignissen, von denen eines das Ergebnis des anderen ist. Die Schüler lernen, dass sie von der Welt beeinflusst werden und selbst wiederum durch ihr Handeln die Welt beeinflussen.
- **Ursprung:** Wir hinterfragen, woher etwas kommt. Sei es ein Bleistift oder unsere Vorfahren, wir untersuchen, wie und wo es begann.

Die besten Übungen

Von den Übungen, die wir durchgenommen haben, gibt es einige, die sich in einer Kurzversion gut für zwischendurch eignen. Ein Glocke läuten und die Kinder zuhören zu lassen bis sie nichts mehr hören oder einige Staubsauger-Atemzüge brauchen nicht länger 30 Sekunden. Hier sind einige Vorschläge für kurze Übungen während des Unterrichts.

- **Wetterbericht:** Sie können immer wieder im Laufe des Tages einen Wetterbericht ausrufen, um zu sehen, was die Schüler in ihrem Geist, ihrem Körper, ihrem Herzen und in ihrem Umfeld wahrnehmen. Das fördert die Entwicklung eines anhaltenden achtsamen Bewusstseins.
- **Stresstest:** Laden Sie die Schülerinnen regelmäßig dazu ein, das Stresslevel in ihrem Körper zu überprüfen. Je besser sie ihr Stresslevel wahrnehmen und bestimmen können, desto eher sind sie in der Lage es zu regulieren.
- **Schüttel-Still:** Wenn im Raum eine Menge Energie ist, ist das Schütteln und Stillhalten ein großartiger Weg, um ein wenig Bewusstheit in die Situation zu bringen. Eine wunderbare Übung für Übergangszeiten und wann immer das Chaos im Klassenzimmer überhand nimmt.

- **Tiefe Entspannung:** Schenken Sie den Schülern die Gelegenheit, sich zu entspannen und still zu werden. Nach der Pause im Garten, vor einer Prüfung oder kurz nachdem die Schülerinnen morgens die Klasse betreten, können sie diese Technik anwenden um im Körper anzukommen.
- **Tierbewegungen:** Einige mit dem Atem gekoppelte Bewegungen sind ein guter Weg für die Schüler mit ihrem Körper auf achtsame Weise in Verbindung zu treten. Gerne erfinden sie auch selbst solche Bewegungen.
- **Atem-Anker:** Immer wieder mit der Aufmerksamkeit zum Atem zurückzukehren, fördert Aufmerksamkeit und Emotionsregulation. Dies ist eine grundlegende Achtsamkeitspraxis, an die sie die Schülerinnen mehrmals pro Tag erinnern können.
- **Achtsames Hören:** Diese einfache Übung, bei der man auf eine Glocke oder einen anderen nachhallenden Klang hört, eignet sich wunderbar für Beginn und Ende einer Stunde, um gemeinsam zu fokussieren und die Sinne einzustimmen.
- **Staubsaugeratem:** Bitten Sie die Schüler, wann immer es einen Konflikt oder vermehrten Stress in der Klasse gibt, wahrzunehmen, was in ihrem Körper vorgeht und einige Staubsauger-Atemzüge zu nehmen.
- **Dankbarkeit erzeugen:** Selbst eine kurze Dankbarkeitsübung kann den Schülerinnen helfen, mit ihrem Herzen in Kontakt zu treten und sich glücklicher zu fühlen. Zu Beginn oder am Ende des Schultages können die Schüler im Sitzkreis sagen, wofür sie dankbar sind. Denken Sie an diese Übung, wann immer Sie den Eindruck haben, dass die Klasse etwas frischen Wind brauchen könnte.
- **Achtsame Kommunikation:** Dies ist ein wunderbarer Weg, um innerhalb der Klasse zu kommunizieren, was in jeder von ihnen jetzt gerade vorgeht. Eignet sich sehr für Anfang und Ende des Schultags.
- **Popkorn-Gedanken:** Diese Übung fördert die Fähigkeit, die Gedanken, die auftauchen, beobachten zu können. Wenn die Klasse abgelenkt ist oder vor einer Prüfung steht, ruft sie den Schülern in Erinnerung, wie man fokussiert bleibt.

Achtsame Mathematik

Es gibt so viele kreative Wege, Achtsamkeit in den Mathematik-, Biologie-, oder Sprachunterricht zu integrieren. Ein erster in allen Fächern anwendbarer Trick wäre, die Kinder zu bitten, einfach wahrzunehmen, was in ihnen während des Unterrichts vorgeht. Sie lernen sich zu äußern, wenn sie gestresst oder abgelenkt sind oder ihr Körper Bewegung braucht. Zu Prüfungszeiten oder in anderen Situationen, die intensive Aufmerksamkeit erfordern, könnten Sie mit den Schülerinnen den Staubsauger-Atem oder Aufmerksamkeitsübungen machen.

Auch in den naturwissenschaftlichen Fächern kann man Achtsamkeit einbauen, indem die Schüler ihre achtsamen Augen einsetzen, um beobachtende Wissenschaftler zu sein. Nutzen Sie Literatur und Geschichten, um Achtsamkeitsthemen wie Selbst-Gewahrsein und Güte zu veranschaulichen.

In Mathematik lernen die Schüler, ihren Fokus so einzusetzen, dass sie das mentale Geplapper einfach vorüberziehen lassen, während sie versuchen eine Aufgabe zu lösen. Es ist ungeheuer wichtig, den Schülerinnen bei Diskussionen über aktuelle Ereignisse ihre soziale und emotionale Verbindung zu den Dingen, die in der Welt vorgehen, bewusst zu machen.

Arbeitsblatt: Vorbereitung einer Achtsamkeitsübung

Wenn Sie eine neue Achtsamkeitsübung präsentieren, stimmen Sie die Stunde am besten ganz individuell auf die jeweilige Klasse ab. Abhängig von der demographischen Zusammensetzung der Klasse werden sie den Inhalt anpassen und für diese spezifischen Schüler zugänglich gestalten. Dabei machen Sie sich natürlich ihre eigenen Erfahrungen und Vorlieben zu Nutze. Man kann Achtsamkeit durch Kunst, Geschichten oder andere kreative Zugänge vermitteln. Hier haben Sie die Möglichkeit, eine Übung nach einer Vorlage zu gestalten. Dies ist ein guter Weg, um sich die Intentionen und Lernziele der grundlegenden Übungen in Erinnerung zu rufen und sich nochmal damit auseinander zu setzen, wie man diese Achtsamkeitspraktiken erfolgreich vermittelt.

Vorbereitung einer Achtsamkeitsübung

1 Beginnen Sie mit Ihrer Intention.
Was wäre das erhoffte Ergebnis dieser Stunde?

2 Suchen Sie eine Aktivität aus dem Curriculum-Abschnitt als Ausgangspunkt aus und schreiben Sie auf, warum diese Übung von Interesse ist.

3 Nennen Sie ein oder mehrere Lernziele, die diese Übung fördern möchte.

4 Schreiben Sie auf, auf welche Weise Sie diese Übung für die spezielle Gruppe, die Sie unterrichten werden, zugänglich machen können.

5 Schreiben Sie einige Sätze darüber, was in den folgenden Schritten der Achtsamkeitsübung passieren wird.

- einleitender Achtsamkeitsmoment

- Begrüßungsrunde und Rückmeldungen

- Vorstellen der neuen Übung

- Praktische Übung

- Gesprächsrunde/Dialog

- Achtsamkeitstagebuch/Integration

- Achtsame Lebenspraxis

- Abschließender Achtsamkeitsmoment

6 Wie war es, diese Übung zusammenzustellen?

Achtsamkeit im Schulumfeld bekannt machen

Hier geht es darum, wie wir das Interesse der Pädagoginnen an Achtsamkeit fördern können. Zugekaufte Lösungen erfordern das Interesse am persönlichen Nutzen, den die Pädagogen selbst daraus ziehen können, denn die Praxis nur weiterzugeben funktioniert in der Regel nicht. Um das persönliche Interesse an Achtsamkeit zu wecken, müssen wir zur Introspektion motivieren, was bedeutet, dass die Pädagoginnen ihre eigenen Emotionen, ihr Denken und ihr Verhalten unter die Lupe nehmen. Den Blick auf diese Art und Weise nach innen zu richten gibt uns die Möglichkeit, eine tiefere Bedeutung in unserem Leben zu finden, den Stress loszulassen, Freude zu entwickeln und viele andere Vorteile zu genießen. Bevor wir jedoch in diesen Genuss kommen, müssen wir den Schwachstellen in unserem Leben ins Auge blicken, denen wir bis jetzt möglicherweise wenig Beachtung geschenkt haben. Wir erkunden, wie man mit persönlichem Widerstand und institutioneller Rigidität sinnvoll und emphatisch umgeht. Wir zeigen, wie man Lehrer inspirieren kann, ihre ureigene Motivation für ihr persönliches Wohlbefinden und Selbst-Fürsorge zu finden.

Empfehlungen

Beginnen Sie mit dem Herzen

Versuchen Sie den anderen Pädagoginnen nahe zu bringen, dass Achtsamkeit für ihr eigenes Wohlbefinden von Bedeutung ist. Wenn man diese

Übungen nur als eine weitere Intervention betrachtet, die den Schülern aufgedrängt wird, wird man nie dieselben Veränderungen erreichen, wie durch eine ganze Gemeinschaft, die sich dazu entschlossen hat, zusammen Präsenz und Mitgefühl zu entwickeln. Deswegen müssen wir schon sehr früh erklären, warum Achtsamkeit unsere Zeit und Energie wert ist.

Die positiven Auswirkungen von Achtsamkeit

Legen Sie zu Beginn den Nutzen von Achtsamkeit dar und erklären Sie ganz praktisch, wie diese Übungen die Lebensqualität der Menschen verbessern kann. Die Auswirkungen sind körperlicher, emotionaler, psychologischer und sozialer Natur. Es gibt so viele relevante Beispiele dafür, wie Achtsamkeit uns unterstützen kann. Die besten Beispiele sind immer diejenigen, die Sie selbst erlebt haben. Wir erzählen, wie Achtsamkeit uns selbst geholfen hat uns zu konzentrieren, emphatischer mit den Kindern umzugehen und andere Transformationen, die wir aufgrund unserer Praxis erfahren haben. Machen Sie eine Liste von Anekdoten und persönlichen Vorteilen, die Sie aus Ihrer Achtsamkeitspraxis gezogen haben, damit Sie sie für Ihre Kollegen bereit haben. Kleine, spezifische aber signifikante Beispiele sind in der Regel effektiver als einfach nur den allgemeinen Nutzen zu predigen.

Die Wissenschaft

Die Wissenschaft der Achtsamkeit entwickelt sich jeden Tag weiter. Haben Sie Forschungsergebnisse und forschungsbasierte Anekdoten an der Hand, die unterstreichen, wie vorteilhaft Achtsamkeit auf Aufmerksamkeit, Emotionsregulation, Mitgefühl und andere für dieses Publikum relevante Faktoren wirkt. Sie können sie einsetzen, wenn Sie einen Vortrag halten oder auch bei einem einfachen Gespräch unter Kolleginnen. Sie werden beeindruckt sein, dass Achtsamkeit sowohl bei Prüfungsergebnissen als auch bei Stressreduktion und Burnout-Prävention erstaunliche Wirkung zeigt. Gerade der neurologische Nutzen der Übungen kann überzeugend sein.

Selbstfürsorge und Wohlbefinden

Ich war noch nie an einer Schule, an der die Lehrer gesagt haben, sie hätten zu viel Zeit. All die Aufgaben und die Verantwortung, die eine Lehrerin im Schulalltag zu tragen hat, verschärfen den Stress und das Gefühl, dass es nie genug Zeit für alles gibt. Wenn Sie betonen, dass Achtsamkeit eine Möglichkeit ist, das Tempo herunterzufahren und sich auf Selbstfürsorge und Wohlbefinden zu besinnen, ist das ein großartiger Weg, um die Anliegen der meisten Lehrer anzusprechen. Beschreiben Sie die Vorteile von Achtsamkeit mit einer Sprache, die Lehrerinnen leicht verstehen. Jeder wird nicken, wenn wir uns nach Stress, Burnout und fehlender Ausgeglichenheit erkundigen. Erklären Sie, dass Achtsamkeit ein Weg ist, sich um sich selbst zu kümmern, Ausgeglichenheit zu finden, Stress abzubauen und Wohlbefinden zu fördern.

Was tut weh?

Wenn Sie mit Kolleginnen sprechen, beginnen Sie mit dem universalen menschlichen Ringen, das Achtsamkeit und emotionale Intelligenz ansprechen. Jedem leuchtet ein, dass er gerne weniger Stress und mehr Zufriedenheit in seinem Leben hätte. In Schulen kennt man schwierige Themen wie Dramen in der Klassengemeinschaft, gedrängte Stundenpläne und die Gefahr eines Burnouts. Die Stress-Themen von Pädagoginnen zu bearbeiten, kann ein sehr hilfreicher Weg sein, um eine Gemeinschaft näher zusammenzubringen. Wenn wir benennen können, was uns belastet, ohne irgendjemandem die Schuld zuzuweisen, gibt uns das Perspektive und befähigt uns, Achtsamkeit zur Problemlösung einzusetzen.

Die Zuhörer ansprechen

Jede möchte glücklich und nicht gestresst sein. Auch wenn jeder es in andere Worte verpackt. Wo liegen die persönlichen Stressfaktoren und Hoffnungen? Nutzen Sie Metaphern aus den Bereichen Fußball,

Musik, Natur oder was auch immer die Gruppe ansprechen könnte. Nelson Mandela verbündete sich mit seinen ehemaligen Feinden, durch ihr größtes Interesse (Rugby) und hat durch diesen Sport als gemeinsames Anliegen eine Nation vereint. Was ist Ihren Kolleginnen wichtig und womit haben sie zu kämpfen? Finden Sie mit Hilfe von Aufmerksamkeit und Feingefühl heraus, wie Achtsamkeitspraktiken ihnen helfen können.

Gemeinsamkeiten finden

Was würden alle gerne gemeinsam tun, was sie in den gegenwärtigen Augenblick, in ihren Körper, in ihr Herz und in ihre Gemeinschaft bringt? Das könnte Tanzen, Wandern oder Singen sein. Fragen Sie: „Was wollt ihr tun, um euch lebendiger und präsenter zu fühlen?" Achtsamkeit bedeutet nicht, unsere Augen zu schließen und still zu sitzen. Es ist wichtig, herauszufinden, wie man als Schulgemeinschaft etwas tun kann, was nicht Arbeit, nicht-technologisch und nicht wettbewerbsorientiert ist und unsere Präsenz fördert. Die Schulgemeinschaft aus einer gestressten, kompetitiven Atmosphäre in eine kooperative, entspannte Stimmung zu bringen ist unglaublich hilfreich.

Der direkte Effekt

Bieten Sie einige praktische Übungen an, die die positiven Auswirkungen der Praxis deutlich machen. Bieten Sie eine Entspannungsübung, eine Fokus-Übung, eine Übung für liebevolle Güte oder andere Übungen an, die die Kollegen ansprechen könnten. Helfen Sie ihnen, die Unruhe in ihrem Geist zu erkennen und machen Sie dann eine kurze Übung, die den Geist zur Ruhe kommen lässt oder laden Sie sie ein, den Stress in ihrem Körper zu spüren, um danach eine progressive Entspannungsübung anzuleiten. Es ist sehr wichtig, Achtsamkeit unmittelbar und am eigenen Körper und Geist zu erfahren.

Finden Sie Achtsamkeits-Cheerleader

Engagierte Praktizierende finden auch Gelegenheiten, um Achtsamkeit erfolgreich ins Schulleben zu integrieren. Wenn sie eine Schuldirektorin oder einen Administrator haben, der wirklich mit an Bord ist, dann ist das natürlich hilfreich, doch auch eine kleine Gruppe von Lehrerinnen, Eltern und anderen Mitgliedern dieser Gemeinschaft können eine erstaunliche Bewegung in Gang setzen. Wenn wir versuchen, das alleine zu schaffen, fühlen wir uns möglicherweise isoliert. Natürlich ist es gut, Achtsamkeit im eigenen Klassenzimmer anzubieten, aber eine Gemeinschaft, mit der man sich regelmäßig trifft, um darüber zu sprechen, was funktioniert und was nicht, ist eine große Unterstützung.

Vorsichtsmaßnahmen

Kein esoterischer Jargon

Bei Achtsamkeit geht es um sehr bedeutende Dinge, wie mehr Sinn, Balance und Zufriedenheit im Leben. Verwenden Sie eine allgemeine Sprache mit wissenschaftlichen und praktischen Grundlagen. Stellen Sie Fragen wie:

„Wären sie gerne in der Lage, sich besser konzentrieren zu können und weniger leicht abgelenkt zu werden?“

„Wären Sie gerne weniger gestresst und ausgeglichener?“

„Hätten Sie gerne mehr Glück und Zufriedenheit in Ihrem Leben?“

Diese Fragen sind psychologisch und wissenschaftlich fundiert. Wir sprechen über die zutiefst menschlichen Aspekte des Lebens auf eine Art, die alle anspricht. Denken Sie daran, keine Ausdrücke zu benutzen, die spezifische religiöse oder kulturelle Zuordnung besitzen und einigen Menschen befremdlich erscheinen könnten. Ausdrücke wie Stress, Zufriedenheit, Aufmerksamkeit, Resilienz und Wohlbefinden sind alles, was wir brauchen.

Man kann den Fluss nicht anschieben

Jeder liebt einen Achtsamkeit Praktizierenden, aber keiner will eine Achtsamkeitspredigerin. Denken Sie daran, dass wir die besten Achtsamkeitsübungen durch unsere eigene liebevolle und aufmerksame Präsenz erteilen. Viele erfolgreiche Achtsamkeitsinterventionen stammen von Lehrenden, die still und leise einige Praktiken in den Unterricht integriert haben. Die anderen Lehrer bemerken die erstaunlich entspannten und emphatischen Schülerinnen und wollen wissen, was das Geheimnis ist. Daraus kann eine Bewegung der gesamten Schule werden. Das Gegenteil ist möglicherweise der Fall, wenn wir als Missionare gesehen werden, die versuchen der Schule ein neues Curriculum aufzuzwingen. Selbst wenn es mit guter Absicht geschieht, kann es viele Leute abstoßen und mehr Widerstand erzeugen, wenn man versucht Achtsamkeit zu forcieren.

Nicht noch einen Punkt auf dem Lehrplan

Das letzte, was viele Schulen wollen, ist noch mehr Stoff im Lehrplan. Es ist sehr wichtig, Achtsamkeit nicht als solchen zu präsentieren und den Lehrerinnen und der Verwaltung damit noch mehr aufzuhalsen. Achtsamkeit kann in jede Art von Unterricht, Schule und Lehrplan integriert werden. Genau wie Körpertraining und Stretching für jeden Sport nötig sind, sind Achtsamkeit und emotionale Intelligenz grundlegende Fähigkeiten für alle Schulfächer und Lebensziele. Natürlich gibt es viele Achtsamkeits-Curricula, die an Schulen integriert werden können, doch es ist ungeheuer wichtig, Achtsamkeit nicht auf eine Reihe von Übungen zu reduzieren. Es ist eine umfassende Philosophie und Ausrichtung, um in der Welt präsent zu sein.

Achtsamkeit ohne die Achtsamkeit

Es ist nicht nötig, das Wort *Achtsamkeit* zu verwenden, wenn wir diese Arbeit an die Schulen bringen. Das ist auch keine Irreführung. *Achtsamkeit* ist ein Wort für die Entwicklung von Fokus und Mitgefühl, wenn wir sie also Fokus -und Mitgefühlstraining nennen, ist das ebenso gut. Einige Alternativen zum Begriff Achtsamkeit sind Präsenz, Bewusstheit, Mitgefühl, Empathie, Wohlbefinden und Selbst-Fürsorge. Vergessen Sie nicht, dass das wichtigste Ziel von Achtsamkeit ist, beim Aufblühen der schönsten Aspekte des Menschseins behilflich zu sein. Wie immer wir das nennen möchten, es sollte nicht an einen Begriff oder eine spezielle Übung gebunden sein. Viele unglaublich achtsame Menschen haben das Wort Achtsamkeit noch nie gehört.

Mit Widerstand arbeiten

Widerstand sollte stets gewürdigt werden. Oftmals beginnen die größten Achtsamkeitsbefürworter als heftigste Skeptiker. Stellen Sie denjenigen, die Widerstand leisten, gute Fragen. Fragen Sie, warum es ihnen widerstrebt und welche vorgefasste Meinungen sie haben. Wenn eine Kollegin sagt, sie hat keine Zeit für Achtsamkeit, ist das ein großartiger Ansatzpunkt für eine Diskussion über Zeit-Management und Stressreduktion. Wenn jemand sagt, es frustriert und nervt ihn zu sehr, wenn er Achtsamkeit probiert, ist das eine gute Gelegenheit, über den Umgang mit schwierigen Emotionen und einen abgelenkten Geist zu sprechen. Begegnen Sie Widerstand mit Interesse und Forschungsgeist und nicht mit Ärger. Widerstand trägt immer wichtige Information in sich und diese Information mit Wohlwollen und Neugier zu erkunden ist ein großartiger Weg, um Achtsamkeit in der Praxis vorzuleben.

Niemanden überfordern

Stellen Sie sicher, dass Sie die Praktiken in leicht verdaulichen Portionen anbieten. Wir wollen niemanden 30 Minuten lang seinen Atem beobachten lassen, der das noch nie gemacht hat. Das würde den meisten von ihnen wahrscheinlich das Gefühl vermitteln, Achtsamkeit sei langweilig und frustrierend. Beginnen Sie mit kurzen, angeleiteten Übungen, die angenehm sind und Erfolg vermitteln. Selbst 30 Sekunden der Stille können eine starke Wirkung erzielen.

Einsichten und Empfehlungen aus der Bewegung für Achtsamkeit in der Schule

Die folgenden Empfehlungen für die Integration von Achtsamkeit in Schulen stammen von einigen führenden Persönlichkeiten der Bewegung für Achtsamkeit in der Schule. Einige der hier vorgestellten Programme arbeiten schon seit mehr als zehn Jahren in diesem Bereich und bedienen sich unterschiedlichster Herangehensweisen. Auch erfahrene Lehrerinnen, von Vorschule bis zur Oberstufe, sowie von Schülern mit speziellen Bedürfnissen kommen zu Wort. Dies ist eine kleine Einführung in die breite Palette von Organisationen, die diese Arbeit auf der ganzen Welt verbreiten.

Holistic Life Foundation

Die Holistic Life Foundation ist eine Basisbewegung und Nonprofit-Organisation, die Achtsamkeit in den Schulen der unterversorgten Gemeinden vermittelt. Ali und Atman Smith und Andres Gonzalez begannen ihre Arbeit in den Schulen ihrer Heimatstadt Baltimore, Maryland. Nun sind viele der Schülerinnen, die sie damals unterrichtet haben, erwachsen und arbeiten selbst als Achtsamkeitslehrerinnen für die Holistic Life Foundation und unterrichten tausende Kinder in dieser Gegend. Hier einige Empfehlung für die Umsetzung von Achtsamkeit an Schulen von Andy, Atman und Andres.

- Es finden sich immer einige Lehrer oder Administratorinnen, die sich für Achtsamkeit begeistern lassen und unmittelbar die positiven Auswirkungen des Programmes erkennen. Das sind die Leute, die schließlich unsere Champions werden und sich den anderen Mitarbeitern gegenüber für das Programm einsetzen.
- Die größten Bedenken, die Lehrer dem Programm gegenüber haben, ist, dass ihnen die Zeit, die sie für die Achtsamkeitsübungen aufbringen müssen, andernorts fehlt und sie mit dem vorgeschriebenen Unterrichtsstoff nicht fertig werden.
- Wenn wir nur ein oder zwei Dinge umsetzen könnten, dann wäre das eine gewisse Übungszeit ähnlich wie bei unserer Übung *Achtsame-Momente-Aufnahme* (bei denen die Schülerinnen einfach im gegenwärtigen Augenblick sein können, entweder einfach still oder meditierend) und eine Alternative zu einem Strafraum. Ein Ort, an den sich die Kinder zurückziehen können, wenn der Druck des Schulumfelds zu groß wird, um dort achtsam zu sein.
- Wir verstehen, dass nicht jedes Schulszenario ideal, nicht jedes Umfeld interessiert ist und nicht jede Schulmitarbeiterin gänzlich hinter unserem Programm stehen wird. Doch auch nur eine Person zu erreichen, ist Grund genug für uns weiterzumachen – und Nicht-Anhaften zu praktizieren hilft ebenfalls sehr!
- Abgesehen davon, dass wir ein wunderbares Netzwerk an Unterstützern haben und wissen, dass wir das tun, wozu wir berufen sind, waren die Daten, die wir erhalten haben, wahrscheinlich der hilfreichste Faktor, um diese Initiative auf den Weg zu bringen. Erzählungen, anekdotische Belege und die eigene Erfahrung sind das eine, doch was alle zu begeistert scheint, sind die Zahlen, besonders wenn man versucht Programme in Schulen zu integrieren.
- Die bemerkenswertesten Auswirkungen, die Achtsamkeit auf unsere Schülerinnen hatte, waren auf dem Gebiet der Aggressionsbewältigung und Impulsivität. Die Jugendlichen sind viel eher in der Lage, einen Moment lang innezuhalten und dann angemessen zu reagieren, und nutzen ihren Verstand statt ihre Fäuste, um Auseinandersetzungen

beizulegen. Außerdem verbesserten sich ihr Fokus und ihre Konzentrationsfähigkeit und sie hatten weniger kreisende Gedanken. Auch mehr Mitgefühl und Empathie waren bei den Schülern, die Achtsamkeit praktizierten, erkennbar.

Flourish Foundation

Die Flourish Foundation ist eine gemeinnützige Organisation, die sich zum Ziel gesetzt hat, kontemplative Praktiken zu fördern, um die mentale Ausgeglichenheit und das Mitgefühl in Gemeinschaften zu verbessern. Durch pädagogische Programme und Öffentlichkeitsarbeit vermitteln sie Schülerinnen und Lehrern Achtsamkeit und fördern dadurch gesunde mentale Gewohnheiten in Idaho Wood River Valley und darüber hinaus. Die folgenden Empfehlungen gelten für die Integration von Achtsamkeit in Schulen und stammen von Ryan Redman, dem Geschäftsführer der Flourish Foundation.

- Angefangen haben wir mit einer Achtsamkeitsstunde pro Woche in zwei fünften Klassen. Überraschenderweise wurde diese Angebot sehr gut aufgenommen und im Laufe der letzten fünf Jahre auf 38 Klassen und 1000 Schülerinnen ausgeweitet, die von uns Unterweisung in kontemplativen Praktiken auf wöchentliche Basis erhalten.
- Lehrer und Schulverwaltung waren von Anfang an sehr enthusiastisch, was das Potential dieses Programmes anbelangte. Angesichts der überzeugenden Forschungsergebnisse bei Achtsamkeitsinterventionen bei Erwachsenen hatten alle das Gefühl, dass man nichts verlieren konnte, wenn man den Versuch wagte, kontemplative Praktiken in das Leben der Schülerinnen zu integrieren.
- Wenn wir auf Widerstand der Eltern stoßen, laden wir sie zum Unterricht ein. Wir achten sehr darauf, niemals Druck auf Lehrer auszuüben.
- Wir bauen ein Vertrauensverhältnis zu den Lehrerinnen auf und überlassen ihnen die zeitliche Planung des Programms.

- Zu Beginn jedes Achtsamkeitsangebots haben die Lehrer Bedenken, nur sehr begrenzte Zeit für das Programm aufwenden zu können. Doch im Zuge des Übungsprozesses mit den Schülerinnen, entsteht bei den Lehrern eine neue Art Wertschätzung für Zeit, die Qualität über Quantität stellt. Dieses Umdenken scheint auch durch die Rückmeldungen der Schülerinnen beflügelt zu werden, die ganz klar äußern, welche Erkenntnisse sie aus den Übungen ziehen und wie sie diese im Alltag umsetzen.
- Viele Lehrer stellen fest, dass kontemplative Praktiken die Lernbereitschaft der Schülerinnen und die Fähigkeit bedachter und liebevoller zu interagieren fördert. Ein Beispiel für diese positiven Veränderungen ereignete sich bei einer dreimonatigen Intervention in vier Klassen einer öffentlichen Schule. Nach drei Monaten überdachten die Lehrer ihren Standpunkt und entschieden als Gruppe, das ursprünglich nur für drei Monate vorgesehene Programm das restliche Schuljahr über weiterzuführen.

Talk About Wellness

Talk About Wellness (TAW) ist eine Initiative, die mit Hilfe von Achtsamkeit, Kunst und Natur das Innenleben der Kinder fördern möchte. TAW arbeitet mit verschiedenen Schulen zusammen, hauptsächlich im South Burlington (Vermont) School District und den dortigen beeindruckenden achtsamkeitsbasierten Programmen. TAW hilft den Schulbezirken, Wege zu einem friedlicheren und bewussteren Lernumfeld zu finden. Die folgenden Empfehlungen stammen von Marilyn Webb Neagler, Mitherausgeberin (mit Alster N. Johnson) von Education from the Heart und Direktor von Talk About Wellness.

- Beginnen Sie bei den Lehrerinnen, Beratern, Betreuerinnen und versuchen Sie die anderen Mitarbeiter, Verwaltung und Eltern miteinzubeziehen.
- Die neuesten neurowissenschaftlichen Forschungsergebnisse in Zusammenhang mit den Problemen, vor denen viele Schule stehen, finden bei Schulverwaltung und einigen Lehrerinnen und Eltern große Beachtung.

- Achten Sie darauf, welche Begriffe Sie verwenden, und vermeiden Sie religiöse Bezüge (Gebetsperlen, Klangschalen, Begriffe wie Namaste, höhere Macht, Gott etc.)
- Überzeugen Sie die Lehrer, dass es sich nicht um einen weiteren Punkt auf dem Lehrplan handelt, sondern um einen neuen Weg, die Dinge zu tun, die sie ohnehin schon tun.
- Passen Sie die Übungen und Ihre Sprache der entsprechenden Altersgruppe an.
- Mit höheren Klassen zu arbeiten ist eine größere Herausforderung, denn diese haben Unterricht in unterschiedlichen Räumlichkeiten, höhere theoretische Anforderungen und zahlreiche außerschulische Verpflichtungen.
- Achtsamkeit für Teenager wird in der Regel durch außerschulische Beraterinnen, Wellness-Programme, Achtsamkeitsklubs (treffen sich morgens oder nachmittags) und spezielle Retreats für Teenager angeboten. Manchmal regen Pädagogen aller Disziplinen Momente der Stille und Atemarbeit vor einer Prüfung, Aufführung oder am Beginn des Tages an.
- Es ist wichtig, sowohl überzeugende neurowissenschaftliche Forschungsergebnisse als auch Ergebnisse aus der Arbeit in den Schulen selbst zur Hand zu haben.
- Beginnen Sie wenn möglich mit einer Start-up Finanzierung für Unterricht und Ressourcen.
- Die Unterstützung von Schulinspektorinnen, Schuldirektoren und Lehrplan-Koordinatorinnen zu haben ist sehr hilfreich.
- Gestalten Sie das Unterrichtsmaterial so schulgerecht und relevant wie möglich: Schulklima, verbesserte Aufmerksamkeit und so weiter. Arbeiten Sie bei der Umsetzung im Klassenzimmer mit ausgebildeten Lehrern zusammen.

Achtsamkeit und sozial-emotionales Lernen

Die folgenden Empfehlungen stammen von erfahrenen Achtsamkeitslehrerinnen, die mit Linda Lantieri uns mir zusammen in bestehenden Ausbildungen für Achtsamkeit und sozial-emotionales Lernen arbeiten. Linda ist die Direktorin des Inner Resilience Programms und die Autorin vieler Bücher, einschließlich des Bandes *Emotionale Intelligenz für Kinder und Jugendliche.** Es sind Empfehlungen von Lehrern und Fachkräften der Schulverwaltungen, die seit vielen Jahren in diesem Bereich tätig sind.

- Erzählen Sie, wie Achtsamkeit Ihnen persönlich geholfen hat.
- Gehen Sie mit gutem Beispiel voran und verkörpern Sie die Arbeit in Ihrem Umgang mit Kollegen und Kindern.
- Haben Sie Respekt dafür, an welchem Punkt in ihrem Leben sich Ihre Kollegen gerade befinden und für das, was sie bereits in ihrer Arbeit mit Kindern leisten.
- Verhalten Sie sich selbst im Unterricht nonreaktiv und bleiben Sie so geerdet wie möglich.
- Erkennen Sie, dass wir uns unserer eigenen inneren Arbeit verschreiben müssen, um Achtsamkeit zu entwickeln; andere Menschen wiederum brauchen ihre persönliche Motivation.
- Versichern Sie dem Lehrkörper, dass das Achtsamkeitsprogramm dazu da ist, um ihre Arbeit zu unterstützen und keinen zusätzlichen Punkt darstellt, den es zu bewältigen gilt.
- Es ist hilfreich, mit anderen Kolleginnen, die Achtsamkeit bereits im Klassenzimmer unterrichten, Rücksprache zu halten und von ihren Herausforderungen und Erfolgen zu lernen.

---

* Lantieri, Linda und Goleman, Daniel, *Emotionale Intelligenz für Kinder und Jugendliche.* München: Ariana-Verlag, 2009 (orig. dies.: *Building Emotional Intelligence: Techniques to cultivate inner strength in children.* Boulder, CO: Sounds True, 2008).

- Praktizieren Sie Selbst-Fürsorge und helfen Sie Lehrern und Schulen während des Tages Zeiten für Wohlbefinden und Erholung einzuplanen.
- Machen Sie den Lehrerinnen verständlich, dass Achtsamkeit kein weiterer Stressfaktor ist und ihnen tatsächlich helfen kann, in ihrem vollen Tagesablauf mehr Zeit zu finden.
- Es ist wichtig, sich eine Gemeinschaft von Gleichgesinnten und einen Achtsamkeitsgenossen zu suchen, um sich über die persönliche Praxis und die Arbeit mit Kindern auszutauschen.

Arbeitsblatt: Gute Gründe für Achtsamkeit

Nach Kursen werde ich sehr oft von Lehrerinnen gefragt, wie sie Achtsamkeit in ihren Schulen oder Gemeinden präsentieren können, um Interesse zu wecken. Beginnen Sie klein und langsam und praktizieren Sie erst einmal selbst Achtsamkeit in der Schule und in Ihrer Gemeinschaft. Wenn Sie sich dann in Ihrer Praxis gestärkt fühlen, gibt es reichlich positive Auswirkungen, von denen Sie sprechen können. Die Forschungsergebnisse und positive Erfahrungen aus der eigenen Praxis sind wichtige Verkaufsargumente. Im Anschluss finden Sie ein Arbeitsblatt, das Sie verwenden können, wenn es darum geht Achtsamkeit vor Administratoren oder einem größeren Publikum zu präsentieren.

Gute Gründe für Achtsamkeit

Motivation: Was ist ihre Motivation für diese Präsentation? Welchen Effekt erhoffen Sie sich?

Kernbotschaft: Was ist die Kernbotschaft, mit der das Publikum nach Hause gehen soll?

Erfahrung der Teilnehmer: Wie möchten Sie, dass Ihr Publikum sich im Geist, in ihrem Herzen und ihrem Körper während und nach dem Vortrag fühlt?

Präsenz: Wie wollen Sie sich während des Vortrags fühlen? Was brauchen Sie, um die erhoffte Präsenz zu vermitteln?

Demographische Zusammensetzung der Teilnehmer: Wer ist Ihr Publikum? Wie ist es demographisch zusammengesetzt, was ist ihre Rolle in der Schule? Inwieweit könnten sie mit Achtsamkeit bereits vertraut sein?

Verkaufsargumente: Welche Verkaufsargumente eignen sich für diese Gruppe? Brauchen sie gültige Forschungsergebnisse über Achtsamkeit? Brauchen Sie persönliche Mittel zur Entspannung?

Möglicher Widerstand: Welches könnten die heiklen Punkte in dieser Gruppe sein? Wie könnten Sie ihre Sprache einsetzen, um den Widerstand zu minimieren?

Was ist das Problem? Wählen Sie ein oder zwei Probleme, die für Ihr Publikum und die Herausforderungen ihrer Schülerinnen relevant sind und für die Achtsamkeit eine wirksame Hilfe sein könnte.

Lernziele: Wählen Sie Lernziele, auf die Sie sich konzentrieren, die durch Achtsamkeit gefördert werden und in direktem Zusammenhang mit den Problemen aus der vorhergehenden Frage stehen.

Leiten Sie eine Übung an: Bereiten Sie einige Achtsamkeitsübungen für Ihr Publikum vor, die die gewählten Lernziele unterstützen.

Die Macht der Erzählung: Denken Sie an eine Geschichte, die die Wirkung von Achtsamkeit auf das gewählte Problem und die Wirkung der Übungen auf die Lernziele verdeutlicht.

Achtsamkeitswissenschaft: Finden Sie forschungsbasierte Effekte von Achtsamkeit auf Erwachsene und Jugendliche für die von Ihnen gewählten Lernziele.

Achtsamer Eingangs- und Abschlussmoment: Wählen Sie ein kleines Achtsamkeitsritual für den Beginn und das Ende Ihrer Präsentation. Das könnte einfach das Läuten einer Glocke sein, einige gemeinsame Atemzüge oder gute Wünsche, die sie an ihre Schüler senden.

Reflexion: Wie fühlen Sie sich in Ihrem Körper, Ihrem Geist und Ihrem Herzen in Bezug auf Ihre Präsentation? Was könnten Sie noch brauchen, um sich bereit zu fühlen?

Nachwort

Nun sind wir am Ende dieses Praxisbuches angelangt, die Philosophie und die Übungen warten darauf, erkundet und weitergegeben zu werden. Die Art und Weise Achtsamkeit zu praktizieren wird für jeden von uns anders aussehen. Vielleicht besteht unsere Praxis darin, uns gleich nach dem Aufstehen daran zu erinnern, liebevoll zu uns selbst zu sein, die Sonne mit Dankbarkeit zu begrüßen für einen weiteren Tag, den wir am Leben sind. Oder unsere Praxis sind einige achtsame Gymnastik- und Dehnungsübungen, bei denen wir auf unsere Körperempfindungen achten und die Bewegungen mit dem Atem in Einklang bringen. Eine Achtsamkeitspraxis ist eine zutiefst persönliche Sache. Es ist ein einzigartiger Weg, mit uns selbst in Verbindung zu treten und unser bester Freund zu werden. Wann immer wir gestresst sind, ist Achtsamkeit bloß einen Atemzug entfernt.

Lassen Sie Ihrer Kreativität freien Lauf, wenn Sie Achtsamkeit an Ihre Schule bringen. Vielleicht sind es biologisch und konventionell angebaute Erdbeeren, die Sie für eine Achtsam-Essen-Übung mitbringen und die Schüler den Unterschied schmecken lassen. Oder Sie legen einige coole Rhythmen auf und lassen die Kinder dazu im Kreis über den gegenwärtigen Augenblick rappen. Das Geheimnis, um jede Stunde in eine Achtsamkeitspraxis zu verwandeln, liegt darin, dass die Schülerinnen innehalten und so die Möglichkeit haben wahrzunehmen, was in ihrem Inneren vorgeht. Fordern Sie die Schüler während des Mittagessens oder auf dem Spielplatz auf, innezuhalten und wahrzunehmen, was im Inneren und um sie herum vor sich geht, wenn Sie eine Glocke läuten.

Jede wird ihren eigenen Stil von Achtsamkeitsunterricht finden. Denken Sie daran, die physischen, emotionalen, sozialen und globalen Kompetenzen einzubinden, und behandeln Sie Achtsamkeit nicht ausschließlich als mentale Fokussierungspraxis. Obwohl Konzentration eine wichtige Fähigkeit ist, müssen wir uns in unserem Körper entspannen, unser Herz öffnen und unsere sozialen und globalen Beziehungen bewusst wahrnehmen. Wenn wir uns alle fünf Kompetenzen aneignen und sie unseren Schüler vermitteln, fördern wir Integrität, verantwortungsbewusstes Handeln und Weisheit in dieser Welt.

Kindergartenerzieherinnen ist das in der Regel noch bewusst, doch im weiteren Schulverlauf vergisst man gerne, dass ein wesentlicher Teil unserer Aufgabe darin besteht, unsere Schüler zu gesunden und integren menschlichen Wesen aufwachsen zu lassen. Durch Achtsamkeit helfen wir ihnen die Eigenschaften zu entwickeln, die sie brauchen, um zu gedeihen und positiven Einfluss auf unsere Welt nehmen zu können. Wenn Schülerinnen entspannt, aufmerksam und sozial kompetent sind, lernen sie leichter und werden eher erfolgreich sein. Achtsamkeit zu unterrichten macht unseren Job einfacher und erfüllender, denn wir sehen, wie unsere Schüler wachsen.

Studienergebnisse zeigen, dass der Notendurchschnitt steigt und Konflikte abnehmen, wenn Achtsamkeit ein Teil der Schule ist. Wir sehen sogar etwas noch Grundlegenderes – die Fähigkeit der Kinder zur Selbstregulation, Zufriedenheit und Mitgefühl verbessert sich, was ihnen ihr ganzes Leben lang zugute kommen wird. Der Genesungsprozess unserer Gesellschaft benötigt mehr Menschen, die die Bedürfnisse der Anderen nachempfinden können und mitfühlend sind. Die Genesung unserer Umwelt benötigt Menschen, die die Bedürfnisse unseres Planeten nachempfinden können. Wir unterrichten Achtsamkeit in der Hoffnung, dass jeder Einzelne Frieden findet. Dann, so hoffen wir, schafft dieser innere Frieden äußeren Frieden auf der ganzen Welt.

Literaturhinweise

Biegel, Gina, Warren Brown, K., Shapiro, S. und Schubert, C. (2009), *Mindfulness-based stress reduction for the treatment of adolescent psychiatric outpatients: A randomized clinical trial.* In: Journal of Consulting and Clinical Psychology, 77 (5), 2009, S. 855–866.

Brefczynski-Lewis, J., Lutz, A. Schaefer, H., Levinson, D. und Davidson, R. (2007), *Neural correlates of attentional expertise in longterm meditation practitioners.* In: Proceedings of the National Academy of Sciences USA, 104, 2007, S. 11483–11488.

Broderick, Patricia und Metz, S. (2009), *Learning to BREATHE: A pilot trial of a mindfulness curriculum for adolescents.* In: Advances in School Mental Health Promotion, 2 (1), 2009, S. 35–46.

Colzato, L., Ozturk, A. und Hommel, B. (2012), *Meditate to create: the impact of focused-attention and open-monitoring training on convergent and divergent thinking.* In: Frontiers in Psychology, 3 (116), 2012, S. 1–5 (doi: 10.3389/fpsyg.2012.00116).

Efklides, A. (2011), *Interactions of metacognition with motivation and affect in self-regulated learning: the MASRL model.* In: Educational Psychologist, 46 (1), 2011, S. 6–25.

Felitti, V., Anda, R., Nordenberg, D., Williamson, D., Spitz, A., Edwards, V., Koss, M. et al. (1998), *Relationship of Childhood Abuse and Household Dysfunction to Many of the Leading Causes of Death in Adults: The Adverse Childhood Experiences (ACE) Study.* In: American Journal of Preventive Medicine, 14 (4), 1998, S. 245–258.

Flook, Lisa, Smalley, S., Kitil, M., Galla, B., Kaiser Greenland, S., Locke, J., Ishijima, E. und Kasari, C. (2010), *Effects of mindfulness awareness practices on executive functions in elementary school children.* In: Journal of Applied School Psychology, 26, 2010, S. 70–95.

Flook, Lisa, Goldberg, S., Pinger, L. und Davidson, R. (2015), *Promoting prosocial behavior and self-regulatory skills in preschool children through a mindfulness-based kindness curriculum.* In: Developmental Psychology, 51 (1), 2015, S. 44–51.

Goff, P., Jackson, M., Di Leone, B., Culotta, C. und DiTomasso, N. (2014), *The essence of innocence: consequences of dehumanizing black children.* In: Journal of Personality and Sozial Psychology, 106 (4), 2014, S. 526–545.

Greenberg, Jonathan, Reiner, Keren und Meiran, Nachshorn (2012), *„Mind the trap": mindfulness practice reduces cognitive rigidity.* In: PLOS One, 2012, 7:e36206 (doi: 10.1371/journal.pone.0036206).

Hanson, Jamie, Chung, Moo, Avants, Brian, Shritcliff, Elizabeth, Gee, James, Davidson, Richard und Pollak, Seth (2010), *Early stress is associated with alternation in the orbitofrontal cortex: a tensor-based morphometry investigation of brain structure and behavioral risk.* In: Journal of Neuroscience, 30 (22), 2010, S. 7466–7472 (doi: 10.1523/JNEUROSCI.0859–10.2010).

Hölzel, Britta et al. (2011), *Mindfulness practice leads to increases in regional brain gray matter density.* In: Psychiatrical Research: Neuro-images, 191 (1), 2011, S. 36–43 (doi:10.1016/j.pscychresns.210. 9. 010).

Kang, Y., Gray, J. und Dovidio, J. (2014), *The nondiscriminating heart: lovingkindeness meditation training decreases implicit intergroup bias.* In: Journal of Experimental Psychology: General, 143 (3), 2014, S. 306–1313 (doi: 10.1037/a0034150).

Killingsworth, Matthew und Gilbert, Daniel: *A Wandering Mind Is an Unhappy Mind.* In: Science 330, Ausg. 6006, 2010, S. 932 (doi: 10.1126/science.1192439).

Leung, A., Kim, S., Polman, E., Ong, L., Qui, L., Goncalo, J. und Sanchez-Burks. J. (2011), *Embodied metaphors and creative „acts".* Auf: http.//digitalcommons.ilr.cornell.edu/articles/486/. Ithaca: Cornell University, ILR School, 2011 (Stand: 15. 12. 2015).

Lueke, A. und Gibson, B. (2014), *Mindfulness meditation reduces implicit age and race bias: the role of reduced automaticity of responding.* In: Social Psychological and Personality Science, 2014, S. 1–8.

Lutz, Antoine, Brefczynski-Lewis, Julie, Johnstone, Tom und Davidson, Richard (2008), *Regulation of the neural circuitry of emotion by compassion meditation: effects of meditative expertise.* Auf: PLOS One, http://journals.plos.org/plosone/article?id=10.1371/journal.pone.0001897. März 2008.

Lutz, Jacqueline et. al. (2014), *Mindfulness and emotion regulation – an fMRI study.* In: Social Cognitive and Affective Neuroscience, 9 (6), 2014, S. 776–785 (doi: 10.1093/scan/nst043).

Metz, Stacie, Frank, Jennifer, Reibel, Diane, Cantrell, Todd, Sanders, Richard und Broderick, Patricia (2013), *The effectiveness of the Learning to BREATHE program on adolescent emotion regulation.* In: Research in Human Development, 10 (3), 2013, S. 252–272 (doi: 10.1080/15427609.2013.818488).

Moore, A. und Malinowski, P. (2009), *Meditation, mindfulness and cognitive flexibility.* In: Consciousness and Cognition, 18, 2009, S. 176–186 (doi: 10.1016/j. concog28. 12. 008).

Neff, Kristin und McGehee, Pittman (2009), *Self-compassion and psychological resilience among adolescents and young adults.* In: Self and Identity, 9 (3), 2009, S. 225–240 (doi: 10.1080/15298860902979307).

Perikkou, A. Gavrieli, A., Kougioufa, M., Tzirkali, M. und Yannakoulia, M. (2013), *A novel approach for increasing fruit consumption in children.* In: Journal of the Academy of Nutrition Dietetics, 113 (9), 2013, S. 1188–1193 (doi: 10.1016/j. jand.213. 5. 024).

Roeser R. et al. (2013), *Mindfulness training and reductions in teacher stress and burnout: results from two randomized, waitlist-control field trials.* In: Journal of Educational Psychology, 105 (3), 2013, S. 787–804 (doi: 10.1037/a/0032093).

Schonert-Reichl. K., Obere, E., Lawler, M., Abbott, D., Thomson, K., Oberlandes, T. und Diamond, A. (2015), *Enhancing cognitive and socio-emotional development through a simple-to-administer mindfulness-based school program for elementary school children: a randomized controlled trial.* In: Developmental Psychology, 51 (1), 2015, S. 52–66.

Semple, Randye, Lee, J., Rosa, D. und Miller, L. (2010), *A randomized trial of mindfulness-based cognitive therapy for children: promoting mindfulness attention to enhance social emotional resiliency in children.* In: Journal of Child and Family Studies, 19 (2), 2010, S. 218–229.

Singh, Nirbhay et al. (2007), *Adolescents with conduct disorder can be mindful of their aggressive behavior.* In: Journal of Emotional and Behavioral Disorders, 15 (1), 2007, S. 56–63.

Tang, Y.-Y., Yang, L., Leve, L. und Harold, G. (2012), *Improving executive function and its neurobiological mechanism through a mindfulness-based intervention: Advances within the field of developmental neuroscience.* In: Child Development Perspectives, 6 (4), 2012, S. 361–366.

Tang, Y.-Y., Hölzel, B. und Posner, M. (2015), *The neuroscience of mindfulness meditation.* In: Nature Reviews Neuroscience, 16, 2015, S. 213–225.

Teasdale, J. (1999), *Metacognition, mindfulness and the modification of mood disorders.* In: Clinical Psychology and Psychotherapy, 6 (2), 1999, S. 146–155.

U.S. Department of Education Office for Civil Rights (2014), *Civil rights Data Collection. Data Snapshot: School Discipline.* Auf: https://ocrdata.ed.gov/downloads/crdc-school-discipline-snapshot.pdf. o.O., 2014 (Stand: 6. 12. 2017).

Vestergaard-Poulsen, P. et al. (2009), *Long-term meditation is associated with increased grey matter density in the brain stem.* In: Neuroreport, 20, 2009, S. 170–174.

Zenner, C., Herrnleben-Kurz, S., und Walach, H. (2014), *Mindfulness-based interventions in schools – a systematic review and meta-analysis.* In: Frontiers in Psychology, 5, 2014, S. 603.

Zoogman, S. et al. (2014), *Mindfulness interventions with youth: a meta-analysis.* In: Mindfulness, 6 (2), 2014, S. 290–302.

Danksagungen

Meine tief empfundene Dankbarkeit geht an meine Schülerinnen und Schüler, von denen ich die Kunst der spielerischen Achtsamkeit gelernt haben. So viele der Übungen in diesem Buch gehen auf die Inspiration oder direkte Unterweisung von Schülerinnen und Lehrern zurück, die diese Lehre angenommen und auf unterschiedlichste Weise weiterentwickelt haben.

Ich stehe in der Schuld von Schulen und Organisationen, die mir die Möglichkeit gegeben haben, die Inhalte dieses Buches praktisch umzusetzen. Im besonderen möchte ich der Marin Preparatory School danken, der SEEDS of Awareness Community, Mindful Schools, so wie allen Pädagoginnen, die diese Reise am Mindful Education Institute und in Mindful Education Workshops mit mir unternommen haben.

An Linda Lantieri für ihr Mentorat. Ich habe noch nie jemanden getroffen, der sich so rückhaltlos für das Innenleben von Kindern einsetzt. An Daniel Siegel für sein leuchtendes Herz und seinen brillanten Geist und dafür, dass er eine Schlüsselrolle bei der Veröffentlichung dieses Buches gespielt hat. An Susan Kaiser Greenland, die mich durch ihre tiefgreifende Kreativität und die Art, wie sie Achtsamkeit verkörpert, zutiefst inspiriert hat. An Jamie Zimmerman – wir tragen das Vermächtnis Deines wunderbaren Herzens und deiner visionären Arbeit in uns. Es gibt so viele in der Gemeinschaft für Achtsamkeit in der Schule, die ich die Ehre habe meine Freunde und Kolleginnen nennen zu dürfen. Hier sind nur einige, die ich namentlich nennen möchte, weil ich so viel von ihnen gelernt habe und der Arbeit, die sie leisten, tiefen Respekt zolle: Jennifer Cohen Harper, Iamani Carrey-Simms,

Melodie Baker, Gina Biegal, Ali Smith, Atman Smith, Andy Garcia, Tish Jennings, Michael Craft, Meena Srinivasan, Theo Koffler, Laurie Grossman, Richard Shankman, Megan Cowan, Chris McKenna, Vienna Ferraro, Shauna Shapiro, Richard Brünett, Chris Cullen, Sam Himelstein, Jessica Morey, Marylin Neagley, Ryan Redman, Daniella Labra, Amishi Jha, Richie Davidson, Spring Washam, J. G. Larochete, JusTme, B. K. Bose, Morris Ervin, Howard Moody, Rachel Brown, Mim Kohn, Emily Weiner und Peter Bonnano.

Mir ist klar, dass es nur aufgrund des fortschrittlichen Geistes und der unermüdlichen Arbeit derer, die vor mir kamen, überhaupt möglich war, Achtsamkeit Eingang in unser Schulsystem zu verschaffen. Meine Mutter, Elizabeth Lesser, und mein Vater, Stephan Rechtschaffen, haben Pionierarbeit geleistet, indem sie alte Weisheitstraditionen für die Allgemeinheit zugänglich gemacht haben und mir eine wahrlich achtsame Erziehung zuteil werden ließen. Als Gründer und Leiter des Omega Instituts gaben sie mir die Gelegenheit, inmitten von Virtuosen ihres Fachs aufzuwachsen, von denen ich die Ehre hatte zu lernen, wie Jon Kabat-Zinn, Daniel Goleman, Thich Nhat Hanh, Joan Halifax, John und Jennifer Welwood und so viele andere. Ich danke all denjenigen, deren Vision und Bestreben den Nutzen von Achtsamkeit und emotionaler Intelligenz bescheinigen, so dass wir jetzt in der Lage sind, diese unschätzbaren Praktiken an Schulen zu integrieren.

An Benjamin Yarling, Deborah Malmud und dem restlichen erstaunlichen Norton Team. Die Saat dieses Praxisbuches wurde von eurem Glauben an meine Vision gesät und die Unterstützung, mit der Ihr mir bei jedem Schritt zur Seite gestanden seid, hat diese Seiten zum Erblühen gebracht. Ebenso an Micah Cohen dafür, diesen Seiten mit ihrer erstaunlichen Kunst Schönheit gebracht zu haben.

Arbor Verlagsprogramm

Umfangreiche Informationen zu unseren Themen, ausführliche Leseproben aller unserer Bücher, einen versandkostenfreien Bestellservice und unseren kostenlosen Newsletter. All das und mehr finden Sie auf unserer Website.

www.arbor-verlag.de

Mehr von Daniel Rechtschaffen

www.arbor-verlag.de/daniel-rechtschaffen

Arbor Seminare

Die gemeinnützige *Arbor-Seminare gGmbH* organisiert regelmäßig Seminare und Weiterbildungen mit führenden Vertreter*innen achtsamkeitsbasierter Verfahren. Zudem informiert sie über aktuelle Entwicklungen in diesem Bereich und trägt Achtsamkeit auf diese Weise nachhaltig in die Gesellschaft. Nähere Informationen finden Sie unter:

www.arbor-seminare.de

Arbor Online-Center

Mit dieser Plattform hat Arbor einen virtuellen Ort der Inspiration und des Lernens rund um das Thema Achtsamkeit geschaffen. Lernen Sie die Autor*innen unserer Bücher und die Referent*innen unserer Veranstaltungen kennen: in Interviews, Vorträgen, Meditationsübungen, Webinaren, Podcasts sowie Online-Kursen und zahlreichen weiteren Ressourcen.

www.arbor-online-center.de

Die achtsame Schule

Achtsamkeit als Weg zu mehr Wohlbefinden
für Lehrer und Schüler

Angesichts schwindender Aufmerksamkeitsspannen und wachsender Stressbelastung sind viele Lehrende auf der Suche nach neuen Wegen, um Schülern zu helfen, besser zu lernen – und sich dabei gut konzentrieren und entwickeln zu können. Achtsamkeit hat sich als wirkungsvolles Konzept erwiesen, besser mit Stress umzugehen, die Aufmerksamkeit zu fokussieren und Mitgefühl zu entwickeln.

Daniel Rechtschaffen, Psychologe sowie Paar- und Familientherapeut, beschreibt in diesem praktischen Ratgeber, wie Aufmerksamkeit, Mitgefühl und Wohlbefinden bei Schülern und Lehrenden gefördert werden können. Einfache Übungen bieten den Lehrpersonen konkrete Möglichkeiten zur Selbstfürsorge und vermitteln ihnen das Rüstzeug, um einen Unterricht mit mehr Energie und Gelassenheit zu gestalten. Zahlreiche Beispiele, Übungen und Vorschläge für spezifische Altersgruppen und für unterschiedliche Bedürfnisse zeigen, wie Achtsamkeit in unserem Schulsystem angewendet und wie Kindern und Jugendlichen der Zugang zu ihr eröffnet werden kann.

Die achtsame Schule lädt Lehrerinnen und Lehrer und alle, die mit jungen Menschen arbeiten, dazu ein, Verfechter einer achtsamen, mitfühlenden, ethischen und effektiven Art des Unterrichtens zu werden.

ISBN 978-3-86781-138-5